Isabella Schwaderer, Katharina Waldner (Hg.)
Annäherungen an das Unaussprechliche

Religionswissenschaft | Band 14

Isabella Schwaderer (Dr. phil.), geb. 1974, ist wissenschaftliche Mitarbeiterin am Lehrstuhl für Allgemeine Religionswissenschaft an der Universität Erfurt und forscht zum Überschneidungsbereich von Kunst, insbesondere Tanz, und Religion.
Katharina Waldner (Prof. Dr.), geb. 1965, ist Professorin für Allgemeine Religionswissenschaft an der Universität Erfurt. Sie arbeitet zur Religionsgeschichte des antiken Mittelmeerraums, insbesondere zum frühchristlichen Martyrium und zum Verhältnis von Ritual und Mythos.

Isabella Schwaderer, Katharina Waldner (Hg.)

Annäherungen an das Unaussprechliche

Ästhetische Erfahrung in kollektiven religiösen Praktiken

[transcript]

Förderung der Open Access Publikation aus Transformationsmitteln der Universität Erfurt

Bibliografische Information der Deutschen Nationalbibliothek
Die Deutsche Nationalbibliothek verzeichnet diese Publikation in der Deutschen Nationalbibliografie; detaillierte bibliografische Daten sind im Internet über http://dnb.d-nb.de abrufbar.

Umschlaggestaltung: Maria Arndt, Bielefeld
Korrektorat: Daniela Kranemann, Fa. Corrigenda, Erfurt
Druck: Majuskel Medienproduktion GmbH, Wetzlar
Print-ISBN 978-3-8376-4725-9
PDF-ISBN 978-3-8394-4725-3
https://doi.org/10.14361/9783839447253

Gedruckt auf alterungsbeständigem Papier mit chlorfrei gebleichtem Zellstoff.
Besuchen Sie uns im Internet: *https://www.transcript-verlag.de*
Unsere aktuelle Vorschau finden Sie unter *www.transcript-verlag.de/vorschau-download*

Inhalt

Einleitung
Isabella Schwaderer / Katharina Waldner | 7

**Die Ästhetisierung der „religösen Erfahrung“ oder:
Wie sinnlich ist Religion?**
Katharina Waldner | 17

„Im Reigentanz mit den Engeln“ (Clem. Al. *protr.* 12,120,2)
Tanzen in frühchristlichen Schriften
Notker Baumann | 55

**Der glitzernde Klang der Hagia Sophia und das Fest
der Kreuzerhöhung in Konstantinopel**
Bissera V. Pentcheva | 79

**Entwicklungspfade des Posturalyoga
zwischen Lebensmächtemaximierung
und kollektivem Sitzstellungssport**
Thomas K. Gugler | 103

**Die Pose des ‚Kreisbogens‘ im Ausdruckstanz
im Spannungsfeld religiöser Ekstase und
imaginierter Gemeinschaft**
Isabella Schwaderer | 129

**Rhythmus und die religiösen Wurzeln des Ausdruckstanzes
im ersten Drittel des 20. Jahrhunderts**
Anita Neudorfer | 157

Dancing Jagadamba
Rukmini Devi and the World-Mother-Movement
Cornelia Haas | 179

Produktionslogiken ästhetischer Erfahrung
Die Kunstvermittlungspraxis der *Internationalen Konzertdirektion Ernst Krauss* in Amsterdam 1928–1957
Markus Schlaffke | 199

Klänge, Düfte und Geschmäcke:
Türöffner in die Welt des Verborgenen
Grenzerfahrungen im Sufi-Islam Pakistans
Jürgen Wasim Frembgen | 225

Valorous Hindus, villainous Muslims, victimised women:
Politics of identity and gender in *Bajirao Mastani* and *Padmaavat*
Baijayanti Roy | 247

Autorinnen und Autoren | 267

Einleitung

Isabella Schwaderer / Katharina Waldner

> „Läugnet das Sinnliche oder läugnet das Übersinnliche, wenn Ihr könnt, wenn Ihr aber nicht könnt, wenn das eine so handgreiflich ist wie das andere, [...] so zeigt mir eine Brücke, die vom Sinnlichen zum Übersinnlichen führt."
>
> Friedrich Max Müller, *Vorlesung über den Ursprung und die Entwicklung der Religion*, 1881, ix.

Thema dieses Sammelbandes ist die Annäherung an die sinnlich-ästhetischen und körperlichen Dimensionen von Religion. In einem diachronen Durchgang, angefangen bei Praktiken des frühen Christentums der Spätantike sowie des byzantinischen Mittelalters bis heute, präsentiert er eine Vielfalt von exemplarisch zu verstehenden Fallbeispielen aus interdisziplinärer Perspektive. Das Nachdenken über das Verhältnis von Sinnlichkeit und Religion bewegte – wie das vorangestellte Zitat von Friedrich Max Müller (1823–1900) illustriert[1] – die moderne Religionswissenschaft von Anfang an. Die Frage nach dem sinnlichen Erleben wie auch nach der Rolle der „Ästhetik" im starken Sinn des Wortes, d.h. der „Eigendynamik und Autonomie sinnlicher Wahrnehmung", der Emotionalität und Leiblichkeit,[2] ist seit dem ausgehenden 18. Jahrhundert Bestandteil jenes Diskurses, der die generalisierenden Begriffe „Religion" und „religiöse Erfahrung" erst hervorbrachte.[3] Ebenso kontinuierlich lässt sich das Motiv der „Unsagbar-

1 Vgl. zu Max Müller, der sich an dieser Stelle mit der philosophischen Frage nach der Möglichkeit „übersinnlicher Wahrnehmung" beschäftigt, Zolothukin 2018 und den Beitrag von Katharina Waldner in diesem Band, bes. S. 29–34.

2 Vgl. Reckwitz 2019: 23.

3 Vgl. dazu exemplarisch von Stuckrad 2014.

keit" und der „Unaussprechlichkeit" verfolgen, hinter dem letztlich die komplexe Spannung zwischen sprachlicher Äußerung und allen nonverbalen Aspekten menschlichen Erlebens und zwischenmenschlicher Kommunikation steht.[4]

In einem einleitenden Beitrag skizziert deshalb die Religionswissenschaftlerin *Katharina Waldner* (Erfurt) an ausgewählten Beispielen eine Genealogie des Diskurses über die Sinnlichkeit von Religion und religiöser Erfahrung. Seit Friedrich Schleiermacher (1768–1834) Religion als „Gefühl" und „Erfahrung" bestimmte, nimmt in Europa und den USA die Rede von der sinnlichen und ästhetischen Dimension von Religion kontinuierlich zu, globalisiert sich in einer komplexen, postkolonial zu interpretierenden Verflechtungsgeschichte und findet schließlich mit den Ansätzen der „Religionsästhetik" im deutschsprachigen Raum, der *Material Religion* und einer *Aesthetics of Religion* im angelsächsischen Feld, Eingang in aktuelle kulturwissenschaftliche Herangehensweisen und Debatten.[5] Insgesamt ist also eine Ästhetisierung von Religion und religiösen Erfahrungen zu beobachten. Diese Entwicklung lässt sich als Teil des jüngst von Andreas Reckwitz beschriebenen historischen Prozesses der „sozialen Ästhetisierung"[6] verstehen, und sie fand und findet ihren Ausdruck auch im Feld religiöser Praktiken. Schließlich ist auf die parallel dazu verlaufende Sakralisierung ästhetischer Erfahrung und Produktion auf dem Feld der Kunst zu verweisen,[7] ein Umstand, der in verschiedenen Beiträgen des Bandes eine wichtige Rolle spielt.

Die Einzelstudien lassen diese Entwicklung anhand verschiedener Fallbeispiele nachvollziehen, gehen aber chronologisch und methodologisch auch darüber hinaus und vertiefen damit die kulturwissenschaftliche Dimension unserer Fragestellung. So werden die sinnlichen Aspekte religiöser Praxis bereits in der frühen wie auch in der mittelalterlichen Kirche reflek-

4 Spätestens seit den 1980er Jahren intensiviert sich im Bereich künstlerischer Praktiken erneut die Rede von „Unaussprechlichkeit" und „Präsenz", die bereits um 1900 eine erste Konjunktur erlebte; vgl. dazu beispielsweise (kritisch) Schlesier 2004 und die Beiträge in Temesvári; Sanchiño Martínez 2010. Erhellend ist auch die essayistische Auseinandersetzung mit dem Thema bei Wils 2014.

5 Vgl. dazu exemplarisch den aktuellen und umfassenden Sammelband Grieser; Johnston 2017.

6 Vgl. Reckwitz 2019.

7 Vgl. oben Anm. 4 und Sammelbände wie z.B. Faber; Krech 2001a.

tiert und instrumentalisiert und erfahren dann wieder in der frühen Moderne eine neue Konjunktur, der eine Mehrzahl der Beiträge gewidmet ist. Ein besonderer Fokus liegt auf Tanz, verschiedenen Körperpraktiken und Musik sowie den postkolonialen Verflechtungen zwischen Deutschland und Südasien. Ein Beispiel aus der *Sensual Anthropology*, in dem Klang, Duft und Geschmack als rituelle sinnliche Erlebnisse erzählerisch rekonstruiert werden, sowie eine Studie zur religions- und identitätspolitischen Wirkung von Bildern im visuellen Medium des indischen Films der Gegenwart ergänzen den Band um Zugangsweisen der Ethnologie und historisch orientierter Filmanalyse.

Der Aspekt kollektiven Erlebens spielt für die Frage nach der sinnlich-ästhetischen Seite von Religion eine wichtige Rolle. Allgemein lässt sich beobachten: In Gemeinschaftlichkeit entfaltet diese Dimension eine besondere, intensivierte Wirkung. Dies gilt für die als unmittelbar empfundenen Erfahrungen des Tanzes, der Musik und des Kinos, aber auch für gemeinschaftliche Praktiken des Speisens und des Genusses von Wohlgeruch. Hier wird der Körper auf vielfältige Weise bewusst als Medium für außeralltägliche Erlebnisse eingesetzt, die wiederum religiös gedeutet werden können. Religiöse und andere Rituale arbeiten mit derartigen kollektiven, sinnlichen Erfahrungen und können diese auch intensivieren, sodass Bewusstseinsveränderungen (Trance, Ekstase) auftreten, deren potentielle Unkontrollierbarkeit wiederum Anlass zu vielfältigen, kontroversen Diskursen und Narrativen gibt.

In den beiden ersten Fallbeispielen aus dem spätantiken Christentum und dem Byzanz des frühen Mittelalters geht es um die machtpolitische Funktion, aber auch um die Ambivalenz derartiger gemeinschaftlicher Erfahrungen. Denn bei ihrer Beurteilung war es häufig von zentraler Bedeutung, ob sie den Zusammenhalt der Gruppe verstärkten oder ob sie als Bedrohung der sozialen Integrität und der damit verbundenen hierarchischen Ordnung gesehen wurden. Beispielhaft dafür setzt sich *Notker Baumann* (Fulda/Marburg) aus kirchengeschichtlicher Perspektive mit einem weit verbreiteten Vorurteil auseinander, nach dem bereits die frühe Kirche den Tanz als pagane und profane Praxis grundsätzlich abgelehnt hätte. Eine genaue Lektüre biblischer und spätantiker christlicher Quellen ergibt ein weitaus differenzierteres Bild. So wurde Tanz einerseits im spätantiken Christentum als Ausdruck des kosmischen Reigens betrachtet, eine Vorstellung, die auf Platon zurückgeht. Andererseits galten die biblische Schilderung des Tanzes von König David zu Ehren Gottes sowie die Vorstellung von Engelschören im himmlischen Paradies als nachahmenswerte Vorbilder einer „geistig-geistlichen Beweglichkeit" (Ambrosius).

Den Aspekt der sozialen und politischen Wirkmächtigkeit des sakralen Gesangs im Mittelalter stellt *Bissera V. Pentcheva* (Stanford), Spezialistin für die Geschichte byzantinischer Kunst, in einer historischen und raumakustischen Studie dar. Das technische Verfahren der Live-Auralisierung ermöglicht es, die akustischen Effekte des ursprünglichen Aufführungsraums, der Hagia Sophia, zu reproduzieren. Die sinnliche Wirkung zweier liturgischer Gesänge, die anlässlich des Festes der Kreuzerhöhung seit dem 7. Jahrhundert dort aufgeführt wurden, lässt sich damit rekonstruieren. Der Gesang verband sich mit der Kuppelarchitektur und ihren goldenen Mosaiken zu einem synästhetischen Erlebnis. So entstand der Eindruck einer Kaskade von Klang und Licht, die als göttlicher Segen von der Kuppel auf die Anwesenden herabströmte und die in den Gesangstexten formulierte kaiserliche Macht und militärische Überlegenheit wirkungsvoll religiös inszenierte.

Für die folgenden fünf Beiträge, die sich mit der frühen Moderne beschäftigen, bildet die Diskrepanz zwischen Streben nach individueller Selbstbestimmung und gleichzeitiger Einbindung in eine Gemeinschaft auf verschiedene Weise den gemeinsamen historischen Kontext; zahlreiche neue Gesellschaftsentwürfe sollten diese Spannung überwinden.[8] Die massiven politischen Veränderungen im postrevolutionären Europa, zu denen auch die grundsätzliche Infragestellung religiöser Macht (insbesondere der christlichen Kirchen) sowie vieler traditioneller Bindungen gehörte, wurden auch als Verlust der Teilhabe an einer kohärenten, charismatischen Gemeinschaft empfunden. Die Versuche einer Wiederherstellung eines derartigen Gemeinschaftsgefühls durch die Sakralisierung verschiedener Begriffe, etwa der *Nation* als politischem Leitbild oder des *Volkes* und des entsprechenden *Geistes*, die als Grundlage für die sprachlich-kulturelle Einheit dienen sollten, konnten den tieferen *Sinn* der ersehnten Gemeinschaft aber nunmehr allein als Illusion wiederherstellen. Dass derartige gesellschaftliche Utopien von Gemeinschaftlichkeit oft im Gefolge totalitärer Ideologien auftraten, „verdeckt", so Wolfgang Proß, „einen wesentlichen Aspekt des Phänomens,

8 Vgl. dazu und zum Folgenden z.B. Baxmann 2000, deren Monographie sich auf den Tanz sowie weitere Körperpraktiken konzentriert; vgl. auch Baxmann 2005.

der gerade auch heute in sicher nicht primär politischen Formen von Massenveranstaltungen hervortritt [...], weil sie das Kennzeichen eines orgiastischen Gemeinschaftserlebnisses aufweisen, das jenseits aller konkret bekundeten Zielsetzungen wirksam ist: die Aufhebung des rational geordneten Alltags und der Distanzierung der Menschen voneinander."[9] Gerade diese zeitweilige *Aufhebung der Ratio* als Voraussetzung für die „Versöhnung des Menschen mit sich selbst [...], [die] Bewußtwerdung der Gemeinschaft mit den Mitmenschen und der Teilhabe an jenem Göttlichen, das im Alltag unsichtbar wird"[10] – mithin der ekstatische Charakter des gemeinschaftlichen Erlebnisses, birgt das Risiko totalitärer Grenzverwischungen. Die damit einhergehende Gefahr der politischen Vereinnahmung kollektiver ekstatischer Erfahrungen ist in den philosophischen und sozialpsychologischen Analysen von Elias Canetti und Hannah Arendt unter dem unmittelbaren Eindruck des Nationalsozialismus ausführlich und schlüssig dargestellt worden. Die von Wolfgang Proß herausgestellte Dimension von (nicht nur religiösen), sinnlichen und ekstatischen Gemeinschaftserlebnissen scheint dennoch unverzichtbar zu bleiben; dies zeigt sich aktuell beispielsweise eindrücklich im weltweiten Phänomen der sogenannten *Megachurches* und einer insgesamt zu beobachtenden „Eventisierung" religiöser Rituale.[11]

Ebenfalls charakteristisch für die frühe Moderne war, dass seit dem Ende des 19. Jahrhunderts das oben beschriebene Verlustempfinden Indien – wie die Fallbeispiele in den Beiträgen von *Thomas K. Gugler*, *Cornelia Haas* und *Markus Schlaffke* zeigen – zu einem zentralen Fluchtpunkt des religiösen Imaginären in Europa, insbesondere in Deutschland, werden ließ. Hinzu kam eine „Neusicht anthropologischer Wissensbestände"[12], und die bereits in der frühen Moderne einsetzende Reichweitenvergrößerung intensivierte sich. Alle Beiträge in dieser Gruppe beschäftigen sich schließlich nicht zufällig mit Körperpraktiken (Yoga, Tanz), denn es ist ebenfalls ein Charakteristikum der Epoche, dass die Performanz körperlicher Bewegung und damit die Empfindung von Unmittelbarkeit und Gemeinschaft immer mehr in den Mittelpunkt ästhetischer Praktiken und Diskurse rückt.[13]

9 Proß 2008: 77.

10 Proß 2008: 82.

11 Vgl. dazu die Beiträge in Lüddeckens; Walthert 2010.

12 Baxmann 2005: 17.

13 Vgl. Baxmann 2000.

Thomas K. Gugler (Frankfurt/M.), Indologe und Islamwissenschaftler, zeichnet die Vielfalt der Entwicklungspfade diverser Yogakulturen nach, in denen unterschiedliche Konzepte der Wechselbeziehungen von Körper und Geist ausgehandelt wurden, bis hin zu einer Politisierung derartiger Körperpraktiken. Gleichzeitig zeigt sein Beitrag die komplexen Prozesse von Projektion, Aneignung und Verkennung des Yoga und der damit verbundenen Diskurse und Praktiken im kolonialen Machtgefüge zwischen Indien, Deutschland und Großbritannien.

Die Rolle des Tanzes als einer Klammer divergierender Diskurse um Ekstase, religiöse und medizinische Devianz und die Ästhetisierung des Politischen steht im Mittelpunkt des Beitrages der Religionswissenschaftlerin *Isabella Schwaderer* (Erfurt). Sie rekonstruiert die verschiedenen Darstellungen der tänzerischen Pose einer starken Rückbeuge, emblematisch gefasst im Bild der aus der Antike stammenden „tanzenden Mänade“, im Kontext des Ausdruckstanzes im ersten Drittel des 20. Jahrhunderts. In der Auseinandersetzung mit diesem Bild werden in sich wandelnden historischen Konstellationen die Vorstellungen von Körper und Geist sowie von Individuum und Gemeinschaft neu verhandelt.

Anita Neudorfer (Graz/Erfurt) untersucht ebenfalls aus religionswissenschaftlicher Perspektive den Zusammenhang der im Kontext der Lebensreform stehenden Rhythmusbewegung mit dem Ausdruckstanz. Sie rekonstruiert die Verknüpfungen von Leiberfahrung, Rhythmus, Religion und Tanz und zeigt am Beispiel der bekannten Tänzerinnen Isadora Duncan (1877–1927) und Mary Wigman (1886–1937) auf, wie sich diese durch eigenständige Choreographien, erfolgreiche Aufführungen sowie im Verfassen und Publizieren einschlägiger Texte einen eigenen Bereich ökonomischer und religiöser Autonomie erschlossen.

Auch in Indien erfüllte der reformierte Tanz eine wichtige Funktion im Überschneidungsbereich von Religion und Geschlechterrollen: Die Indologin *Cornelia Haas* (Würzburg) porträtiert eine wenig bekannte Seite der prominenten Theosophin Rukmini Devi Arundale (1904–1986), bekannt als Erneuerin des indischen Tanzes *Bharatanatyam*. Die ihr zunächst von Dritten zugewiesene Rolle der theosophischen Erlöserinnenfigur einer *Weltmutter* spiegelt sich nicht nur in ihrer Neugestaltung des Tanzes, sondern sie nutzt diese für eine eigenständige Formulierung des Idealbilds der tanzenden Frau als keuscher Dienerin der Göttin.

Das „trianguläre Verhältnis“ von Glauben, Wissen und ästhetischer Erfahrung[14] der beginnenden Moderne ebnete auch künstlerischen Projekten aus Asien den Weg nach Deutschland, wo sie im Zuge einer zunehmenden „Religiosisierung des Ästhetischen“[15] wahrgenommen wurden. Der Medienkünstler *Markus Schlaffke* (Weimar) stellt den ebenso erstaunlichen wie aufschlussreichen künstlerischen und unternehmerischen Werdegang des Impresario Ernst Krauss (1887–1958) dar, der neben deutschen Ausdruckstänzer*innen besonders das *Indische Ballett* der Choreographin Leila Roy alias Menaka (1899–1947) in den 1920er und 30er Jahren auf die Bühnen Deutschlands und der umliegenden europäischen Länder brachte. Sein Beitrag illustriert die Dynamik der Transferprozesse von religiösen Praktiken in den Bereich des Ästhetischen im Feld kolonialer Verflechtungen europäischer und asiatischer Akteur*innen.

Den Abschluss des Bandes bilden zwei Beiträge, die sich mit der sinnlichen Dimension religiöser Praktiken in Pakistan und den politisch-ästhetischen Diskursen am Beispiel des Films im gegenwärtigen Indien beschäftigen. Ausgehend von Überlegungen zu einer „Anthropologie der Sinne“ beschreibt der Islamwissenschaftler *Jürgen Wasim Frembgen* (München) im Rückgriff auf eigene „Dichte Teilnahme“ die Schreine von Sufi-Heiligen, besonders in den pakistanischen Tieflandprovinzen Punjab und Sindh, als ästhetisch aufgeladene, der Alltagsebene enthobene, sakrale Räume. Intensive akustische, olfaktorische und gustatorische Eindrücke, strukturiert durch devotionale Rituale, ermöglichen den Anwesenden den Übergang in den „anderen Zustand“[16], in Trance und mystische Ergriffenheit, in die unbekannte und unbeschreibliche Welt der Begegnung mit dem Göttlichen. Hierbei untersucht er die Bedeutung einzelner Sinne und deren Interaktion und Interdependenz in der Ausübung verschiedener, traditioneller Rituale des vielfältigen Sufi-Islam.

Die Historikerin *Baijayanti Roy* (Frankfurt/M.) beschreibt in ihrem Beitrag, wie das Massenmedium des Kinos die visuelle Repräsentation und Wahrnehmung von religiösen Gemeinschaften und Geschlechterrollen im gegenwärtigen Indien lenkt und inwiefern in Zeiten wachsender Auseinandersetzungen zwischen der Hindumehrheit und der muslimischen Minder-

14 Mattenklott 2004: v.

15 Faber; Krech 2001b: 7.

16 Musil 1978: 1140.

heit eine Politisierung dieser Bilder nicht ausbleiben kann. Im Mittelpunkt stehen dabei zwei zeitgenössische Historienfilme des erfolgreichen Regisseurs und Produzenten Sanjay Leela Bhansali, deren Analyse zeigt, wie historisch-fiktionale Legenden als visuelle Medien für zeitgenössische Konflikte fungieren können.

Die Arbeit am Projekt dieses Sammelbandes nahm ihren Ausgang an einer gemeinsamen Tagung, die vom 8. bis 9. Juni 2018 in der Kleinen Synagoge in Erfurt stattfand. Das Ensemble *Atmadhvani* trug mit einer öffentlichen Aufführung klassischen indischen Tanzes auf eindrückliche Weise dazu bei, dass unser Thema nicht allein auf der theoretischen Ebene verblieb, sondern sinnlich erlebbar wurde. Wir danken der Tänzerin Anne Dietrich sowie den Musiker*innen Doreen Seidowski-Faust und Mario Faust herzlich, ebenso wie dem evangelischen Hochschulbeirat, der durch eine finanzielle Förderung deren Auftritt ermöglichte. Tagung und Sammelband wären nicht zustande gekommen ohne die dankenswerte finanzielle Unterstützung durch die Forschungsförderung der Universität Erfurt sowie der Forschungsgruppe *Erfurter RaumZeit-Forschung* und der *International Graduate School* „Resonant Self-World Relations in Ancient and Modern Socio-Religious Practices" am Max-Weber-Kolleg der Universität Erfurt in Kooperation mit der Universität Graz. Last but not least bedanken wir uns bei Helen Kleylein, Jonas Ney und ganz besonders Daniela Kranemann für die geduldige und präzise redaktionelle Bearbeitung der Beiträge sowie bei Frau Wichmann vom transcript-Verlag für die kompetente und stets freundliche Betreuung des gesamten Prozesses.

LITERATUR

Baxmann, Inge: *Mythos: Gemeinschaft. Körper- und Tanzkulturen in der Moderne*, München: Fink Verlag 2000.

Baxmann, Inge: „Der Körper als Gedächtnisort. Bewegungswissen und die Dynamisierung der Wissenskulturen im frühen 20. Jahrhundert", in: Inge Baxmann; Franz A. Cramer (Hg.), *Deutungsräume. Bewegungswissen als kulturelles Archiv der Moderne*, München: K. Kieser 2005, 15–35.

Faber, Richard; Krech, Volkhard (Hg.), *Kunst und Religion. Studien zur Kultursoziologie und Kulturgeschichte*, Würzburg: Königshausen & Neumann 1999a.

Faber, Richard; Krech, Volkhard: „Vorwort“, in: Richard Faber; Volkhard Krech (Hg.), *Kunst und Religion. Studien zur Kultursoziologie und Kulturgeschichte*, Würzburg: Königshausen & Neumann 1999b, 7–18.

Grieser, Alexandra K.; Johnston, Jay (Hg.): *Aesthetics of Religion. A Connective Concept*, Berlin – Boston: De Gruyter 2017.

Lüddeckens, Dorothea; Walthert, Rafael (Hg.): *Fluide Religion. Neue religiöse Bewegungen im Wandel. Theoretische und empirische Systematisierungen*, Bielefeld: transcript 2010.

Mattenklott, Gert: „Vorwort“, in: Gert Mattenklott (Hg.), *Ästhetische Erfahrung im Zeichen der Entgrenzung der Künste. Epistemische, ästhetische und religiöse Formen von Erfahrung im Vergleich*, Hamburg: Meiner 2004, v–viii.

Müller, Friedrich Max: *Vorlesungen über den Ursprung und die Entwicklung der Religion. Mit besonderer Rücksicht auf die Religionen des Alten Indiens*, 2. unveränderte Aufl. Strassburg: Verlag von Karl J. Trübner 1881.

Musil, Robert: „Ansätze zu einer neuen Ästhetik“, in: *Gesammelte Werke. Bd. 2*, hg. von Adolf Frisé, Reinbek: Rowohlt 1978, 1137–1154.

Proß, Wolfgang: „Masse und Rausch. William Hogarth und Charles Dickens“, in: Thomas Strässle; Simon Zumsteg (Hg.), *Trunkenheit. Kulturen des Rausches*, Amsterdam – New York: Rodopi 2008, 75–99.

Reckwitz, Andreas: *Die Erfindung der Kreativität. Zum Prozess gesellschaftlicher Ästhetisierung*, Berlin: Suhrkamp Verlag 2019 (1. Aufl. 2012).

Schlesier, Renate: „Künstlerische Kreation und religiöse Erfahrung – Verwendungsgeschichtliche Anmerkungen zum Begriff der Inspiration“, in: Gert Mattenklott (Hg.), *Ästhetische Erfahrung im Zeichen der Entgrenzung der Künste. Epistemische, ästhetische und religiöse Formen von Erfahrung im Vergleich*, Hamburg: Meiner Verlag 2004, 177–194.

Stuckrad, Kocku von: *The Scientification of Religion. A Historical Study of Discursive Change, 1800–2000*, Berlin – Boston: De Gruyter 2014.

Temesvári, Cornelia; Sanchiño Martínez, Roberto (Hg.): „Wovon man nicht sprechen kann …“: *Ästhetik und Mystik im 20. Jahrhundert. Philosophie – Literatur – visuelle Medien*, Bielefeld: transcript 2010.

Wils, Jean-Pierre: *Kunst. Religion. Versuch über ein prekäres Verhältnis*, Klöpfer und Meyer: Tübingen 2014.

Zolotukhin, Vsevolod: „Friedrich Max Müller und die idealistische Wurzel der Religionswissenschaft“, in: *Zeitschrift für Religionswissenschaft* 26/2 (2018), 264–282.

Die Ästhetisierung der „religiösen Erfahrung“ oder: Wie sinnlich ist Religion?*

Katharina Waldner

The notion of „religious experience“ is highly disputed in today's religious studies. Nevertheless it is used by contemporary scholars of sociology of religion as well as in the (self-)representations of a growing global and highly individualized „spirituality“ quite often interconnected with an emphasis on sensual, lived experiences („Erlebnisse“). The paper argues that these facts are part of the formation of a discourse on „religion“ and „religious experience“ reaching back to the beginning of the long 19th century. It explores how sensual experience and „aesthetics“ are related to the notions of religion and religious experience by different protagonists of this discourse from 1800 until today, which can be seen as part of the „Process of social aesthetisation“ („Prozess sozialer Ästhetisierung“) reconstructed by Andreas Reckwitz (2019).

EINLEITUNG

In der kulturwissenschaftlich ausgerichteten Religionswissenschaft hat der Begriff „religiöse Erfahrung“ keinen guten Ruf, ja es wird gelegentlich dafür plädiert, ihn ganz aufzugeben.[1] Zum einen sei „religiöse Erfahrung“ *das* Stichwort, unter dem die Vertreter einer im weiten Sinn des Wortes phäno-

---

* Dieser Beitrag profitierte u.a. von den Diskussionen in der *International Graduate School* (IGS) „Resonant Self-World Relations in Ancient and Modern Socio-Religious Practices“ am Max-Weber-Kolleg der Universität Erfurt in Kooperation mit der Universität Graz, wobei ich ganz besonders Anita Neudorfer für inspirierenden Austausch und den Hinweis auf die Arbeiten von Andreas Reckwitz danke.

1 Vgl. dazu z.B. McCutcheon 2012 und den Überblick bei Sharf 2012.

menologisch orientierten Religionswissenschaft, von Friedrich Schleiermacher über William James und Rudolf Otto bis Mircea Eliade, eine neue Form von Theologie betrieben hätten, indem sie „Religion" als ein Phänomen *sui generis* konstruierten:[2] Im Mittelpunkt standen dabei nicht – wie es von einer säkular ausgerichteten Religionswissenschaft zu erwarten wäre – die von Menschen hergestellten Bilder, Geschichten, normativen Texte und Rituale, sondern die Erfahrung eines dem allem vorgängigen „Heiligen", das seinen Ausdruck in eben diesen Phänomenen finde. Während diese Kritik indirekt auf den zugrunde liegenden Religionsbegriff zielt, kommen nicht weniger gewichtige Einwände von Seiten einer kritischen Geschichtswissenschaft, die den Begriff der „Erfahrung" selbst betreffen: Dieser impliziere in seiner klassisch-phänomenologischen Form zwangsläufig ein Subjekt – es ist immer eine bestimmte Person, die etwas erfährt – und durch den Diskurs über „Erfahrung" werde dieses Subjekt in seiner üblicherweise männlichen und weißen Identität erst hergestellt und immer wieder bestätigt.[3] Eine Steigerung findet dies im Fall der „religiösen" Erfahrung dann, wenn diese als „Erfahrung des Heiligen" als nicht mitteilbar beschrieben wird. Hier greift der in der Soziologie für die Moderne als typisch geltende Vorgang der „Sakralisierung", der Objekte, Identitäten oder auch Werte grundsätzlich gegen Kritik und Ambivalenz zu immunisieren vermag.[4]

Hinzu kommt: Was ist eigentlich mit „Erfahrung" (engl. *experience*) gemeint? Zumindest drei für den Diskurs der „religiösen Erfahrung" relevante Bedeutungen, die oft nicht klar voneinander unterschieden werden (können), seien genannt:[5] (1) Im klassisch-phänomenologischen Sinn meint Erfahrung das In-die-Lebenswelt-gestellt-Sein einer Person; (2) „Erfahrung" kann aber auch für ein „Erlebnis" stehen – gemeint ist die auf einen bestimmten Moment bezogene sinnlich-kognitive und gleichzeitig semantisch-verarbeitende Reaktion einer Person; (3) schließlich kann mit „religiöser Erfahrung" eine „außeralltägliche Erfahrung" bezeichnet werden, die

2 Vgl. z.B. Hanegraaff 2017: 132, der sie „*religionists*" nennt; besonders kritisch zu eurozentrischen und kolonialistischen Dimensionen einer derartigen Herangehensweise: Murphy 2010.

3 Vgl. Scott 2012.

4 Für eine Kritik derartiger essentialistischer Dimensionen der phänomenologischen Religionswissenschaft vgl. Murphy 2010. Zur Sakralisierung vgl. z.B. Krech 2015.

5 Für eine Diskussion des Erfahrungsbegriffs vgl. Sharf 2012 und Haeffner 2004.

den für eine bestimmte Gesellschaft als „normal“ geltenden Bewusstseinszustand und Wahrnehmungshorizont übersteigt.[6] Sehr oft, aber auch nicht immer, knüpft diese letzte Verwendung des Begriffs an die bis in die Spätantike zurückreichende Tradition der christlichen Mystik an.[7] Wäre es also angesichts dieser vielen Probleme nicht klug, auf den Begriff ganz zu verzichten?

Gegen eine solche Entscheidung spricht die Beobachtung, dass der Begriff der „Erfahrung“ aktuell von Religionssoziologen genutzt wird, die versuchen „Religion“ oder „religiös“ analytisch und empirisch zu bestimmen. Außerdem findet sich im gegenwärtigen religiösen Feld eine auffällige Konzentration auf erlebnisorientierte Formen von Religion, mithin auf – meist sinnlich – erfahrbare und erlebbare Religion. Drittens schließlich wenden sich schon seit den 1980er Jahren Teile der kulturwissenschaftlich orientierten Religionswissenschaft unter Begriffen wie „Religionsästhetik“, *Material Religion* und *Aesthetics of Religion* der sinnlichen Seite von Religion zu.[8] Diese Ansätze leisten gerade auch für das Verständnis der in diesem Band dargebotenen Fallbeispiele einen wichtigen Beitrag und sind meines Erachtens unverzichtbar für eine kulturwissenschaftlich arbeitende Erforschung von Religion. Angesichts der jedoch ebenfalls nicht leicht von der Hand zu weisenden Kritik an der Verwendung des Begriffes „(religiöse) Erfahrung“ ist es notwendig zu verstehen, in welchem Diskursfeld wir uns selbst bewegen, wenn wir diese Begriffe verwenden. Die Antwort auf diese Frage soll im vorliegenden Beitrag durch eine historische Rekonstruktion der ästhetischen Dimension des Begriffs der „religiösen Erfahrung“ geleistet werden. Leitende These ist dabei, dass die Herausbildung dieses Begriffs im langen 19. Jahrhundert Teil eines historischen Vorgangs ist, den Andreas Reckwitz als „Prozess gesellschaftlicher Ästhetisierung“ beschrieben hat.[9] Deshalb soll, bevor wir uns den einzelnen historischen Beispielen zuwenden, der Ansatz von Reckwitz ebenso wie die Bedeutung des Begriffs der Erfahrung im gegenwärtigen religiösen Feld sowie dessen sozialwissenschaftlicher Analyse, kurz vor Augen geführt werden.

---

6 Exemplarisch für eine aktuelle religionswissenschaftliche Annäherung an den Erfahrungsbegriff im Sinne „außeralltäglicher“ Erfahrung sind die Arbeiten von Ann Taves, insbesondere Taves 2009.

7 Vgl. dazu z.B. Krech 2002: 259–285.

8 Vgl. dazu den letzten Abschnitt dieses Beitrags (S. 43–48).

9 Vgl. Reckwitz 2019.

RELIGIÖSE ERFAHRUNG IM „PROZESS GESELLSCHAFTLICHER ÄSTHETISIERUNG“

Während in der aktuellen Religionswissenschaft kulturwissenschaftlicher Prägung die Rede von „religiöser Erfahrung“ aus den oben genannten Gründen obsolet geworden ist, wird in der Religionssoziologie der Begriff der „Kontingenz“- oder „Transzendenz*erfahrung*“ verwendet. So gehen beispielsweise Detlev Pollack und Hubert Knoblauch davon aus, dass religiöse Systeme, aber auch individuelle Religiosität oder Spiritualität eine mögliche und ganz spezifische Antwort auf derartige Erfahrungen seien.[10] Dabei ist es jedoch kulturspezifisch, was jeweils als kontingent oder transzendent erfahren wird. Genau deshalb ist nicht von „Kontingenz“ oder „Transzendenz“ an sich die Rede, sondern eben von Erfahrungen, die in einem konkreten soziokulturellen Feld zu kontextualisieren sind. Insbesondere Knoblauch hebt allerdings hervor, dass wir, gehen wir „wissenschaftlich“ und nicht phänomenologisch vor, nur die Kommunikation über solche Erfahrungen, nicht aber die Erfahrungen selbst beobachten und analysieren können.[11] Zumindest in religiös pluralisierten Gesellschaften bleibt zudem offen, ob derartige Erfahrungen mithilfe traditionell religiöser Semantiken und Praktiken oder aber anders bewältigt und integriert werden.[12] Diese Praktiken und Semantiken selbst sind ihrerseits, so formuliert es beispielsweise Volkhard Krech, wiederum „an die Bedingungen des Sinnlichen gebunden“[13].

Die von Krech geäußerte Überzeugung von der großen Bedeutung der *sinnlichen* Dimension von Religion ergibt sich allerdings nicht zwangsläufig aus der eben geschilderten religionssoziologischen Verwendung des Begriffes der Erfahrung. Sie entspricht jedoch der Betonung der sinnlichen, authentischen „Erfahrung“ ebenso wie der „Selbsterfahrung“ auf jenem

10 Vgl. Pollack 1995; Knoblauch 2004. Alle derartigen Ansätze schließen in verschiedener Form an Thomas Luckmann (1927–2016), insbesondere sein Werk *The invisible Religion* von 1967, an; für eine deutsche Fassung s. Luckmann 1991.

11 Knoblauch 2004: 73.

12 Die gesellschaftliche Pluralität, aber auch die Nischen des Alltags in traditionellen Gesellschaften, ermöglichen es darüber hinaus, dass – auch wenn traditionell religiöse Semantiken und Praktiken gewählt werden – individuelle Kreativität möglich bleibt. Diese Dimension erfasst der Ansatz der *Lived Religion*, vgl. McGuire 2008.

13 Krech 2003: 69.

Feld des erlebnisorientierten, religiösen Marktes, das Knoblauch als „populäre Spiritualität“ oder auch „populäre Religion“ beschrieben hat.[14] Derartige Formen von Religiosität scheinen gegenwärtig nicht nur in Europa und den USA, sondern weltweit an Bedeutung und Verbreitung zu gewinnen.[15] Gerade in jüngster Zeit zeigt sich, dass diese Tendenz auch eine kollektive Dimension aufweist, somit nicht nur aus dem offensichtlichen Zusammenhang mit Pluralisierung und Individualisierung verständlich ist. Stattdessen ist von neuen Formen der Vergemeinschaftung und der öffentlichen Kommunikation über Religion auszugehen[16]. Dazu passt auch, dass die Verwendung des Begriffs „Erfahrung“ nicht nur, wie beispielsweise im Fall der sogenannten „Selbsterfahrung“[17], auf individualistische Praktiken beschränkt ist. So ist in einem 2011 erschienenen Online-Magazin mit dem Titel *Hinduism Today* die Rede davon, dass es bis anhin an einer Bewegung gefehlt habe, welche die „gesamte Erfahrung von Hindus auf der ganzen Welt“ („the whole Hindu experience around the world“[18]) umfassend repräsentieren könnte. Eine gemeinsame Erfahrung also, nicht etwa „Rasse“, Herkunft, Kultur oder geteilte Tradition, stiftet in diesem Fall kollektive religiöse Identität.

Auffällig ist bei all dem die Orientierung an sinnlicher Intensität, an Erlebnissen, die offensichtlich das, was Charles Taylor als das „naturalistische Weltbild“ beschrieben hat,[19] überschreiten oder kompensieren sollen. Dazu passt, dass beispielsweise der Soziologe Hartmut Rosa in seiner gerade auch außerhalb des akademischen Feldes außerordentlich erfolgreichen Studie *Resonanz: Eine Soziologie der Weltbeziehung* ebenfalls ganz selbstverständlich davon ausgeht, dass Religion für (spät-)moderne Menschen eine besondere Form der Erfahrung darstelle. Es gehe darum, dass die Welt als „resonant“ empfunden werden könne:

> Religion kann […] verstanden werden als die in Riten und Praktiken, in Liedern und Erzählungen, zum Teil auch in Bauwerken und Kunstwerken

14 Vgl. z.B. Knoblauch 2010.

15 Vgl. dazu die Beiträge in Haeffner 2007.

16 Vgl. Besecke 2005.

17 Vgl. Schwarz 2007.

18 http://www.hinduismtoday.com/about_us.shtml (letzter Zugriff am 9. Mai 2011), zitiert nach Nehring 2012: 115. Das Online-Magazin wurde mittlerweile eingestellt.

19 Vgl. Rosa 1998: 339–351.

> erfahrbar gemachte Idee, dass dieses *Etwas* ein Antwortendes, ein Entgegenkommendes – und ein Verstehendes ist. Gott ist dann im Grund die Vorstellung einer *antwortenden Welt.*[20]

Rosa zitiert zur Illustration seiner Auffassung ausführlich Passagen aus den Werken von Friedrich Schleiermacher und William James. Offensichtlich – und diese Feststellung ist nun nicht originell – haben wir es bei all dem, genau wie in der Rede von „Religion" als abstraktem, von konkreten Praktiken losgelöstem Kollektiv-Begriff,[21] mit einem Diskurs zu tun, der sich seit Beginn des langen 19. Jahrhunderts rekonstruieren lässt.[22] Mir geht es jedoch konkreter um die Beobachtung, wie vielfältig und weit verbreitet die Verbindung von Religion und sinnlicher und/oder besonders intensiver „Erfahrung" bis heute geblieben ist, ja sich geradezu zu einer Art *Common sense*-Vorstellung verfestigt hat.

Ich möchte deshalb vorschlagen, diesen Diskurs über Religion, in dem der Begriff der Erfahrung eine zentrale Rolle spielt und dessen Beginn wir mit dem Erscheinen von Friedrich Schleiermachers Schrift *Über die Religion* im Jahr 1799 ansetzen können, als Teil eines Dispositivs zu verstehen, das Andreas Reckwitz in seiner Studie *Die Erfindung der Kreativität* von 2012 als „Prozess gesellschaftlicher Ästhetisierung", der schließlich in die „Erfindung der Kreativität" mündet, beschrieben hat.[23] In ähnlicher Weise konstatierte Habermas bereits 1991: „Die ästhetische Erfahrung ist zu einem integralen Bestandteil der modernen Welt dadurch geworden, dass sie sich zu einer kulturellen Wertsphäre verselbständigt hat."[24] Was ist darunter zu verstehen?

Seit seiner Herausbildung um 1800 umfasst der Begriff der „Ästhetik"[25], der sich zu einem eigenen Diskurs des Ästhetischen entwickelt, zwei Dimensionen, die in der nun einsetzenden, außerordentlich komplexen Ent-

---

20 Rosa 2016: 435 [Hervorhebungen: im Original].

21 Zum Problem des Religionsbegriffs vgl. z.B. Pollack 1995.

22 Vgl. dazu Krech 2002; Stuckrad 2014.

23 Vgl. Reckwitz 2019.

24 Habermas 1991: 147.

25 „Ästhetik" im technischen Sinne wurde erstmals von Alexander Gottlieb Braungarten (1714–1762) eingeführt, der damit eine Wissenschaft der Sinneswahrnehmungen, der Schönheit und der Künste sowie des Gedächtnisses bezeichnete; vgl. dazu und zur weiteren Entwicklung im 18. und 19. Jahrhundert: Cancik; Mohr 1988: 126–132.

wicklung immer wieder auf verschiedene Weise zueinander ins Verhältnis gesetzt werden: Zum einen ist das die Verknüpfung mit dem Autonomieanspruch der Kunst, wo es anfänglich um die Frage des „guten Geschmacks", des Erlebens und der Reflexion „des Schönen" und „des Erhabenen" geht, später um das Ideal autonomer, möglichst intensiver Expressivität. Die zweite Dimension ist jene der sinnlichen Erfahrung, umfasst also das, was der zugrunde liegende griechische Begriff *aisthesis* ursprünglich meinte. Für das Verständnis der hier interessierenden historischen und diskursiven Entwicklung ist es jedoch wichtig, sich zu vergegenwärtigen, dass die zweite sinnliche Dimension des Ästhetischen immer mehr meint als sinnliche Wahrnehmung, nämlich:

> [...] eigendynamische Prozesse sinnlicher Wahrnehmung, die sich aus ihrer Einbettung in zweckrationales Handeln gelöst haben. [...] Deren Spezifikum ist ihre Selbstzweckhaftigkeit und Selbstbezüglichkeit, ihre Orientierung am eigenen Vollzug in diesem Moment. Ihr Spezifikum ist ihre Sinnlichkeit um der Sinnlichkeit willen, ihre Wahrnehmung um der Wahrnehmung willen – genau dies soll mit der Eigendynamik sinnlicher Wahrnehmung gemeint sein.[26]

Damit erschließt sich eine weitere Eigenheit des Ästhetischen, nämlich „eine erhebliche Affektivität, eine emotionale Involviertheit des Subjekts"[27]. Affektivität und Emotionalität schließlich sind eng verbunden mit der körperlichen oder „leiblichen" Dimension sinnlicher Wahrnehmungen.[28] Die Gegenüberstellung von zweckrationalem Handeln auf der einen und ästhetischem Wahrnehmen und Erleben auf der anderen Seite, ist eine diskursive Strategie, die der historischen Analyse bedarf.[29] Unter „Ästhetisierung" versteht Reckwitz nun das Phänomen, dass sich „innerhalb der Gesamtgesellschaft das Segment ästhetischer Episoden und ästhetisch orientierter wie imprägnierter Praktiken auf Kosten exklusiv nichtästhetischer Praktiken" ausdehnt.[30] Als „Kreativitätsdispositiv" schließlich bezeichnet er einen „besonderen Komplex", der sich seit Anfang des 20. Jahrhunderts entwickelt, und er kann zeigen, wie ganz verschiedene gesellschaftliche Felder nicht nur immer stärker ästhetisiert werden, sondern wie sich daraus schließlich

26 Reckwitz 2019: 23.
27 Reckwitz 2019: 23.
28 Vgl. Reckwitz 2019: 24.
29 Vgl. Reckwitz 2019: 28.
30 Reckwitz 2019: 29.

eine unhinterfragte Wertschätzung der Kreativität entwickelt, die „auf die Hervorbringung von Neuem als bevorzugtem Dauerzustand und zugleich auf die ästhetische, nach dem Modell des Künstlers gedachte Aktivität" abzielt.[31] Chronologisch unterscheidet er vier Phasen: vom Ende des 18. bis zum Beginn des 19. Jahrhunderts (vorbereitende Phase), von ca. 1900 bis in die 1960er Jahre (die entscheidende Formierungsphase), die Verdichtungsphase von 1960 bis 1970 und schließlich die Zeit ab den 1980er Jahren, in der das Kreativitätsdispositiv eine neue Hegemonie erreicht.[32]

Die Rede von religiöser Erfahrung seit 1800 lässt sich vor diesem Hintergrund diskursgeschichtlich rekonstruieren und in den Kontext der Ästhetisierung stellen. In diesem Beitrag kann dies natürlich nur exemplarisch geschehen. Indem in allen Fallbeispielen die Frage gestellt wird, wie sich die Konzepte der religiösen Erfahrung mit dem Prozess der Ästhetisierung verbinden, zeigt sich jedoch bereits: Die Behauptung, dass erst seit den 1980er Jahren die sinnliche Dimension von Religion eine Rolle spiele, während zuvor die Innerlichkeit und Textfixiertheit eines eurozentrischen Christentums vor allem protestantischer Provenienz dominiert hätten,[33] muss revidiert oder zumindest doch relativiert werden. Ebenso ist es zum einen zwar richtig, dass sowohl die sinnliche als auch die „mystische" Dimension von Religion im untersuchten europäischen Diskurs immer wieder den „Anderen" zugesprochen wurde, die wichtigsten Projektionsflächen waren dabei die „Wilden", die „Frauen" und der „Orient".[34] Es wird sich aber auch zeigen, dass die Idee einer „religiösen Erfahrung" (sowie deren Ästhetisierung), die es ermöglichte, Religion zu universalisieren, in bestimmten Fällen von Europäern und kolonialisierten Eliten ebenso wie von einzelnen sowohl westlichen wie kolonialisierten Frauen in einem *third space* gemeinsam,[35] wenn auch mit ungleich verteilten Machtpositionen, verhandelt wurde.

31 Reckwitz 2019: 39.

32 Vgl. Reckwitz 2019: 45–55.

33 So z.B. Grieser; Johnston 2017a, 5–7.

34 Vgl. dazu z.B. Stuckrad 2014: 113–152; Hilmes 1997 am Beispiel der Frauenfiguren um 1900.

35 Vgl. Stuckrad 2014: 115–117.

VOM UNIVERSUM BERÜHRT WERDEN: RELIGION UND ÄSTHETIK UM 1800

Das zentrale Beispiel dieses Abschnittes, Schleiermachers *Werk Über die Religion: Reden an die Gebildeten unter ihren Verächtern* von 1799, steht am Beginn des sogenannten „langen 19. Jahrhunderts", in dem das Christentum in Europa einem massiven Veränderungsdruck unterworfen war. Der Historiker Jürgen Osterhammel bezeichnet die „Attacke der französischen Revolutionäre auf Kirche und Religion *an sich*" als einen der „extremsten Aspekte des revolutionären Umbruchs überhaupt".[36] Mit diesem auf die mächtigen Institutionen der Kirchen zielenden Angriff ging eine Umverteilung der Macht und Aufmerksamkeit zwischen religiösen und dazu alternativen, neuen Formen der Produktion von Wissen einher, die allerdings schon viel früher begonnen hatte, nun aber immer breitere Auswirkungen zeigte.[37] Ideale der Toleranz und Religionsfreiheit sowie die fortschreitende Kolonialisierung führten außerdem zu einer Konfrontation mit Pluralität, die ebenfalls danach verlangte, den Überlegenheitsanspruch des Christentums neu zu legitimieren.[38] Gleichzeitig bestand ein Bedarf nach einer Kommunikationsgrundlage, zumindest mit den kolonialisierten Eliten, was wiederum zu universalisierenden Entwürfen und Begriffen führte, darunter eben auch „Religion" und „religiöse Erfahrung". Umgekehrt lässt sich feststellen, dass das Reden und Schreiben über Religion(en) – ebenso wie die Gründung unzähliger neuer religiöser und weltanschaulicher Gruppierungen sowie die Herausbildung der Disziplinen Religionsphilosophie und Religionswissenschaft – Medien waren, in denen im langen 19. Jahrhundert die sich immer mehr beschleunigenden gesellschaftlichen, politischen, ökonomischen und technischen Veränderungen in komplexen Aushandlungsprozessen bewältigt werden konnten.[39]

Um 1800 bilden sich die Felder Ästhetik und damit verbunden „Kunst" (gemeint sind zunächst bildende Kunst und Musik) und Religion als von-

36 Osterhammel 2009: 1244 [Hervorhebungen: im Original].

37 Vgl. Stuckrad 2014: viii. Er setzt ihren Beginn um 1400 an.

38 Vgl. Murphy 2010.

39 So kann Osterhammel 2009: 1239 schreiben, es gebe „gute Gründe dafür, Religiosität, Religion und Religionen in den Mittelpunkt einer Weltgeschichte des 19. Jahrhunderts zu stellen". *De facto* tut er selbst dies nicht, sondern widmet dem Thema nur ein Kapitel.

einander abgegrenzte Bereiche heraus – und sie stehen von Anfang an in Konkurrenz zueinander. Gleichzeitig jedoch teilen sie das Anliegen, gegenüber dem rationalistischen Diskurs einen eigenständigen Bereich des „Schönen“ und des „Göttlichen“, den die aufklärerische Philosophie paradoxerweise durch zunehmenden Ausschluss aller nicht-kognitiven Erkenntnisweisen selbst erzeugt hatte, als eigenes symbolisches Kapital zu nutzen und auszubauen.[40] Schließlich öffnet sich, gewissermaßen als geteiltes Territorium, das wiederum von Protagonist*innen beider Felder beansprucht werden kann, der Raum des „Unaussprechlichen“. Für die Zeit um 1800 beschreiben die Herausgeber des dreibändigen Sammelwerkes mit dem Titel *Ästhetische und religiöse Erfahrungen der Jahrhundertwenden* diese paradoxe Entwicklung folgendermaßen:

> Dass diskursiv nicht einholbar sein soll, was im Schönen erfahren wird, ließ sich in zwei Richtungen auslegen: Als Präsenz eines ‚Göttlichen‘, das eine letzte Einheit in allen Differenzen verbürgt, oder als intensive Begegnung mit einem Unbekannten, das nicht einen höchsten Sinn, sondern immer nur das ganz Andere vertrauten Sinns meint, kurz: als Erscheinung des Absoluten oder als absoluter Schein.[41]

Hier eröffnet sich bereits eine Option, die im Verlauf der historischen Entwicklung dieses Diskurses bis ins 20. Jahrhundert hinein immer mehr an Bedeutung gewinnen sollte: Das in der Kunst erfahrene „Unaussprechliche“ kann als das „ganz Andere“ religiös konnotiert werden, es ist jedoch auch möglich, nur seine Präsenz (den „absoluten Schein“) zu sakralisieren.[42] Um 1800 überwiegt jedoch das Bedürfnis, die Bedeutsamkeit des Ästhetischen in Formulierungen auszudrücken, die von einer „neuen Religion“ sprechen. Ein prominentes Beispiel dafür ist die als *Ältestes Systemprogramm des deutschen Idealismus* benannte philosophische Schrift vom Ende des 18. Jahrhunderts,[43] deren zentrales Anliegen als „neue Religion“ bezeichnet wird:

---

40 Vgl. Braungart 1997.

41 Braungart u.a. 1997 („Vorwort“): 8.

42 S. dazu die Einleitung zu diesem Band, bes. Anm. 4.

43 Dieses kurze handschriftliche Fragment einer längeren philosophischen Abhandlung ohne Autorangabe wurde 1911 in der königlichen Bibliothek in Berlin entdeckt und 1917 von Franz Rosenzweig erstmals herausgegeben. Das beidseitig beschriebene Blatt ist eindeutig der Handschrift Hegels zugewiesen, der jedoch kaum sein Autor sein kann; stattdessen wurden Schelling oder auch Hölderlin als Autoren vermutet; vgl. dazu Hansen 1989.

„Ein höherer Geist, vom Himmel gesandt, muß diese neue Religion unter uns stiften, sie wird das letzte, größte Werk der Menschheit sein", an anderer Stelle ist von „sinnlicher Religion" die Rede.[44]

Umgekehrt reagieren die Vertreter christlicher Konfessionen ebenso wie einzelne Philosophen darauf nicht nur, indem sie „Religion" als eigenständiges Feld neben der „Kunst" neu bestimmen, sondern auch – und dies wird nur selten thematisiert –, indem sie nun ihrerseits die sinnliche Dimension von Religion hervorheben. Das weitaus prominenteste Beispiel für diesen Vorgang ist der von einem pietistischen Hintergrund ebenso wie intensiven Kontakten zu den Protagonist*innen der Frühromantik geprägte Friedrich Schleiermacher (1768–1834).[45] Sein zunächst anonym publiziertes Werk *Über die Religion. Reden an die Gebildeten unter ihren Verächtern* erschien im Jahre 1799 in Berlin.[46] Ernst Müller formuliert die für unsere Fragestellung entscheidende Beobachtung: Schleiermachers Originalität besteht besonders darin, Religion im Kontext der oben angedeuteten Debatten unabhängig von religiösen Inhalten als ganz spezifischen „Erfahrungsbereich" zu bestimmen, der scharf abgegrenzt wird sowohl gegenüber anderen epistemischen Modi (wie Philosophie und Wissenschaft), aber auch praktischen Feldern wie jene von Moral und Politik.[47] Schleiermacher weist der Religion deshalb eine „eigene Provinz im Gemüt" zu.[48] Wie allgemein bekannt, charakterisiert Schleiermacher Religion als „Anschauung" (des Universums) und das damit untrennbar verbundene „Gefühl" der Überwältigung und Abhängigkeit. Was die Sinnlichkeit betrifft, so überrascht bereits eine sehr oft zitierte Passage Schleiermachers damit, dass „der Begriff der Anschauung […] durchaus aisthetisch oder sensualistisch gedacht" ist,[49] indem neben dem Sehsinn auch das Hören angesprochen

44 „Das älteste Systemprogramm des Deutschen Idealismus (um 1696)", zitiert aus Bibliotheca Augustana, URL http://www.hs-augsburg.de/~harsch/germanica/Chronologie/18Jh/Idealismus/ide_fra0.html (letzter Zugriff am 30. September 2019; Textgrundlage: Jamme; Schneider 1988; vgl. dazu Braungart u.a. 1997 („Vorwort"): 10–11; Müller 1997: 150.

45 Vgl. die Beiträge in Arndt 2010.

46 Sehr informativ dazu der Kommentar von Christian Albrecht in Schleiermacher 2008.

47 Vgl. Müller 1997: 151.

48 Vgl. Müller 1997: 151.

49 Müller 1997: 153.

wird, wenn es von der Religion heißt: „Anschauen will sie das Universum, in seinen eigenen Darstellungen und Handlungen will sie es andächtig belauschen […].“[50] Müller macht weiterhin darauf aufmerksam, dass nach Schleiermacher die „Dinge selbst, […] auf die Sinnesorgane wirken und handeln“:

> Alles Anschauen gehet aus von einem Einfluß des Angeschaueten auf den Anschauenden, von einem ursprünglichen und unabhängigen Handeln des ersteren […]. Wenn die Ausflüße des Lichtes nicht – was ganz ohne Euere Veranstaltung geschieht – Euer Organ berührten, wenn die kleinsten Teile der Körper die Spitzen Eurer Finger nicht mechanisch oder chemisch affizierten, wenn der Druck der Schwere Euch nicht einen Widerstand und eine Grenze Eurer Kraft offenbarte, so würdet Ihr nichts anschauen und nichts wahrnehmen, und was Ihr also anschaut und wahrnehmt, ist nicht die Natur der Dinge, sondern ihr Handeln auf Euch.[51]

Offensichtlich versucht Schleiermacher hier, die körperliche und affektive Seite der Wahrnehmung zu beschreiben, die im weiteren Prozess der allgemeinen Ästhetisierung immer wichtiger werden würde. Und nicht nur das: Er erweitert das sinnliche Repertoire überraschend um das Motiv des Berührens und weist den Dingen ein „Handeln“ zu, was an aktuelle Theorien von der *agency* der Dinge erinnert.[52] Zu einer kirchlichen Praxis, die auf Schriftauslegung und Gemeinschaftlichkeit basiert, passt dies doppelt nicht: Jedes Individuum reagiert nach Schleiermacher mit seinen *eigenen*, je unterschiedlichen Affekten und Emotionen auf die unvermittelten sinnlichen Berührungen durch das Universum.[53] Schrift kann keine derartigen Affekte transportieren: „Religion ist nur lebendig als innere, kann sich unmittelbar nur äußern in Sprache und Musik, sie verstummt und entfremdet sich aber schon in der Schrift.“[54] Dieses Paradox, dass zum einen nämlich die Bedeutung von „Schrift“ (Christentum als Schriftreligion) und Text (Religionswissenschaft) sowie „Geist“ (Idealismus) weiter zu- oder doch wenigstens vorerst nicht abnimmt, dass aber andererseits im Prozess der Ästhetisierung Sinnlichkeit, Erfahrung, Materialität und Individualität immer wichtiger werden, wird uns weiter begleiten.

50 Schleiermacher 2008: 43.

51 Schleiermacher 2008: 46.

52 Zum Verhältnis zu den Dingen vgl. Reckwitz 2019: 28.

53 Vgl. Müller 1997: 162.

54 Müller 1997: 163.

GLOBALISIERUNG DER RELIGIÖSEN ERFAHRUNG IM 19. JAHRHUNDERT: FRIEDRICH MAX MÜLLER UND SRI RAMAKRISHNA

Das Leben und die akademische Laufbahn von Friedrich Max Müller (1823–1900), der mit seinem Werk *An Introduction to the Science of Religion* als einer der wichtigsten Begründer der Religionswissenschaft gilt, waren geprägt von den rasanten Veränderungen des 19. Jahrhunderts. Die Industrialisierung hatte seine Heimatstadt Dessau verwandelt, was er, wie Strenski hervorhebt, wehmütig in seinen Memoiren beschreibt: „I was born and brought up in Dessau, a small German town, an oasis of oak trees [...] a town then overflowing with music. Such towns no longer exist.“[55] Die Natur und Indien – im Mittelpunkt seines akademischen Lebens stehen von Anfang an die Edition und Übersetzung von Sanskrit-Texten – werden vor diesem Hintergrund zu Fluchtpunkten einer romantischen Sehnsucht nach Ganzheit, die sich deutlich in seiner Umschreibung des Begriffs „Religion“ zeigt: Religion sei, so formulierte er es 1870 in deutlichem Anschluss an Schleiermacher, „jene allgemein geistige Anlage, welche den Menschen in Stand setzt, das Unendliche unter den verschiedensten Namen und den wechselndsten Formen zu erfassen“[56]. Ziel seiner vergleichenden religionsgeschichtlichen Arbeit ist es, Religionen wie Sprachen genealogisch zu klassifizieren, ein Vorgehen, das von der noch neuen historisch-vergleichenden, „indoeuropäischen“ Sprachwissenschaft inspiriert war.[57]

Max Müller lehnte evolutionistische Erklärungen über die Entstehung von Religion ab, ebenso aufklärerische Theorien einer natürlichen Religion, die den ersten Menschen geoffenbart worden sei. In seinen 1878 im Chapter-House von Westminster Abbey in London gehaltenen Hibbert Lectures *On the Origin and Growth of Religion, as illustrated by the Religions of India* schlägt er einen neuen Weg ein. Bemerkenswerterweise verortet er den Anfang von Religionen in „Gegenständen“ und ihrer sinnlichen Wahrnehmung.

55 Zitiert nach Strenski 2015: 39; zu Müller im Überblick vgl. auch Klimkeit 2004; Strenski 2015: 33–44; Vsevolod 2018.

56 Zitiert nach Klimkeit 2004: 38.

57 Strenski 2015: 36–38; von dieser Historisierung nahm er auch die christliche Bibel nicht aus, die er in seine große Serie der „Sacred Books of the East“ einfach mit einschließen wollte: Dies führte in Oxford, wo er seit 1884 akademisch tätig war, zu heftigem Widerstand.

Wie zentral für ihn die Frage nach dem Zusammenhang des Übersinnlichen mit dem Sinnlichen ist, zeigt sich im Vorwort der deutschen Ausgabe, die 1881 unter dem Titel *Vorlesungen über den Ursprung und die Entwicklung der Religionen* erschien, wenn er an seine Kritiker gewandt formuliert: „Läugnet das Sinnliche oder läugnet das Übersinnliche, wenn Ihr könnt, wenn Ihr aber nicht könnt, wenn das eine so handgreiflich ist wie das andere, […] so zeigt mir eine Brücke, die vom Sinnlichen zum Übersinnlichen führt."[58] Er selbst konstruiert diese Brücke folgendermaßen: Die ältesten Menschen waren mit sinnlichen Eindrücken konfrontiert, bei denen drei Ebenen zu unterscheiden sind, nämlich zunächst konkrete, leicht in ihrer Ganzheit erfassbare „greifbare Gegenstände" (wie Steine, Knochen, Muscheln etc.), zweitens „halbgreifbare Gegenstände" (Bäume, Berge, Ströme, das Meer, die Erde), drittens schließlich „ungreifbare Gegenstände" (Himmel, Sterne, Sonne, Mond). Indem Menschen auf diese Sinneseindrücke affektiv reagierten, benutzen sie die zunächst Aktivitäten als spontane Laute begleitende, dann diese Tätigkeiten selbst bezeichnende Sprache, um die „halbgreifbaren Gegenstände" als „Halbgötter", die „ungreifbaren Gegenstände" als „Gottheiten" zu benennen.[59] In einer komplexen Entwicklung bildete sich nach Müller die „arische" als die älteste Sprache[60] heraus und fand am Ende der Entwicklung für die verschiedenen „Gegenstände" Götternamen. So führt der Weg einer „natürlichen" Entwicklung von der sinnlichen zur übersinnlichen Welt und darüber hinaus zur absoluten Wahrheit, der monistischen Vereinigung von Selbst und Welt: „[J]ener Pfad führte die Vedischen Arier zu Polytheismus, zu Monotheismus und zu Atheismus, aber nachdem die alten Devas oder Götter eine Beute des Unglaubens geworden waren, ruhte man nicht, bis man fand, was höher als die Götter war,

---

58 Müller 1881: ix.

59 Vgl. Müller 1881: 208–209. Das Höchste dieser religiös-sinnlichen Erfahrungen ist der Anblick der Gestirne, insbesondere der Sonne; daraus entsteht die verkürzte Darstellung von Müllers Theorie, nach der Mythologie „durch den Anblick von Morgen- und Abenddämmerung erregt worden sei" (Krech 2002: 102).

60 In seiner Einleitung in die Vergleichende Religionswissenschaft klassifiziert Müller die Religionen analog zu den Sprachen folgendermaßen: die „arische Familie" mit Brahamismus des Veda, Zoroastrimus des Zend-Avesta und Buddhismus des Tripitaka; die zweite Gruppe ist die „semitische Familie" mit dem Alten und Neuen Testament (Mosaismus) sowie dem Islam als Religion des Koran (Mohammedanismus); vgl. dazu Klimkeit 2004: 33.

das wahre Selbst der Welt und zu gleicher Zeit das eigne wahre Selbst."[61] Insgesamt scheint er eine monistische, dem philosophischen Idealismus entsprechende Form der Religion zu favorisieren, die seiner historischen Theorie zufolge zwar wie alle Religion ihren Ausgangspunkt von sinnlicher Wahrnehmung der Natur nimmt, letztlich aber ihre Vollendung im rein Übersinnlichen findet.[62]

Müllers Formulierung vom „wahren Selbst der Welt", das gleichzeitig das „eigene wahre Selbst" sei, trifft sich mit Praktiken und Interpretationen der indischen Philosophie des *Advaita*, die sich zumindest z.T. unter europäischem Einfluss im Laufe des 19. Jahrhunderts besonders in den Lehren von Sri Ramakrishna (1836–1886) und denen seiner Schüler herausbildeten und in deren Zentrum „die Einswerdung mit dem unpersönlichen Brahma durch Erkenntnis des Atman, des Selbst", stand.[63] Obwohl Müller selbst nie in Indien war,[64] lassen sich in seiner Biographie und in seinem Werk also die Spuren eines postkolonial zu interpretierenden Prozesses finden, in dessen Verlauf sowohl Indien als Land besonders intensiver „mystischer" Erfahrungen[65] als auch „der" Hinduismus als indische Religion Teil eines zunehmend globalisierten Diskurses über „Religion" wurden.[66] Peter Schreiner zeigt, wie im Falle Ramakrishnas dessen intensive, in verschiedenen traditionell-religiösen Praktiken (z.B. des Tantrismus) erlebten und beschriebenen Erfahrungen „in den Dienst hinduistischer Apologetik und Mission genommen wurden". Die Wirkung von Ramakrishnas Mystik sei, so Schreiner, „nicht […] durch den traditionellen Hinduismus geprägt, sondern durch die historische Situation der Begegnung zweier Kulturkreise

61 Müller 1881: 247. In der indischen Philosophie gibt es, nebenbei bemerkt, wie ein Beitrag von Angelika Malinar 2004 zeigt, beeindruckend differenzierte, erkenntnistheoretische Überlegungen zum Funktionieren und zum Zusammenhang von sinnlicher Wahrnehmung, Körper und Ich-Bewusstsein.

62 Vgl. Vsevolod 2018; die bekannteste Version von Müllers Entstehungstheorie der Religion lautet, dass Religionen aus der Anschauung von Sonnenauf- und Sonnenuntergang enstanden seien.

63 Vgl. Schreiner 1978: 63.

64 Klimkeit 2004: 32.

65 Für die Zeit des 19. Jahrhunderts und die Philosophie des *Advaita* ist dazu besonders aufschlussreich: Schreiner 1978; vgl. aber auch die neuere Literatur bei Bergunder 2012 und Nehrig 2012.

66 Zur Konstruktion des Hinduismus als einheitliche Religion vgl. z.B. Nehrig 2012.

und Religionen"[67]. Insgesamt spielte bei Ramakrishna das Motiv der unmittelbaren visionären Erfahrung eine wichtige Rolle und führt gleichzeitig zu einer Universalisierung dieser Erfahrung, wie Peter Schreiner zeigt: „Der Einheitsgedanke wird im praktischen Bereich zur Gleichwertigkeit (nicht Gleichheit!) aller Wege, da Ramakrishna alle erfahrungsgemäß verifiziert zu haben glaubte."[68] So formuliert er schließlich die Überzeugung: „With sincerity and earnestness one can realize God through all religions."[69]

Max Müller, der drei Jahre nach dem Tod Ramakrishnas ein Buch unter dem Titel *Rama Krishna: His Life and Sayings* publizierte, äußert sich am Ende seines Vorworts zwar positiv zu dieser Dimension des Denkens von Ramakrishna, doch er verallgemeinert dessen konkrete religiöse Visionen zu einem Idealbild indischer, erfahrungsbasierter Religiosität: „[T]he real presence of the Divine in nature and in the human soul was nowhere felt so strongly and so universally as in India […]."[70] Gleichzeitig scheint er davon auszugehen, in Ramakrishnas Lehren die Religiosität aller kolonialisierten Subjekte Indiens entdeckt zu haben, um im gleichen Atemzug eine der am weitesten verbreiteten und wichtigsten religiösen Praktiken des Alltags, die Verehrung von Götterbildern, mit völligem Unverständnis zu erwähnen:

> If we remember that these utterances of *Râmakrishna* reveal to us not only his own thoughts, but the faith and hope of millions of human beings, we may indeed feel hopeful about the future of that country. The consciousness of the Divine in man is there, and is shared by all, even by those who seem to worship idols.[71]

Aus der von Ramakrishna postulierten Vielfalt in der Einheitlichkeit (der religiösen Erfahrung) wird bei Max Müller der Traum von der Verehrung des „Supreme Spirit" als Basis einer gemeinschaftlichen Menschheitsreligion in Indien – wer hier an Hegels Weltgeist denkt, dürfte nicht falsch liegen.[72]

67 Schreiner 1978: 66.

68 Schreiner 1978: 64.

69 Schreiner 1978, 65, Anm. 11. Tatsächlich berichtete Ramakrishna auch über eine Christusvision und praktizierte zeitweilig eine islamische Lebensweise, vgl. dazu ebd.

70 Müller 1898: ix.

71 Müller 1898: x.

72 Der in Cambridge ausgebildete Sri Aurobindo (1872–1950) bezieht wiederum die Philosophie des *Advaita* auf Hegel, vgl. dazu Odin 1981.

Im Jahr 1893 jedoch werden derartige Ideen vom berühmtesten Schüler Ramakrishnas, Swami Vivekananada (1863–1902), in einem neuen Sinn aufgegriffen. In seiner bekannten Rede vor dem *First Parliament of the World's Religions* in Chicago[73] stellt er „den Hinduismus" als tolerante „Religion" (im neuen, abstrakten Sinn des Wortes!) dar, in der die Wahrheiten aller Religionen akzeptiert würde und die auf der Philosophie des *Advaita Vedanta* basiere.[74] Michael Bergunder weist darauf hin, dass diese Repräsentation des Hinduismus durch Vivekananada mit der „hegemonialen Sichtweise des westlichen Orientalismus korrelierte" und in Indien Proteste hervorrief, die jedoch in der Forschung bis heute kaum beachtet worden seien.[75]

Für das Anliegen dieses Beitrags ist festzuhalten, dass in dieser komplexen Verflechtungsgeschichte die Anfänge eines globalisierten Begriffes der „religiösen Erfahrung" liegen,[76] der sich parallel zum globalisierten Begriff „Religion" herausbildet und der darauf abzielt, universalisierend zu wirken, sei dies in der Rekonstruktion von Religionsgeschichte wie bei Max Müller oder aber auch in der in unserem Beispiel auf Ramakrishna zurückgehenden indisch-kolonialisierten Dimension. Dass derartig universalisierende Begriffe zwar zum einen Kommunikation ermöglichen, zum anderen aber auch unerlässliche Grundlagen von Imperialismus und Nationalismus darstellen, wird sich nicht nur im 20. und 21. Jahrhundert in aller Deutlichkeit zeigen, sondern auch Problem einer phänomenologischen Religionsforschung bleiben, die den Begriff der „Erfahrung" auf diese Weise in den Mittelpunkt stellte.[77] Weiter ließ sich beobachten: Max Müller nimmt seinen Ausgang zwar von einer durchaus sinnlichen Erfahrung – der Wahrnehmung von „Gegenständen" –, Religion jedoch ist für ihn letztlich

73 Vgl. dazu aus religionswissenschaftlicher Sicht Lüddeckens 2002. Max Müller wiederum beobachtete und kommentierte das Ereignis in Chicago von England aus mit großem Interesse, vgl. Müller 1993.

74 Eine bei Bergunder 2012: 99 zitierte Passage aus einem Brief Vivekanandas von 1895 zeigt, dass er mit dieser Rede strategisch bewusst auf die Überlegenheitsansprüche des Christentums antwortete. Bergunder zeigt in seinem Beitrag, wie sich Vivekanandas Hinduismus-Bild auch durch seine Begegnung mit dem deutschen Indologen Paul Deussen (1845–1919) geformt hatte.

75 Bergunder 2012: 104.

76 In vergleichbarer Weise lässt sich die Entstehung des modernen, globalisierten Yoga rekonstruieren, wie der Beitrag von Thomas Gugler in diesem Band zeigt.

77 Vgl. dazu z.B. Murphy 2010.

eine Frage der Sprache, der „heiligen Schriften“ und des „Geistes“. Die sinnliche und theistische Seite indischer Religiosität ist ihm fremd – er projiziert sie in die Frühzeit der „arischen Religion“, die Funktion von Götterbildern im zeitgenössischen Indien ebenso wie die Askesepraktiken der Yogins sind für ihn unverständlich, ja abstoßend;[78] doch auch Vivekananda ignoriert diese Dimension des indischen Alltags schlichtweg, sie ist nicht Teil seines „Hinduismus“, jedenfalls nicht jener Form, die er dem Publikum in Chicago präsentierte.

DIE DYNAMISIERUNG RELIGIÖSER ERFAHRUNG IM 20. JAHRHUNDERT[79]

Mit der Wende vom 19. zum 20. Jahrhundert setzt nach Reckwitz die entscheidende Formierungsphase des Prozesses der gesellschaftlichen Ästhetisierung ein.[80] Tatsächlich gewinnt der Diskurs über Ästhetik und Autonomie der Kunst, aber auch jener über „Religion“ und „religiöse Erfahrung“ im ersten Drittel des 20. Jahrhunderts eine neue Intensität, die auch als zunehmende Vermischung von religiöser und ästhetischer Erfahrung beschrieben werden kann. In diesem Sinn konstatieren die Herausgeber des zweiten Bandes von *Ästhetische und religiöse Erfahrungen der Jahrhundertwenden* ab 1900 einen „grundlegenden Zusammenhang“ zwischen „ästhetischer Religiosität und religiöser Ästhetik“ und stellen darüber hinaus fest, dass „[d]ie religiöse Dimension ästhetischer Erfahrung und die ästhetische Dimension der Erfahrungsgehalte, die die zahlreichen um 1900 neu auftretenden religiösen Bewegungen anboten“, bereits damals intensiv diskutiert wurden.[81] Die vorherrschenden Themen dieser Diskussionen sind: die Präsenz von Inszenierung und Körperlichkeit,[82] die Sehnsucht nach Gemeinschaft – als deren Gegenteil die von Rationalisierung, Arbeitsteilung und

78 Vgl. zu dieser Haltung auch den Beitrag von Gugler in diesem Band, hier bes. 114f.

79 Bei Nietzsche 1883: 54 findet sich das dafür emblematische Zitat: „Ich würde nur an einen Gott glauben, der zu tanzen verstünde.“

80 Siehe oben S. 22f.

81 Braungart u.a. 1998 („Vorwort“): 7–9; vgl. auch den Beitrag von Markus Schlaffke in diesem Band.

82 Vgl. dazu z.B. Fischer-Lichte 2012.

Technik geprägte „Gesellschaft" gesetzt wird,[83] das Motiv der „Unsagbarkeit", das in Spannung steht zum Wunsch nach gesteigerter, der „Vernunft" dezidiert entgegengesetzter, „irrationaler" Expressivität und natürlich die Faszination durch das „Fremde", „Wilde", aber auch „Weibliche" – Konzepte, die als positive wie negative Projektionsflächen hergestellt werden.[84] Hinzu kommen neue Formen der Medialität: Die Beliebtheit von Stummfilm und die Herausbildung einer breiten Tanzkultur in den großen Städten[85] sind nur die wichtigsten Elemente in einem Prozess, der von Helmut Zander mit dem lapidaren Satz umrissen wird: „Der Tanz kündigt um 1900 den Vertrag zwischen Sprache und Welt"[86]; er ist es auch, der im gleichen Aufsatz in Bezug auf die religiöse Dimension des „Freien Tanzes" oder Ausdruckstanzes feststellt: „Körper und Körperlichkeit werden mithin in einem eminenten Sinn zu Orten religiöser Erfahrung"[87]. Der Tanz ist allerdings nur das augenfälligste Beispiel für einen umfassenderen Prozess: Kultur befreit sich von Textzentriertheit, oder diese wird doch zumindest durch weitere Medien ergänzt;[88] an die Stelle von Text und Semiotik kann der sich rhythmisch bewegende Körper treten, der als Medium der Unmittelbarkeit gefeiert wird.[89] Die Sinnlichkeit liegt in der Bewegung selbst, die vom Publikum nicht nur optisch wahrgenommen, sondern auch direkt mitempfunden werden könne.[90] Zuletzt darf nicht unerwähnt bleiben, dass die Fokussierung auf den bewegten Körper auch sozialgeschichtliche wie politische Dimensionen aufweist: Die körperlich negativen Folgen der rasanten Industrialisierung sollten durch Turn-, Gymnastik- und Rhythmikübungen kompensiert werden;[91] die Faszination des gemeinschaftlichen Erlebens wurde politisch benutzt, um totalitäre und rassistische Politik für die „Massen" performativ und „leiblich" erlebbar zu machen.[92]

83 Vgl. dazu Baxmann 2000.

84 Vgl. dazu oben Anm. 35.

85 Vgl. Baxmann 2000: 119–177.

86 Zander 2001: 197.

87 Zander 2001: 228.

88 Vgl. Fischer-Lichte 2012: 13.

89 Vgl. dazu die Fallbeispiele in den Beiträgen von Isabella Schwaderer und Anita Neudorfer in diesem Band.

90 Vgl. dazu den Begriff „leibliche Ko-Präsenz", z.B. bei Fischer-Lichte 2012: 54–58.

91 Vgl. dazu Neudorfer in diesem Band S. 159.

92 Vgl. Baxmann 2000: 232–252.

Doch wo lässt sich diese Entwicklung konkret im Diskurs über die religiöse Erfahrung nachvollziehen? Bleiben die von Zander untersuchten Äußerungen der Protagonistinnen des Ausdruckstanzes zur religiösen Dimension ihrer Kunst, auf die wir zurückkommen werden, nicht eine – wenn auch sehr bemerkenswerte – Ausnahme? Im Folgenden sollen nur einzelne, allerdings prominente Beispiele kurz angeführt werden im Bewusstsein, dass es hier einer weit gründlicheren Rekonstruktion der komplexen Genealogie bedürfte, die in diesem kurzen Beitrag nicht zu leisten ist.

Zu Beginn des 20. Jahrhunderts erschienen im Abstand von genau zehn Jahren zwei für die Religionswissenschaft bis heute grundlegende Bücher, die normalerweise nicht in einem Atemzug genannt werden, es sei denn, man möchte die Gegensätzlichkeit ihrer Herangehensweise betonen: William James' *The Varieties of Religious Experience* (1902) und Émile Durckheims *Les formes élémentaires de la vie religieuse* (1912). Beide sind für die Konzeptionalisierung von Religion als Erfahrung eminent wichtig, und beide tragen, so meine These, zur „Ästhetisierung" des Begriffs der religiösen Erfahrung insofern bei, als sie den Kern von Religion in intensiven, emotionalen und affektiv-somatischen Erlebnissen sehen, wenn auch tatsächlich auf sehr verschiedene Weise.

Der als US-Amerikaner aus einer wohlhabenden Familie z.T. in Europa ausgebildete William James (1842–1910), der als Begründer der Psychologie gilt, formuliert zunächst folgende Umschreibung von Religion, die er allerdings in „willkürlichem Sinne", also als eine Art Arbeitsdefinition verstanden haben will: „Daher soll Religion [...] für uns bedeuten: *die Gefühle, Handlungen und Erfahrungen von einzelnen Menschen in ihrer Abgeschiedenheit, die von sich selbst glauben, daß sie in Beziehungen zum Göttlichen stehen.*"[93] Kurz darauf stellt er fest, dass die „unmittelbaren, persönlichen Erlebnisse" im Mittelpunkt seiner Betrachtungen stehen würden; religiöse Institutionen hingegen seien demgegenüber immer sekundär. Am Ende einer erkenntnistheoretischen Diskussion kommt er zu der Schlussfolgerung:

> Es ist, als gäbe es im menschlichen Bewusstsein ein *Empfinden von Realität, ein Gefühl von objektiver Gegenwart, von „da ist etwas"* – eine Wahrnehmung, die tiefer und allgemeiner reicht als irgendeiner der besonderen

93 James 2014: 63–64 [Hervorhebungen im Original].

> „Sinne“, denen die gängige Psychologie das ursprüngliche Entdecken realer Existenz zuspricht.[94]

Dieses Beharren auf Individualität und Übersinnlichkeit der religiösen Erfahrung geht einher mit einem absoluten Respekt vor den Erzählungen über die „Gefühle, Handlungen und Erfahrungen von einzelnen Menschen“; sie sind es – und nicht die Heiligen Schriften –, die über Religion letztlich Auskunft geben, darüber, ob und wie Religion nützlich ist, d.h. Menschen glücklich und lebensfähig macht.[95] Gefühle, Handlungen und Erfahrungen Einzelner aber können nur in Form von Erzählungen präsentiert werden: An die Stelle der (Heiligen) Schrift tritt in James' Buch so die mit Emotionen, körperlichen Empfindungen und Affekten verbundene Performanz des Erzählens.

Émile Durkheim (1858–1917) erklärt zunächst genau jene Dimension der Religion für ihre zentrale Eigenheit, die für James irrelevant ist: Für ihn ist Religion „ein solidarisches System von Überzeugungen und Praktiken, die sich auf heilige Überzeugungen und Praktiken beziehen, die in einer moralischen Gemeinschaft, die Kirche genannt wird, alle Personen vereint, die ihr angehören“[96]. Doch der eigentliche Kern dieser auf den ersten Blick so trocken-funktionalistischen Definition liegt ebenfalls in einer geheimnisvollen Empfindung: dem Gemeinschaftsgefühl. Um dessen affektive, körperliche Seite zu beschreiben, bedurfte es der Projektion auf die „Wilden“, wie Renate Schlesier zeigt: Durkheim übernimmt im Kapitel über den Ursprung des Totemismus einen älteren ethnographischen Bericht und stellt heraus, dass am Höhepunkt des Rituals „die Masse von tanzenden und brüllenden Männern“ eine „Szene von einer Wildheit“ gebildet hätte, „über die man mit Worten unmöglich eine Vorstellung vermitteln kann“.[97] Durch derartige Rituale werde eben jenes Gemeinschaftsgefühl ausgelöst, das Menschen so unwillkürlich erfasst, dass sie es einer von außen wirkenden, höheren Macht zuschreiben.

---

94 James 2014: 89 [Hervorhebungen im Original].

95 Vgl. zu William James die Beiträge in This 2009; zu seinem pragmatistischen Religionskonzept Raters 2009.

96 Durkheim 2014: 76. Vgl. zu Durkheim allgemein Kippenberg 2004.

97 Schlesier 2007: 135–136; Zitat in der Übersetzung von Renate Schlesier aus: Émile Durkheim, *Les formes élémentaires de la vie religieuse*, Paris 1986, 312.

Durkheim entwickelte seine Ideen z.T. unter dem Einfluss der sogenannten *Cambridge Ritualists*, deren evolutionistische Religionstheorien ebenfalls weg vom Text hin zur Ebene von Körper, Handlung und Erfahrung führten. Auf verschiedene Weise entdeckten sie Rituale als Ursprung und Grundlage von Religion.[98] Im Hinblick auf die Ästhetisierung der religiösen Erfahrung ist unter ihnen Jane Ellen Harrison (1850–1928) am bedeutendsten. Als Einzige der *Cambridge Ritualists* überwindet sie das evolutionistische Modell, indem sie vermutet, dass Ritual und Mythos gemeinsam auf Emotionen zurückgehen: „Ritual is the utterance of an emotion, a thing felt, in *action*, myth in words or thoughts. They arise *pari passu*"[99]. Insgesamt dekonstruiert sie, natürlich auch unter dem Eindruck Nietzsches und der vitalistischen Philosophie, das Bild der griechischen Kultur als eines „geistigen Ursprungs" Europas, indem sie die performative, materielle und emotionale Seite der griechischen Religion auf neue Art und Weise zu rekonstruieren versucht.[100]

In Deutschland erscheint 1917 ein Buch, das in der Religionswissenschaft wie kaum ein anderes als Negativbeispiel für einen Begriff religiöser Erfahrung gilt, der dazu führe, dass es um Theologie gehe, wo es um Religionswissenschaft gehen sollte,[101] Rudolf Ottos *Das Heilige: Über das Irrationale in der Idee des Göttlichen und sein Verhältnis zum Rationalen.*[102] Otto schließt erkenntnistheoretisch eng an Schleiermacher an, indem er der religiösen Erfahrung gewissermaßen einen eigenen Wahrnehmungsmodus zugrunde legt. Allerdings geht er in zwei Aspekten über Schleiermacher hinaus: Der Wahrnehmungsmodus, der sich im „Gefühl möglichst einseitiger religiöser Erregtheit"[103] zeigt, wird nur Einzelnen zuteil.[104] Vorausgesetzt ist das „Numinose" als „Hinter- und Urgrund" aller Religion, der nicht

98 Vgl. Fischer-Lichte 2012: 15–18; Waldner 2000, 12–18.

99 Harrison 1927: 16 [Hervorhebungen im Original]; vgl. dazu Waldner 2000: 13–14.

100 Vgl. Brunotte 2017.

101 Vgl. dazu oben Anm. 5.

102 Zu Otto vgl. Braungart 1998; Lauster; Schütz 2014; Joas 2014 und die Beiträge in Gantke; Serikov 2017.

103 Die berüchtigte Passage, die Otto an den Anfang des 3. Kapitels setzt, lautet: „Wir fordern auf, sich auf einen Moment starker und möglichst einseitiger religiöser Erregtheit zu besinnen. Wer das nicht kann oder wer solche Momente überhaupt nicht hat, ist gebeten nicht weiter zu lesen." (Otto 2014: 8).

104 Otto 2014: 8–12.

erlernbar sei, sondern nur „angestoßen, angeregt, erweckt" werden könne.[105] Neu gegenüber Schleiermacher ist auch die Konzentration auf die Qualität und vor allem Intensität dieses Gefühls. Das „Heilige", „Numinose" ist jenseits dessen, was mit Vernunft gedacht oder mit Worten ausgesprochen werden kann.[106] Es kann theoretisch nur negativ beschrieben werden (so wie Otto selbst es versucht), praktisch aber muss es *erlebt* werden, in Ottos Sprache: „Bei weitem das beste sind ‚heilige' Situationen selber und ihre Wiedergabe in anschaulicher Schilderung"[107]. Dies erinnert an die prominente Funktion der Erzählungen von religiösen Erlebnissen bei William James. Allerdings ist Ottos erstes Beispiel dann christlich und schriftzentriert: Der „Geist im Herzen" kann vom Wort „der Schrift" erweckt werden; dies ist dann das „direkte" Erlebnis des Numinosen, das auch ohne rationales Verständnis des Inhaltes der jeweiligen heiligen Schrift möglich sei.[108] Alle anderen sinnlich-materiellen Aspekte von Religionen – Götterbilder, Architektur, Rituale („Liturgie") und Ähnliches – nennt Otto „indirekte Ausdrucksmittel des Numinosen"[109]. Es ist wenig überraschend, dass sich die Artefakte nicht-westlicher Kulturen besonders gut als Beispiel für eine derartig geheimnisvolle, indirekte Vermittlung des „Numinosen" eignen:

> Dieses Numinos-Magische ist besonders fühlbar in den seltsam eindrücklichen Buddha-Gestalten früh-chinesischer Kunst und wirkt hier auf den Beschauer auch ‚ohne Begriff', das heißt ohne dass er von Lehre und Spekulation des Mahayana-Buddhismus etwas weiß.[110]

Während Otto in der Betonung der Intensität von Erlebnissen und deren „Unaussprechlichkeit" ganz dem Trend seiner Zeit folgt, insistiert er doch auf die Überlegenheit des Christentums, des „Geistes" und des „Wortes". Ähnlich wie Max Müller scheint Otto dennoch überzeugt gewesen zu sein, durch sein Konzept des „Heiligen" einen Schlüssel zum gegenseitigen Ver-

105 Vgl. Otto 2014: 79.
106 Vgl. Braungart 1989: 25–29 zur Verwandtschaft mit „ästhetischer Religiosität" um 1900 (z.B. bei Rilke und George) und den damit verbundenen elitären und totalitären Ansprüchen.
107 Vgl. Otto 2014: 78.
108 Vgl. Otto 2014: 80–81
109 Vgl. Otto 2014: 81–85.
110 Otto 2014: 86.

ständnis verschiedener Religionen entdeckt zu haben.[111] So gründete er zu Beginn der 1920er Jahre den „Religiösen Menschheitsbund“, dessen Ziel die internationale Vereinbarung ethischer Werte war. Seine Faszination durch die sinnliche und materielle Seite religiöser Traditionen findet ihren Ausdruck in der Einrichtung einer religionskundlichen Sammlung in Marburg im Jahr 1927, die bis heute besteht und gerade durch den *material turn* in den Kulturwissenschaften aktuell wieder an Bedeutung gewinnt.[112]

Im letzten Teil dieses Abschnittes sollen zwei gesellschaftliche Felder kurz erwähnt werden, in denen man den Diskurs über religiöse Erfahrung zunächst nicht vermuten würde, die aber genau deshalb zeigen, wie breit der Prozess der Ästhetisierung in der ersten Hälfte des 20. Jahrhunderts verläuft: Dies sind zum einen die bereits erwähnten Protagonisten und vor allem Protagonistinnen des „Freien Tanzes“ oder „Ausdruckstanzes“, zum anderen christliche Theologen, deren Reformulierung explizit christlicher Theologie ebenfalls als Ästhetisierung des Religiösen interpretiert werden kann.

Der Beitrag, den Akteur*innen aus dem Feld der Tanzkunst in den ersten Jahrzehnten des 20. Jahrhunderts zu einer Theorie und Praxis der religiösen Erfahrung leisteten, ist bisher noch ungenügend erforscht.[113] Der Diskurs lässt sich auf drei Ebenen erfassen: Da ist zunächst die Praxis der Tänzer*innen selbst: ihre Choreographien, Tourneen, Auftrittsorte, aber auch deren Organisation durch „Impresarios“[114]; zweitens ihre eigenen reflexiven Beiträge in schriftlicher Form[115] und drittens die Reaktionen ihres Publikums, ebenfalls überliefert als vereinzelte literarische Texte und als Theaterkritiken.[116] Auffällig ist, dass wir hier – mit Ausnahme von Jane

111 Darüber hinaus widmet Rudolf Otto sich in *Die Gnadenreligion Indiens und das Christentum* (1930) und *Westöstliche Mystik* (1926) explizit dem Vergleich von Hinduismus und Christentum.

112 Zur religionskundlichen Sammlung heute vgl. unter URL: https://www.uni-marburg.de/relsamm (letzter Zugriff am 30. August 2019).

113 Vgl. Zander 2001; Schwan 2009; LaMothe 2005; LaMothe 2018; vgl. auch die Beiträge von Schwaderer, Schlaffke und Neudorfer in diesem Band.

114 Vgl. dazu den Beitrag von Schlaffke in diesem Band.

115 Vgl. Zander 2001: 201–223; LaMothe 2005 zu Duncan; zu Wigmann: Schwan 2009.

116 Vgl. Zander 2004: 223–226. Am bekanntesten ist Hugo von Hofmannsthals Essay *Die unvergleichliche Tänzerin*, der auf einen Auftritt von Ruth St. Denis in Berlin 1906 reagierte.

Harrison – zum ersten Mal weibliche Stimmen rekonstruieren können. In einer paradoxen Wendung ergreifen die Frauen, auf die Emotionalität, Körperlichkeit und „der Orient" projiziert werden, die Initiative und bringen eben diese Projektionen selbst zur Aufführung, womit sie ein beträchtliches und beeindruckendes Maß an Eigenmächtigkeit erlangen, indem sie sich an der Produktion dieser Bilder aktiv und reflexiv beteiligen.[117] Die bei einzelnen Tänzerinnen besonders auffällige Betonung der religiösen Dimension ihres Tanzes[118] ist zum einen ein Beitrag zur Ästhetisierung von Religion, der – wie das Beispiel Gerardus van der Leeuw (1890–1927) eindrücklich zeigt – sich wiederum auf die phänomenologisch arbeitende Religionswissenschaft auswirkt.[119] Zum anderen wird hier auch, wie Anita Neudorfer zu Recht herausstellt, ein Feld für eine Praxis weiblicher Religiosität geschaffen – in einer Zeit, in der Frauen in den großen christlichen Kirchen jegliche Bedeutung verloren hatten.[120] Wie bereits im 19. Jahrhundert, lassen sich schließlich auch hier koloniale Verflechtungen rekonstruieren. Die westlichen Tänzerinnen, man denke nur an Ruth St. Denis' „Tempeltanz" (*Rhada*), produzieren synkretistische Bilder des „Orients". Gleichzeitig jedoch kommen auch Tänzer und Tänzerinnen aus dem asiatischen Raum mit eigenen Darbietungen nach Europa;[121] als weiteres Beispiel sei Rukmini Devi Arundale (1904–1986) genannt,[122] die nicht nur eine indische Tanztradition zu einer neuen Form entwickelt, sondern sich auch explizit und theoretisch zum Zusammenhang zwischen Tanz, Religion, Weiblichkeit und Ästhetik äußerte.[123]

117 Zu derartig paradoxen Situationen, in denen verschiedene Binariäten (männlich–weiblich, orientalisch–europäisch etc.) gleichzeitig wirken, sodass ein „Dritter Raum" für Handlungsmöglichkeiten entstehen kann, vgl. z.B. Stuckrad 2014: 116.

118 Dabei sind, wie Zander 2001 und LaMothe 2005 zeigen, durchaus große Unterschiede zwischen den einzelnen Tänzerinnen auszumachen.

119 Zu Leeuw vgl. LaMothe 2018: 50–56. In seinem 1932 erstmals erschienenen Buch *Vom Heiligen in der Kunst*, entwickelt er in einem langen, mit „Die schöne Bewegung" überschriebenen Teil eine Theorie von der Entstehung der Religion aus dem Tanz (vgl. Leeuw 1957: 23–84).

120 Vgl. Neudorfer in diesem Band S. 174.

121 Vgl. dazu Schlaffke in diesem Band; vgl. auch Baxmann 2000: 63–65.

122 Vgl. dazu den Beitrag von Cornelia Haas in diesem Band.

123 Vgl. ihren Beitrag in den *Adyar Pamphlets* Nr. 212 der Theosophischen Gesellschaft, der überschrieben ist mit *The Message of Beauty to Civilization.* (Arundale

Das Motiv des Tanzes erscheint schließlich auch bei zwei Theologen, dem Protestanten Paul Tillich (1886–1965) und dem katholischen Priester Romano Guardini (1885–1968). Beide versuchten, ihre jeweiligen theologischen Traditionen zu erneuern und beteiligten sich dabei auf je unterschiedliche Weise am Prozess der Ästhetisierung der religiösen Erfahrung. Romano Guardini, geprägt von der liturgischen Bewegung ebenso wie von seinem Engagement in der Jugendbewegung,[124] definiert Kirche als „Gemeinschaft in der Liturgie", die Liturgie selbst als zweckfreies aber sinnvolles „Spiel", das genau wie ein Kunstwerk den einzigen Sinn habe, „dass es da sei".[125] Und weiter formuliert er in seinem 1918 erstmals erschienenen, sehr einflussreichen Buch *Vom Geist der Liturgie*, dass „Liturgie üben" bedeute, „zu einem lebendigen Kunstwerk werden vor Gott mit keinem anderen Zweck, als eben vor Gott zu sein und zu leben", sowie: „sich entschließen, zu spielen, so wie David tat, als er vor der Bundeslade tanzte."[126] Der evangelische Theologe Paul Tillich bringt Kunst auf eine ganz andere, mehr existenzielle denn rituelle Weise mit Religion in Verbindung. Religion ist nach Tillich „Erfahrung des Unbedingten" oder auch: die Erfahrung dessen, was den Menschen „unbedingt angeht". Kunst kann nach Tillich über die Fähigkeit verfügen, „durch ihre ästhetische Form Aspekte dessen auszudrücken, was uns unbedingt angeht"[127]. Alexander Schwan zeigt auf, dass Paul Tillichs „Theologie der Kunst" stark geprägt war von seiner Auseinandersetzung mit dem Expressionismus im Deutschland der 1920er Jahre und dass dabei seine Begegnung mit der Ausdruckstänzerin Mary Wigman in Dresden eine besondere Rolle spielte. Das Erleben des expressionistischen Tanzes, so schreibt Paul Tillich, sei für ihn „eine Be-

o.J.). Zu Rukimi Devis sehr aktiver Rolle in der Theosophischen Gesellschaft (und darüber hinaus) im Hinblick auf die Konstruktion von Weiblichkeit vgl. den Beitrag von Haas in diesem Band.

124 Zur Bedeutung von „Erlebnissen" in der deutschen Jugendbewegung vgl. Fischer 2007.

125 Vgl. Guardini 1918: 60.

126 Vgl. Guardini 1918: 66–67.

127 Vgl. Schwan 2007: 214–217; Zitat: Paul Tillich, *Main Works*, Bd. 1, Berlin – New York 1987, 21, zitiert nach Schwan 2007: 216.

gegnung mit der Wirklichkeit in ihren tieferen Schichten" gewesen und hätte für ihn „philosophisch und religiös größte Bedeutung" gehabt.[128]

Diese beiden letzten Beispiele zeigen mit aller Deutlichkeit, wie vielfältig der Diskurs über religiöse Erfahrung und Religion als Erfahrung in der ersten Hälfte des 20. Jahrhunderts geführt wurde; die Ästhetisierung der religiösen Erfahrung lässt sich dabei in den verschiedensten, z.T. sich erst neu herausbildenden Feldern des Wissens, aber auch auf der Ebene künstlerischer und religiöser Praktiken beobachten: in der Psychologie, Soziologie und der noch neuen (phänomenologischen) Religionswissenschaft ebenso wie im Ausdruckstanz, der katholischen Liturgiewissenschaft und der evangelischen Theologie.

VON DER RELIGIONSÄSTHETIK ZUR MATERIALITÄT VON RELIGION

Mit der Wende von einer phänomenologischen zu einer sozial- und kulturwissenschaftlich orientierten Religionswissenschaft war der Diskurs über religiöse Erfahrung zunächst unwichtig geworden.[129] Dennoch wirkte das Dispositiv der Ästhetisierung und Kreativität (nicht nur) im wissenschaftlichen Diskurs über Religion weiter und etablierte sich. So nahm seit den 1960er Jahren das Interesse an Ritualen zu, sie wurden – oft im Rückgriff auf Arbeiten vom Beginn des 20. Jahrhunderts – neu als *performances* und als wesentlicher Teil, wenn nicht gar Kern von Religionen verstanden.[130] Allerdings war es zunächst die Ethnologie (*cultural anthropology*), in der eine neue Theorie der Religion formuliert wurde, die affektive und sinnliche Seiten religiöser Praktiken in den Mittelpunkt stellte und gleichzeitig Religionen als „Symbolsysteme" oder „kulturelle Systeme" betrachtete.[131]

---

128 Paul Tillich, *Gesammelte Werke*, Bd. 12, Stuttgart 1971, 134, zitiert nach Schwan 2007: 214–215.

129 Allerdings wird der phänomenologische Ansatz prominent weitergeführt von Mircea Eliade (1907–1986); vgl. für eine produktive Auseinandersetzung mit dem Ansatz auch die Beiträge in Michaels u.a. 2001.

130 Entscheidend sind hier u.a. die Arbeiten von Victor W. Turner (1920–1983); vgl. DuBois; Jungaberle 2013 für einen knappen, aber informativen Überblick zum Erfahrungsbegriff im Kontext der Ritualforschung.

131 Stellvertretend kann hier Clifford Geertz (1926–2006) genannt werden; vgl. zu ihm und zu weiteren Beispielen Münster 2001, 62–94.

Entscheidend ist dabei, dass die „ästhetische“, sinnliche und erlebnishafte Seite von Religion insofern auf neue Weise ins Zentrum rückt, als sie nun als das unabdingbare Medium des Kommunikationssystems Religion betrachtet wird, jedoch nicht mehr als Zugang zum oder Ausdruck des „Heiligen“. Hubert Cancik und Jürgen Mohr stellen 1988 fest, dass die ästhetische Seite der Religion eine ganz neue Aufmerksamkeit verdiene, die ihr in der vorwiegend textfixierten Religionswissenschaft bis jetzt nicht zugekommen sei, und postulieren einen eigenständigen methodischen Ansatz, die „Religionsästhetik“:

> Der Ausdruck ‚Religionsästhetik‘ wird eingeführt, um das, was an Religionen sinnlich wahrnehmbar ist, wie Religion den Körper und die verschiedenen Sinnesorgane des Menschen aktiviert, leitet und restringiert, möglichst einheitlich zu beschreiben und theoretisch zu durchdringen.[132]

Im englischsprachigen Raum bildete sich, zunächst unabhängig von den oben erwähnten religionswissenschaftlichen Ansätzen, unter dem Stichwort *Material Religion* seit Ende der 1990er Jahre eine verwandte Forschungsperspektive heraus,[133] die sich interessanterweise gleichzeitig mit den zu Beginn dieses Beitrags vorgestellten sozialwissenschaftlichen Theorien von Religion verbindet: Religion ist eine mögliche Reaktion auf das Problem und die Erfahrung der Kontingenz; ein Problem, das – sehr abstrakt gesprochen – im Wissen darum besteht, dass Ereignisse immer auch anders sein könnten als sie tatsächlich sind. Diese Überschreitung der alltäglichen Realität, deren Erfahrung durch den je kulturell verschiedenen Erwartungshorizont bedingt ist, wird von Religionen als eigenständiger, über „Normales“ oder „Alltägliches“ hinausreichender Bereich bestimmt und durch verschiedene mediale Praktiken bis zu einem gewissen Maße verfügbar, vor allem aber immer wieder anschaulich und erlebbar gemacht. Der Ansatz der *Material Religion* fragt vor diesem Hintergrund, wie „Materialität“, d.h. Gegenstände, Räume etc. dabei wirken, das Unanschauliche oder Unzu-

132 Cancik; Mohr 1988: 121–122.

133 Vgl. die seit 2005 erscheinende Zeitschrift *Material Religion. The Journal of Objects, Art and Belief*; für einen kurzen Überblick vgl. Prohl 2012. Einflussreich im Bereich der *Material Religion* sind insbesondere die Arbeiten von David Morgan (z.B. 2009) und Birgit Meyer. Es ist vor allem das Verdienst von Inken Prohl, die deutschsprachigen Ansätze der Religionsästhetik mit jenen der *Material Religion* in Kontakt gebracht zu haben; vgl. dazu Prohl 2010.

gängliche erlebbar zu machen.[134] Mit dem 2017 erschienenen Sammelband von Grieser und Johnston werden die verschiedenen Pfade der Religionsästhetik, der *Material Religion* und verwandter Bereiche, wie etwa der *Visible Religion*, unter dem Begriff *Aesthetics of Religion* zu einem „connective concept" zusammengeführt, das keine Theorie, sondern ein – durchaus vielversprechendes – Forschungsprogramm sein will.[135] Zu diesen Programm gehören auch kognitionswissenschaftliche und affekttheoretische Zugänge. Religion kann dann im Extremfall als „massing of affects, a core response of bodies to the world prior to ideas, words and thoughts" aufgefasst werden.[136] Selbst wenn man nicht so weit geht: Grundsätzlich bleibt das methodologische Problem, das beispielsweise Hubert Knoblauch klar benennt:[137] Streng genommen können wir nur die Kommunikation *über* sinnliche und andere Erfahrungen beobachten, nicht aber die Erfahrungen selbst. In der Ethnologie allerdings werden seit den 1980er Jahren unter dem Stichwort der *sensual anthropology* neue Wege erprobt,[138] die an Clifford Geertz' „dichte Beschreibung" anknüpfen, aber auch darüber hinausgehen, indem sie insbesondere das (sinnliche) Miterleben und die erzählerische Rekonstruktion des Erlebten in den Mittelpunkt stellen. Natürlich handelt es sich dabei auch um eine Ästhetisierung der wissenschaftlichen Praxis selbst, wie wir sie auch in Ansätzen des „künstlerischen Forschens" finden.[139] Wie lässt sich jedoch kritische Distanz bewahren, sodass unsere eigene Praxis nicht im Dispositiv der Ästhetisierung aufgeht? Entscheidend scheint mir hier die Reflexion der Beschränktheit der eigenen wissenschaftlichen Praxis und das Akzeptieren der Differenzen verschiedener kultureller Praktiken zu sein; sie zu überbrücken, bedarf es der Sprache, der Übersetzung, der Erzählungen – nicht aber der pathetischen Affirmation des „Unaussprechlichen" oder der „Präsenz", auch wenn dies gerade da, wo wir es mit Religion zu tun haben, eine große Versuchung bleibt. Sich auf die sinnliche Dimension

134 Vgl. Prohl 2012: 381.

135 Vgl. insbesondere die umfassende Einleitung in Grieser; Johnston 2017b.

136 Vgl. Schaefer 2015: 211.

137 Vgl. oben Anm. 11.

138 Vgl. die kurze Diskussion derartiger Ansätze im entsprechenden Beitrag von Jürgen Wasim Frembgen in diesem Band S. 227–229 und Braun u.a. 2017.

139 Vgl. z.B. Quinten; Schrödter 2018 für künstlerisches Forschen im Bereich des Tanzes.

der Religion in ihrer kulturellen und historischen Verschiedenheit zu konzentrieren, hilft, dieser Versuchung nicht zu erliegen.

LITERATUR

Arndt, Andreas (Hg.): *Wissenschaft und Geselligkeit: Friedrich Schleiermacher in Berlin 1796–1802*, Berlin – Boston: De Gruyter 2010.

Arundale, Rukumini Devi: „The Message of Beauty to Civilization", in: *Adyar Pamphlets* 212, published in the 1900s, Theosophical Publishing House Adyar, Chennai, URL: https://cdn.website-editor.net/e4d6563c50794969b714ab70457d9761/files/uploaded/AdyarPamphlet_No212.pdf (letzter Zugriff am 30. August 2019).

Baxmann, Inge: *Mythos: Gemeinschaft. Körper- und Tanzkulturen in der Moderne*, München: Fink Verlag 2000.

Bergunder, Michael: „Indischer Swami und deutscher Professor: ‚Religion' jenseits des Eurozentrismus", in: Michael Stausberg (Hg.), *Religionswissenschaft*, Berlin – Boston: De Gruyter 2012, 95–107.

Besecke, Kelly: „Seeing Invisible Religion: Religion as a Societal Conversation about Transcendent Meaning ", in: *Sociological Theory* 23/2 (2005), 179–196.

Braun, Karl u.a. (Hg.): *Kulturen der Sinne: Zugänge zur Sensualität der sozialen Welt*, Würzburg: Königshausen & Neumann 2017.

Braungart, Wolfgang u.a. (Hg.): *Ästhetische und religiöse Erfahrungen der Jahrhundertwenden*, Bd. 1–3, Paderborn: Schöningh 1997–2000.

Braungart, Wolfgang: „Die Geburt der modernen Ästhetik aus dem Geist der Theodizee", in: ders. u.a. (Hg.), *Ästhetische und religiöse Erfahrungen der Jahrhundertwenden. Bd. 1: um 1800*, Paderborn: Schöningh 1997, 17–34.

Braungart, Wolfgang: „Ästhetische Religiosität oder religiöse Ästhetik? Einführende Überlegungen zu Hofmannsthal, Rilke und George und zu Rudolf Ottos Ästhetik des Heiligen", in: ders. u.a. (Hg.), *Ästhetische und religiöse Erfahrungen der Jahrhundertwenden. Bd. 2: um 1900*, Paderborn: Schöningh 1998, 15–29.

Brunotte, Ulrike: „The Performative Knowledge of Ecstasy: Jane Harrison's (1850–1928) Early Contestations of the Textual Paradigm in Religious Studies", in: Alexandra K. Grieser; Jay Johnston (Hg.): *Aesthetics of*

Religion. A Connective Concept, Berlin – Boston: De Gruyter 2017, 162–178.

Cancik, Hubert; Mohr, Hubert: „Religionsästhetik“, in: *Handbuch religionswissenschaftlicher Grundbegriffe. Bd. 1*, Stuttgart u.a.: Kohlhammer 1988, 121–156.

DuBois, Flecher; Jungaberle, Henrik: „Erfahrungsdynamik“, in: Christiane Brosius; Axel Michaels (Hg.), *Ritual und Ritualdynamik*, Göttingen: Vandenhoeck & Rupprecht 2013, 46–54.

Durkheim, Émile: *Die elementaren Formen des religiösen Lebens*, 3. Aufl., Berlin: Verlag der Weltreligionen 2014.

Fischer, Mario: „Zwischen Jugendbewegung, Lebensreform und Kriegsbegeisterung. Der Wandel des Erlebnisbegriffs in den Reformbewegungen des ausgehenden Kaiserreichs und der Weimarer Republik“, in: Gerd Haeffner (Hg.), *Religiöse Erfahrung II. Interkulturelle Perspektiven*, Stuttgart: Kohlhammer 2007, 141–155.

Fischer-Lichte, Erika: *Ästhetik des Performativen*, Frankfurt/M.: Suhrkamp Verlag 2017 (1. Aufl. 2004).

Fischer-Lichte, Erika: *Performativität. Eine Einführung*, Bielefeld: transcript 2012.

Gantke, Wolfgang; Serikov, Vladislav (Hg.): *100 Jahre „Das Heilige“. Beiträge zu Rudolf Ottos Grundlagenwerk* (Theion. Bd. XXXII), Frankfurt/M.2017.

Grieser, Alexandra K.; Johnston, Jay (Hg.): *Aesthetics of Religion. A Connective Concept*, Berlin –Boston: De Gruyter 2017a.

Grieser, Alexandra K.; Johnston, Jay: „What is an Aesthetics of Religion? From the Senses to Meaning – and Back Again“, in: dies. (Hg.), *Aesthetics of Religion. A Connective Concept*, Berlin – Boston: De Gruyter 2017b, 1–50.

Guardini, Romano: *Vom Geist der Liturgie*, Mainz: Matthias-Grünewald-Verlag 1997 (1. Aufl. Freiburg/Br. u.a.: Herder Verlag 1918).

Habermas, Jürgen: *Texte und Kontexte*, Frankfurt/M.: Suhrkamp 1991.

Haeffner, Gerd: „Erfahrung – Lebenserfahrung – religiöse Erfahrung“, in: Friedo Ricken (Hg.), *Religiöse Erfahrung. Ein interdisziplinärer Klärungsversuch*, Stuttgart: Kohlhammer 2004, 15–39.

Haeffner, Gerd (Hg.): *Religiöse Erfahrung II. Interkulturelle Perspektiven*, Stuttgart: Kohlhammer 2007.

Hanegraaff, Wouter J.: „Religion and the Historical Imagination: Esoteric Tradition as Poetic Invention“, in: Christoph Bochinger; Jörg Rüpke (Hg.), *Dynamics of Religion: Past and Present*, Berlin – Boston: De Gruyter 2017, 131–153.

Hansen, Frank-Peter: *Das älteste Systemprogramm des deutschen Idealismus. Rezeptionsgeschichte und Interpretation*, Berlin: De Gruyter 1989.

Harrison, Jane E., *Themis. A Study of the Social Origin of Greek Religion*, 2. rev. Aufl. Cambridge: Cambridge University Press 1927.

Hilmes, Carola: „Sehnsucht nach Erlösung: Bilder des Weiblichen um 1900“, in: Wolfgang Braungart u.a. (Hg.), *Ästhetische und religiöse Erfahrungen der Jahrhundertwenden. Bd. 2: Um 1900*, Paderborn: Schöningh 1997, 267–289.

James, William: *Die Vielfalt religiöser Erfahrung. Eine Studie über die menschliche Natur*, übersetzt von Eilert Herms und Christian Stahlhut, Berlin: Verlag der Weltreligionen 2014 (1. Aufl. Olten: Walter Verlag 1979).

Jamme, Christoph; Schneider, Helmut (Hg.), *Mythologie der Vernunft. Hegels ältestes Systemprogramm des deutschen Idealismus*, Frankfurt/M.: Suhrkamp 1988.

Joas, Hans: „Säkulare Heiligkeit. Wie aktuell ist Rudolf Otto?“, in: Rudolf Otto, *Das Heilige. Über das Irrationale in der Idee des Göttlichen und sein Verhältnis zum Rationalen*, München: Beck 2014, 255–281.

Kippenberg, Hans G.: „Émile Durkheim“, in: Axel Michaels (Hg.), *Klassiker der Religionswissenschaft. Von Friedrich Schleiermacher bis Mircea Eliade*, München: Beck 2004 (1. Aufl. 1997), 103–119.

Klimkeit, Hans-Joachim: „Friedrich Max Müller (1823–1900)“, in: Axel Michaels (Hg.), *Klassiker der Religionswissenschaft. Von Friedrich Schleiermacher bis Mircea Eliade*, München: Beck 2004 (1. Aufl. 1997), 29–40.

Knoblauch, Hubert: „Die Soziologie der religiösen Erfahrung“, in: Friedo Ricken (Hg.): *Religiöse Erfahrung. Ein interdisziplinärer Klärungsversuch*, Stuttgart: Kohlhammer 2004, 69–80.

Knoblauch, Hubert: *Populäre Religion. Auf dem Weg in eine spirituelle Gesellschaft*, Frankfurt/M. – New York: Campus 2009.

Knoblauch, Hubert: „Vom New Age zur populären Spiritualität“, in: Dorothea Lüddeckens; Rafael Walthert (Hg.), *Fluide Religion. Neue religiöse Bewegungen im Wandel. Theoretische und empirische Systematisierungen*, Bielefeld: transcript 2010, 149–174.

Krech, Volkhard: *Wissenschaft und Religion: Studien zur Geschichte der Religionsforschung in Deutschland 1871 bis 1933*, Tübingen: Mohr Siebeck 2002.

Krech, Volkhard: *Götterdämmerung. Auf der Suche nach Religion*, Bielefeld: transcript 2003.

Krech, Volkhard: „Beobachtungen zu Sakralisierungsprozessen in der Moderne – mit einem Seitenblick auf Kunstreligion“, in: Hermann Deuser u.a. (Hg.), *Metamorphosen des Heiligen: Struktur und Dynamik von Sakralisierung am Beispiel der Kunstreligion*, Tübingen: Mohr Siebeck 2015, 411–425.

LaMothe, Kimerer L.: „‚A God Dances through Me‘: Isadora Duncan on Friedrich Nietzsche’s Revaluation of Values“, in: *The Journal of Religion* 85/2 (2005), 241–266.

LaMothe, Kimerer L.: *A History of Theory and Method in the Study of Religion and Dance*, Boston: Brill 2018.

Lauster, Jörg; Schütz, Peter: „Rudolf Otto und *Das Heilige*. Zur Einführung“, in: Rudolf Otto: *Das Heilige. Über das Irrationale in der Idee des Göttlichen und sein Verhältnis zum Rationalen*, München: Beck 2014, 231–253.

Leeuw, Gerard van der: *Vom Heiligen in der Kunst*. Übersetzt von Annelotte Piper, Gütersloh: Bertelsmann Verlag 1957 (1. Aufl. Amsterdam: H.J. Paris 1932).

Luckmann, Thomas: *Die unsichtbare Religion*. Mit einem Vorwort von Hubert Knoblauch, Frankfurt/M.: Suhrkamp 1991.

Lüddeckens, Dorothea, *Das Weltparlament der Religionen von 1893: Strukturen interreligiöser Begegnung im 19. Jahrhundert*, Berlin – New York: De Gruyter 2002.

Lüddeckens, Dorothea; Walthert, Rafael (Hg.): *Fluide Religion. Neue religiöse Bewegungen im Wandel. Theoretische und empirische Systematisierungen*, Bielefeld: transcript 2010.

Malinar, Angelika: „Körper-Theater und Selbst-Erkenntnis. Konzepte von Erfahrung in der indischen Philosophie“, in: Gert Mattenklott (Hg.), *Ästhetische Erfahrung im Zeichen der Entgrenzung der Künste; epistemische, ästhetische und religiöse Formen von Erfahrung im Vergleich*, Hamburg: Meiner Verlag 2004, 211–231.

McCutcheon, Russell T.: „Introduction“, in: Craig Martin; ders. (Hg.), *Religious Experience. A Reader*, Sheffield: Equinox Publishing 2012, 1–16.

McGuire, Meredith: *Lived Religion. Faith and Practice in Everyday Life*, Oxford: Oxford University Press 2008.

Michaels, Axel u.a. (Hg.), *Noch eine Chance für die Religionsphänomenologie?*, Bern: Peter Lang 2001.

Mohn, Jürgen: „Religionsaisthetik: Religion(en) als Wahrnehmungsräume“, in: Michael Stausberg (Hg.), *Religionswissenschaft*, Berlin – Boston: De Gruyter 2012, 329–342.

Morgan, David (Hg.), *Religion and Material Culture. The Matter of Belief*, London: Routledge 2009.

Müller, Ernst: „Religion als ‚Kunst ohne Kunstwerk‘. F.D.E. Schleiermachers Reden ‚Über Religion‘ und das Problem der ästhetischen Subjektivität“, in: Wolfgang Braungart u.a. (Hg.), *Ästhetische und religiöse Erfahrungen der Jahrhundertwenden. Bd. 1: um 1800*, Paderborn: Schöningh 1997, 149–165.

Müller, Friedrich Max: *Vorlesungen über den Ursprung und die Entwicklung der Religion. Mit besonderer Rücksicht auf die Religionen des Alten Indiens*, 2. unveränderte Aufl., Straßburg: Verlag von Karl J. Trübner 1881.

Müller, Friedrich Max: *Ramakrishna. His Life and Sayings*, London u.a.: Longmans, Greens and Co.1898, URL: https://www.sacred-texts.com/hin/rls/rls03.htm (letzter Zugriff am 27. September 2019).

Müller, Friedrich Max: „The Real Significance of the Parliament of Religions“, in: Eric Jozef Ziolkowski (Hg.), *A Museum of faiths: Histories and Legacies of the 1893 World's Parliament of Religions*, Atlanta, GA: Scholars Press 1993, 149–162.

Münster, Daniel: *Religionsästhetik und Anthropologie der Sinne. Vorarbeiten zu einer Religionsethnologie der Produktion und Rezeption ritueller Medien*, München: Akademischer Verlag 2001.

Murphy, Tim: *The Politics of Spirit. Phenomenology, Genealogy, Religion*, Albany, NY: State University of New York Press 2010.

Nehring, Andreas: „Aneignung von ‚Religion‘ – postkoloniale Konstruktionen des Hinduismus“, in: Michael Stausberg (Hg.), *Religionswissenschaft*, Berlin – Boston: De Gruyter 2012, 109–121.

Nietzsche, Friedrich, *Also sprach Zarathustra. Ein Buch für Alle und Keinen*, Bd. 1, Chemnitz: Schmeitzner 1883.

Odin, Steve: „Sri Aurobindo and Hegel on the Involution-Evolution of Absolute Spirit“, in: *Philosophy East and West* 31/2 (1981), 179–191.

Osterhammel, Jürgen: *Die Verwandlung der Welt. Eine Geschichte des 19. Jahrhunderts*, München: C.H. Beck 2009 (4. durchges. Aufl.).

Otto, Rudolf: *Das Heilige. Über das Irrationale in der Idee des Göttlichen und sein Verhältnis zum Rationalen*, München: Beck 2014 (1. Aufl. 1917).

Pollack, Detlef: „Was ist Religion? Probleme der Definition“, in: *Zeitschrift für Religionswissenschaft* 3/2 (1995), 163–190.

Prohl, Inken: „Religious Aesthetics in the German-speaking World. Central Issues, Research Projects, Research Groups“, in: *Material Religion. The Journal of Objects, Art and Belief* 6 (2010), 237–239.

Prohl, Inken: „Materiale Religion“, in: Michael Stausberg (Hg.), *Religionswissenschaft*, Berlin – Boston: De Gruyter 2012, 379–392.

Quinten, Susanne; Schroedter, Stephanie (Hg.), *Tanzpraxis in der Forschung. Tanz als Forschungspraxis. Choreographie, Improvisation, Exploration* (Jahrbuch TanzForschung 2016), Bielefeld: transcript 2018.

Raters, Marie-Luise, „Wer glaubt wird selig – und das sofort! Kritische Überlegungen zur pragmatistischen Religionsphilosophie von William James“, in: Christian Thies (Hg.): *Religiöse Erfahrung in der Moderne: William James und die Folgen*, Wiesbaden: Harrassowitz 2009, 56–74.

Reckwitz, Andreas: *Die Erfindung der Kreativität. Zum Prozess gesellschaftlicher Ästhetisierung*, Berlin: Suhrkamp Verlag 2019 (1. Aufl. 2012).

Ricken, Friedo (Hg.): *Religiöse Erfahrung. Ein interdisziplinärer Klärungsversuch*, Stuttgart: Kohlhammer 2004.

Rosa, Hartmut: *Identität und kulturelle Praxis. Politische Philosophie nach Charles Taylor*; Frankfurt/M.: Campus Verlag 1998.

Rosa, Hartmut: *Resonanz: eine Soziologie der Weltbeziehung*, Berlin: Suhrkamp Verlag 2016.

Schaefer, Donovan O.: *Religious Affects: Animality, Evolution, and Power*, Durham – London: Duke University Press 2015.

Schleiermacher, Friedrich: *Über die Religion: Schriften, Predigten, Briefe*, hg. von Christian Albrecht, Frankfurt/M. u.a.: Verlag der Weltreligionen 2008.

Schlesier, Renate, „Kulturelle Artefakte in Bewegung: Zur Geschichte der Anthropologie des Tanzes“, in: Gabriele Brandstetter; Christoph Wulf (Hg.), *Tanz als Anthropologie*, München: Wilhelm Fink Verlag 2007, 132–145.

Schreiner, Peter: „Sri Ramakrishna und Ramana Maharshi als Vertreter moderner indischer Mystik“, in: Hubert Cancik (Hg.), *Rausch, Ekstase, Mystik: Grenzformen religiöser Erfahrung*, Düsseldorf: Patmos-Verlag 1978, 59–77.

Schwan, Alexander, „Expression, Ekstase, Spiritualität. Pauls Tillichs Theologie der Kunst und Mary Wigmans Absoluter Tanz“, in: Dagmar Ellen Fischer; Thom Hecht (Hg.): *Tanz, Bewegung & Spiritualität* (Jahrbuch Tanzforschung 19), Leipzig: Henschel 2009, 214–226.

Schwarz, Bernadette-Gertrudis: „Erfahrung und Spiritualität. Zu Angeboten und Inhalten auf dem Markt des gelingenden Lebens“, in: Gerd Haeffner (Hg.), *Religiöse Erfahrung II. Interkulturelle Perspektiven*, Stuttgart: Kohlhammer 2007, 251–265.

Scott, Joan W.: „‚The Evidence of Experience,‘ from *Critical Inquiry*“, in: Craig Martin; Russell T. McCutcheon (Hg.), *Religious Experience. A Reader*, Sheffield: Equinox Publishing 2012, 151–173.

Sharf, Robert H.: „‚Experience,‘ from *Critical Terms for Religious Studies*“, in: Craig Martin; Russell T. McCutcheon (Hg.), *Religious Experience. A Reader*, Sheffield: Equinox Publishing 2012, 131–150.

Strenski, Ivan: *Understanding Theories of Religion. An Introduction*, Chichester, West Sussex u.a.: Wiley Blackwell 2015 (1. Aufl. 2006).

Stuckrad, Kocku von: *The Scientification of Religion. An Historical Study of Discursive Change, 1800–2000*, Berlin – Boston: De Gruyter 2014.

Taves, Ann: *Religious Experience Reconsidered*, Princeton, NJ: Princeton University Press 2009.

Temesvári, Cornelia; Sanchiño Martínez, Roberto (Hg.): *„Wovon man nicht sprechen kann ...“: Ästhetik und Mystik im 20. Jahrhundert. Philosophie – Literatur – visuelle Medien*, Bielefeld: transcript 2010.

Thies, Christian (Hg.): *Religiöse Erfahrung in der Moderne: William James und die Folgen*, Wiesbaden: Harrassowitz 2009.

Waldner, Katharina: *Geburt und Hochzeit des Kriegers. Geschlechterdifferenz und Initiation in Mythos und Ritual der griechischen Polis*, Berlin – New York: De Gruyter 2000.

Zander, Helmut: „Körper-Religion. Ausdruckstanz um 1900: Loie Fuller, Isidora Duncan, Ruth St. Denis“, in: Volker Drehsen u.a. (Hg.), *Protestantismus und Ästhetik: religionskulturelle Transformationen am Beginn des 20. Jahrhunderts*, Gütersloh: Kaiser, Gütersloher Verlagshaus 2001, 197–232.

Zolotukhin, Vsevolod: „Friedrich Max Müller und die idealistische Wurzel der Religionswissenschaft“, in: *Zeitschrift für Religionswissenschaft* 26/2 (2018), 264–282.

„Im Reigentanz mit den Engeln“ (Clem. Al. *protr.* 12,120,2)

Tanzen in frühchristlichen Schriften

Notker Baumann

Early Christian texts show that dances from the 2nd to the 4th century were perceived differently by Christians, but quite positively overall. Very early writings are obviously influenced by the platonic-cosmic circle dance. In addition, the Bible proves to be a source for the classification and evaluation of dances. Christian ideas of the heavenly paradise are often connected with the round dance. In the Old Testament King David's dance in front of the Ark of the Covenant is seen as a positive example of a religious dance. On the other hand, the purely entertaining, perhaps also lascivious dance, which is often associated with the biblical dance of the daughter of Herodias before Herod, is rejected.

Wie Gregor Rohmann in seiner Studie *Tanzwut*[1] treffend darstellt, findet sich in der Tanzgeschichte als Gemeinplatz „die summarische Behauptung, ‚die Kirche‘ habe ‚den Tanz‘ immer und überall kriminalisiert bzw. zu kriminalisieren versucht“[2]. Dagegen verdeutlicht Rohmann, dass sich „nicht von einer klaren Frontstellung gegen die (kryptopaganen oder unmoralischen) Tänze ausgehen“[3] lasse. An der Zurückführung von Argumentationsmustern zu ihrem Ausgangspunkt und an eingehenderen Quellenstudien meldet er zu Recht Bedarf an, den er durch den Aufsatz „Altchristliche Kritik am Tanz“[4] von Carl Andresen erst in Ansätzen gedeckt sieht. Es ist wün-

1 Rohmann 2013.

2 Rohmann 2013: 180. Ähnlich Leutzsch 2017: 178–182.

3 Rohmann 2013: 219.

4 Andresen 1961: 217–262. Etwas gekürzt nochmals abgedruckt in: Frohnes; Knorr 1974: 344–376.

schenswert, die frühchristlichen Texte zum Tanz gemäß dem aktuellen Stand der Forschung zu interpretieren und zu kontextualisieren. In umfassender Form bleibt ein solches Desiderat einer größeren Studie vorbehalten, während dieser Beitrag einige frühe Anhaltspunkte darstellen möchte.

MEHRFACHER EINFLUSS

Tanz war bei antiken Schauspielen in Mode. Entsprechendes galt im Kult: Mit Verrenkungen und Drehbewegungen brachte man sich in Ekstase. Bei Festen wurde zu religiösen Gesängen und Instrumentalmusik getanzt. Auch im jüdischen Bereich fanden sich Tänze. Das frühe Christentum wurde von der in nichtchristlicher Philosophie und Naturlehre vorhandenen Vorstellung inspiriert, dass der Kosmos durch die ewig harmonische Kreisbewegung der Sphären und Himmelsmächte geprägt sei; der Tanz auf Erden vollzieht den himmlischen Reigen nach. Daraus entwickelte sich das Bild des ewigen, um Gott kreisenden Reigens der Engel und Heiligen, der sich in der irdischen Kirche spiegelt. Andererseits erwähnt die Bibel den allerdings divergierend konnotierten Tanz an verschiedenen Stellen, die ebenfalls von frühchristlichen Schriften aufgegriffen werden. Außer dass biblische Texte positive Assoziationen hervorrufen, hängt mit ihnen auch zusammen, dass Tanz teilweise als Versuchung und somit als Bedrohung für das Seelenheil gesehen wird. In christlichen Schriften der Spätantike verliert der Tanz seine gerade im Alten Testament vorhandene Reputation. Dennoch waren weiterhin nicht alle Haltungen einheitlich.

Frühchristliche Schriften können bezüglich der Tanzthematik neben antiken Tanzhandlungen vor allem zwei größere Bereiche aufgreifen: bestimmte Verstehensweisen der Bibel und die platonische Metapher vom kosmischen Tanz.[5]

5 Vgl. Leutsch 2017: 139.

TANZ IM ALTEN UND NEUEN TESTAMENT

Das Hebräische kennt verschiedene Verben, um die Handlung des Tanzes, „wiederholte Bewegung(en)"[6], zu bezeichnen.[7] Darunter darf man sich allerdings keinen modernen Gesellschaftstanz vorstellen.

Nach dem Durchzug Israels durch das Rote Meer („während rechts und links von ihnen das Wasser wie eine Mauer stand", *Ex* 14,22), bei dem die ägyptische Streitmacht in den zurückfließenden Fluten vernichtet wird, findet der Tanz erstmals Erwähnung. Er zeigt Freude, bringt Dank an JHWH für die Rettung zum Ausdruck und lobt Gott.[8] Dass dieses Tanzen Gott gilt, nicht aber siegreich aus Schlachten zurückkehrenden Soldaten, unterscheidet es vom ansonsten im Alten Orient verbreiteten *„drum-dance"*-Genre.[9] „Die Prophetin Mirjam, die Schwester Aarons, nahm die Pauke in die Hand, und alle Frauen zogen mit Paukenschlag und Tanz hinter ihr her" (*Ex* 15,20). Mirjam wird Prophetin genannt, um die Inspiration zu bezeichnen, die sie ergriffen hat. Ihr Lied erweist sich „als Auftakt einer ganzen Reihe von Tanztexten, die sich durch die Gefährdung des Lobs eigener Macht hindurch bis zur erneuten und erneuerten prophetischen Verheißung im Jeremiabuch durcharbeiten"[10].

Einige Zeit später findet sich der wohl berühmteste Tanz des Alten Testaments: Das Volk, das sich von Mose und von Gott in der Wüste verlassen fühlte, tanzte um einen selbstgemachten Gott zum Anfassen, um das sogenannte Goldene Kalb (eher um einen potenten Jungstier)[11]; man feierte sich selbst. Als Mose diese götzendienerischen Tänze sah, die Selbstgeschaffenes verehren und Produkte eigener Arbeit über sich herrschen lassen, zerschmetterte er die Gesetzestafeln (*Ex* 32,19). Er verbrannte und zermahlte das Kalb zu Staub und gab es den Israeliten zu trinken (*Ex* 32,20).

In der Zeit der Richter tanzten die Töchter von Schilo beim jährlichen Fest JHWHs im Chor.[12] Diese Stelle spricht von einem Reigentanz, mit dem

---

6 Diedrich 2000: 1258.

7 Vgl. Bertaud 1957: 22. Außerdem Ebach 2008: 30f. mit Anm. 4 und 5.

8 Vgl. Dohmen 2015: 355.

9 Vgl. Dohmen 2015: 357f. Im Alten Orient war der Auftritt von Frauen mit Trommeln, Tanz und Liedern für siegreich zurückkehrende Soldaten verbreitet.

10 Ebach 2008: 36. Vgl. außerdem Geiger 2007: 55–75.

11 Vgl. Ebach 2008: 39.

12 Vgl. die in *Ex* 34,22f. erwähnten Feiertage. Zum Chorbegriff vgl. unten S. 61–63.

Frauen die Freude über die Ernte zum Ausdruck bringen (vgl. *Ri* 21,21: „Wenn ihr dann seht, wie die Töchter Schilos herauskommen, um im Reigen zu tanzen, dann kommt aus dem Weinberg hervor"). Die Geschichte findet ein böses Ende, nämlich den Raub dieser Frauen durch die Benjaminiten.

In *Ri* 11,34 ist erneut von einem Tanz die Rede: „Als Jiftach nach Mizpa zu seinem Haus kam, siehe, da kam ihm seine Tochter entgegen mit Handtrommeln und Reigentänzen." Allerdings endet dieser frohe Tanz für die Tochter, deren Vater ein Gelübde getan hatte, tödlich. Auch *1 Sam* 18,6 bietet einen Tanz: „Als sie nach Davids Sieg über die Philister heimkehrten, zogen die Frauen aus allen Städten Israels König Saul singend und tanzend mit Handpauken, Freudenrufen und Zimbeln entgegen." Hier dienen Tanz und Musik dem Ruhm von Helden, nicht aber dem Lob Gottes für die Rettung. Der Tanz der Prophetin Mirjam wird also nur verfälscht wiederholt.[13] Ein anderer Tanz jubelt Judit zu: „Alle Frauen in Israel eilten herbei, um Judit zu sehen, und sangen ihr Lob. Als sie sich ihr zu Ehren zu einem Festreigen aufstellten, nahm Judit belaubte Zweige in die Hand und gab auch den umstehenden Frauen davon" (*Jdt* 15,12f.).

Wieder ein anderer Tanz gilt JHWH: Als die Lade nach Jerusalem gebracht wurde, „musizierten David und das ganze Haus Israel vor dem Herrn mit allen Wacholderhölzern, Leiern, Harfen und Trommeln, Rasseln und Zimbeln" (*2 Sam* 6,5). Drei Monate später wurde die Lade Gottes aus dem Haus Obed-Edom in die heilige Stadt transportiert, und „David tanzte mit ganzer Hingabe vor dem Herrn her" (*2 Sam* 6,14). Vielleicht ist hier sogar gemeint, dass er ein Rad schlug oder einen Überschlag machte.[14] Als sie ihn springen und tanzen sah, traf ihn Michals verächtlicher Spott, denn er habe „sich vor den Augen der Mägde seiner Untertanen bloßgestellt" (*2 Sam* 6,20; wohl „in Anbetracht nicht anzunehmender Unterwäsche"[15]). David antwortete selbstsicher: „[V]or dem Herrn habe ich getanzt; für ihn will ich mich gern noch geringer machen als diesmal und in meinen Augen niedrig erscheinen" (*2 Sam* 6,21f.). Tanzen, Hopsen und Radschlagen erweist sich hier geradezu als ein „Ritual der Selbsterniedrigung"[16].

13 Vgl. Ebach 2008: 36.
14 Vgl. Keel 1996: 11–14.
15 Ebach 2008: 33.
16 Ebach 2008: 33.

Unter Ahab (875–854 v.Chr.) wird die Geschichte der Entscheidung auf dem Karmel erzählt, die der Prophet Elija gegenüber den Baalspropheten vorschlägt. Von ihnen, die negativ bewertet und verspottet werden, heißt es: „Sie tanzten hüpfend um den Altar, den man gemacht hatte" (*1 Kön* 18,26). Der Tanz war im Baalskult sehr verbreitet, die hier angewandten Riten gelten für die syrische Religion als charakteristisch.[17]

In den *Psalmen* gibt es mehrere Hinweise auf religiösen Tanz. Beispielsweise heißt es in den Versen 12f. des Dankpsalms 30: „Du hast mein Klagen in Tanzen verwandelt, mein Trauergewand hast du gelöst und mich umgürtet mit Freude, damit man dir Herrlichkeit singt und nicht verstummt. Herr, mein Gott, ich will dir danken in Ewigkeit." *Psalm* 87 erhöht Zion als Mutter aller Völker. „Und sie werden beim Reigentanz singen: All meine Quellen entspringen in dir" (*Ps* 87,7). Der von den Tamburinen unterbrochene Tanz wird ausdrücklich als Teil der Liturgie bezeichnet: „Israel soll sich freuen über seinen Schöpfer, die Kinder Zions sollen jubeln über ihren König. Seinen Namen sollen sie loben mit Reigentanz, mit Trommel und Leier ihm spielen" (*Ps* 149,2f.). Die gleiche Ermahnung findet sich in *Psalm* 150: „Lobt ihn mit Trommel und Reigentanz, lobt ihn mit Saiten und Harfen." (*Ps* 150,4)

Tanz wird auch in prophetischen Büchern erwähnt, die Gefangenschaft hatte ihn unterbrochen (*Klgl* 5,15: „Dahin ist unseres Herzens Freude, in Trauer gewandelt unser Reigen"), aber er ist auch endzeitliche Gabe JHWHs an die Erlösten, Teil der Freude des Volkes Gottes (*Jer* 31,13): „Dann freut sich die Jungfrau beim Reigentanz, ebenso Junge und Alte zusammen." Hier dienen Musik und Tanz wieder allein dem Gotteslob. Andererseits findet sich in *Ezechiel* 6 ein Text, der zum Tanzen als prophetische Anklage einzuladen scheint: „So spricht Gott, der Herr: Klatsche mit deiner Hand, stampf mit dem Fuß und schreie: Wehe! Wegen all der bösen Gräueltaten des Hauses Israel". (*Ez* 6,11)

Das Alte Testament kennt Tanz als eine Form von Devotion, wie sich an singenden und tanzenden Propheten zeigt. Der Tanz Davids steht in der späteren christlichen Rezeption für die fromme Hingabe schlechthin. Ein Reigen zu Ehren falscher Götter wird alttestamentlich nicht als solcher, sondern als Ausdruck von Irrglauben verurteilt; der Tanz um das Goldene Kalb gerät in der Rezeption zum Urbild der Idolatrie.

17 Vgl. Vaux 1967: 495–497.

Auch das Neue Testament kennt Tanzszenen, darunter prominent die Tanzgeschichte mit Salome bzw. Herodias.[18] Angesichts ihres Tanzes am Geburtstag des Herodes darf diese Tochter der Herodias einen Wunsch äußern. Auf Betreiben ihrer Mutter lässt sie sich den Kopf des Täufers Johannes auf einer Schale bringen. Jeweils als Rückblende[19] findet sich die Geschichte bei *Mk* 6,17–28 und *Mt* 14,3–11. Vor allem diese Szene, die ihr zum „Inbegriff der dionysischen Grenzüberschreitung"[20] wurde, nimmt die christliche Rezeption auf. Andere Tanzpassagen des Neuen Testamentes klingen hingegen positiver: Christus benennt in zwei Gleichnissen den Platz, den der Tanz für die Juden seiner Zeit einnahm. Zuerst einmal ist es eine Szene, in der eine Gruppe von Kindern eine andere anherrscht: „Wir haben für euch die Flöte gespielt, und ihr habt nicht getanzt; wir haben die Totenklage angestimmt, und ihr habt euch nicht an die Brust geschlagen" (*Mt* 11,17; ähnlich *Lk* 7,32). Hier wird das Nicht-Tanzen allegorisch verstanden und dient als Vergleich für mangelnde Glaubenseinsicht, denn – so Jesus über seine Zeitgenossen – diese hätten ihn und Johannes den Täufer nicht angehört. Beim Gleichnis vom barmherzigen Vater und seinen zwei Söhnen spielt Tanz ebenfalls eine Rolle. Als der ältere Bruder am Tag der Rückkehr seines jüngeren Bruders zu Hause eintraf, „hörte er Musik und Tanz" (*Lk* 15,25): Ein Freudenfest ist in vollem Gange.

Die angeführten biblischen Texte bieten für Christen Anlass, sich mit dem Tanz zu beschäftigen. Darüber hinaus geht die antike christliche Bibelhermeneutik von mehreren Sinndimensionen biblischer Texte aus, so dass neben dem buchstäblichen Sinn weitere Aussagen erkennbar seien, die sich beispielsweise mit der Beziehung zwischen Gott und Mensch beschäftigen. Das biblische Hohelied wird allegorisch als Text verstanden, der die Liebe Gottes zu den Menschen thematisiert. Die männliche Einzelstimme wird auf Christus bezogen, die weibliche auf die Kirche. Diese spricht: „Horch! Mein Geliebter! Sieh da, er kommt. Er springt über die Berge, hüpft über die Hügel" (*Hld* 2,8). Das wird teilweise mit dem Tanz verknüpft: „Heute assoziieren wir ‚springen' oft mit einer sportlichen Aktivität. In der Vormoderne ist ‚springen' eher in der Sphäre des Tanzes angesiedelt."[21]

18 Dieser Name findet sich erstmals in Ios. *Ant. Iud.* 18,136f., nicht jedoch im Neuen Testament.

19 Vgl. Petersen 2008: 63.

20 Rohmann 2013: 215.

21 Leutzsch 2017: 140.

PLATONISCH-KOSMISCHER TANZ

Christliche Tanzmetaphorik kennt nicht nur biblische Quellen, sondern speist sich auch aus der griechisch-hellenistischen Tradition des kosmischen Tanzes.[22] Aufgrund ihrer tanzartigen Kreisbewegung[23] wurden die Sterne oder Planeten in der Antike übertragen als „Chor" (Tänzerschar) bezeichnet.[24] Die Wendung vom ‚himmlischen Sternenchor' (ἄστρων τ' αἰθέριοι χοροί)[25] in Euripides' *Elektra* verwendet das wohl einer uralten Vorstellung entsprechende Bild, wonach Sterne einen Reigen bilden. Es findet sich in griechischer und römischer Literatur,[26] auch bei jüdischen Autoren wird es gebraucht.[27]

In platonischer Philosophie spielt Tanz eine Rolle.[28] Platon (428/427–348/347 v.Chr.) stellt seine diesbezüglichen Gedanken, die sich beispielsweise in seinem Werk *Timaios* oder im letzten Kapitel seiner *Politeia* finden, in den Zusammenhang der Harmonie des Kosmos.[29] Er schreibt, wie Gott das Universum erschaffen hat, indem er das Chaos auf harmonische Proportionen und geordnete Bewegungen reduzierte.[30] Planeten und Sterne bezeichnet er als tanzende Götter, als Lebewesen, die von der Vernunft motiviert sind. Während sich jeder Stern mit seiner eigenen Geschwindigkeit bewegt und seiner spezifischen Bahn folgt, schaffen die Sterne gemeinsam einen harmonisch choreographierten kosmischen Tanz.[31]

---

22 Vgl. Leutzsch 2017: 143.

23 Vgl. Zimmermann 2007: 95.

24 Zaminer 1997: 1144.

25 Eur. *El.* 467.

26 So z.B. in Plat. *Tim.* 40c; Mesom. 2,17; Hor. *carm.* 4,14,21. Später dann bei Plot. *enn.* 4,4,8; 6,9,8f.

27 Zum Beispiel bei Phil. *opif. mund.* 115; *vit. Mos.* 2,239.271; *plant.* 118; *agr.* 51.

28 Vgl. Miller 1979; außerdem Miller 1986.

29 Vgl. Berghaus 1992: 47.

30 Plat. *Tim.* 29e–30a (dt. Übers.: Hieronymus Müller/Friedrich Schleiermacher, Platon. Werke Bd. 7, Darmstadt: Wissenschaftliche Buchgesellschaft 1972, 37–39): „Geben wir denn an, aus welchem Grund der Schöpfer das Entstehen und dieses Weltall schuf, [...] so nahm er alles, was sichtbar war und keine Ruhe hielt, sondern in ungehöriger und ordnungsloser Bewegung war, und führte es aus der Unordnung zur Ordnung, da ihm dieser Zustand in jeder Beziehung besser schien als jener."

31 Plat. *Tim.* 40c (dt. Übers.: Müller/Schleiermacher 63): „Aber die Reigentänze dieser Götter selber und ihre Konstellation zueinander sowie das Zurückkehren

Platon stellt dar, wie die Seelen über die Schönheit nachdachten, indem sie an einem begünstigten Chor teilnahmen:

> Die Schönheit aber war damals glänzend zu schauen, als mit dem seligen Chore [σὺν εὐδαίμονι χορῷ] wir dem Zeus, andere einem anderen Gotte folgend, des herrlichsten Anblicks und Schauspiels genossen und in ein Geheimnis geweiht waren, welches man wohl das allerseligste nennen kann.[32]

Der Tanz war auch Teil der Initiation in die Mysterien:

> Sie gehen beide nämlich genauso vor wie Korybanten bei einem Initiationsritus, wenn sie jemanden, den sie einweihen wollen, inthronisieren. Denn auch bei diesem Anlass gibt es Tanz [χορεία] und Unterhaltung, wenn du eingeweiht bist. Nicht anders verhalten sich diese beiden jetzt, wenn sie um dich herum einen Tanz aufführen [χορεύετον] und dich scherzend gleichsam umtanzen, mit dem Wunsch, dich danach einzuweihen.[33]

Der Begriff *choreía* (χορεία) bezeichnet kombinierte Gesangs- und Tanzhandlungen, und nach Platon ergibt sich die Verbindung zwischen beiden aus dem Rhythmus und der Bewegung des Körpers. In Choraufführungen müssen sich Stimme und Körper in Harmonie bewegen. Nur diejenigen, die ausgebildet sind, dieser Harmonie zu folgen, können in der platonischen Stadt leben. Ein Mensch ohne Erziehung (ἀπαίδευτος) ist ungeübt im Chorreigen (ἀχόρευτος).[34] Wer nicht tanzen kann, wird vom Idealzustand abgelehnt, da er nicht in der Lage sein wird, sich mit anderen zusammenzutun oder sich in Harmonie mit dem Rest der städtischen *choreía* zu bewegen. *Choreía* spielt daher eine wichtige gesellschaftliche Rolle in Platons Werk,[35] so dass das Versagen, den eigenen Körper in Harmonie mit den anderen zu bewegen, auch aufgrund der darin zum Ausdruck kommenden fehlenden *paideía* (παιδεία) als unmoralisch und verkommen angesehen wird.[36]

Dass die Kreisbewegung der Planeten die kosmische und damit göttliche Harmonie zum Ausdruck bringt, wurde ab dem 2. Jahrhundert von

---

dieser Kreise gegenüber ihrer eigenen Kreisbewegung und ihr Voranschreiten". Vgl. Carter 1987: 4.

32 Plat. *Phaidr.* 250b (dt. Übers.: Friedrich Schleiermacher/Dietrich Kurz, Platon. Werke Bd. 5, Darmstadt: Wissenschaftliche Buchgesellschaft 1981, 87).

33 Plat. *Euthyd.* 277de (dt. Übers.: Michael Erler, Platon. Euthydemos [Platon Werke Band 6,1], Göttingen: Vandenhoeck & Ruprecht 2017, 19).

34 Plat. *leg.* 2,654ab: ἀπαίδευτος ἀχόρευτος. Vgl. auch Plat. *leg.* 2,672e.

35 Vgl. Pont 2008: 267–281.

36 Vgl. Miller 1986: 14–18.

christlichen Autoren rezipiert.[37] Der in diesem Zusammenhang vorwiegend im griechischen Sprachraum verwendete Begriff *chorós* (χορός, lat. *chorus*) umfasste die enge Verbindung von Musik und Tanz und deren Bezug zur Bewegung der Gestirne. Die kosmische Sphärenharmonie wurde auch rituell nachvollzogen, wie sich an Apokryphen aus dem jüdisch-gnostisch-christlichen Milieu der ersten nachchristlichen Jahrhunderte zeigen lässt.[38]

CHRISTLICHE ZEUGNISSE DES ZWEITEN UND DRITTEN JAHRHUNDERTS

Dokumente zum christlichen Tanz, die aus dem Zeitraum vom 2. Jahrhundert bis in die Spätantike stammen, finden sich in den Apokryphen, bei Kirchenvätern und kirchlichen Schriftstellern, in Hymnen und zeremoniellen Texten und schließlich in Konzilsentscheidungen der Kirche. Es werden vier Arten von Tänzen erwähnt, nämlich der biblische Tanz, der himmlische Tanz der Engel und Erlösten, der symbolische, allegorische oder spirituelle Tanz und endlich der profane Tanz.[39] Eine Interpretation der Texte erweist sich nicht immer als eindeutig. Im Folgenden sind die Quellen möglichst chronologisch angeordnet und beziehen sich auf diese verschiedenen Tanzarten, manchmal ohne sie in deutlicher Weise zu unterscheiden.

Der *1. Clemensbrief* (etwa 96 n.Chr.) greift die kosmische Harmonie auf: „Sonne, Mond und die Chöre der Sterne (ἀστέρων χοροί) durchwandern entsprechend seiner [des Schöpfers] Anordnung in Eintracht und ohne jede Abschweifung die ihnen verordneten Bahnen."[40] Es geht um eine Bewegung, die sich entfaltet und einer ganz bestimmten Ordnung folgt, „wie in einem Reigentanz"[41]. Ignatius schreibt Anfang des 2. Jahrhunderts an die

37 Vgl. Niehr 1993: 602f. Außerdem Knäble 2016: 266. Selbst für spätere Zeiten lässt sich sagen: „In den Tanztraktaten des 16. Jahrhunderts und der Tanzgeschichtsschreibung ab dem 17. Jahrhundert wurde immer wieder darauf verwiesen, dass die Befürworter den Tanz als Sinnbild des Sternenreigens und damit als Verehrung der göttlichen Allmacht und Harmonie ansahen" (Knäble 2016: 263).

38 Vgl. Rohmann 2013: 215.

39 Vgl. Bertaud 1957: 23.

40 *1 Clem.* 20,3 (dt. Übers.: Gerhard Schneider, Fontes Christiani 15, Freiburg/Br.: Herder 1994, 115).

41 Lona 1998: 254f.

Epheser über den Stern Christi, den Stern von Weihnachten: „Ein Stern erstrahlte am Himmel heller als alle Sterne […]. Alle übrigen Sterne aber zusammen mit Sonne und Mond umgaben den Stern im Chor (χορός)“[42].

Für den *Hirt des Hermas*, ein von einem unbekannten Christen namens Hermas um 150 n.Chr. in Rom verfasstes Allegorienbuch, ist das Tanzen Teil des himmlischen Glücks. Während er am Bau des Turms, einer Gestalt der Kirche, teilnahm, sah Hermas zwölf Jungfrauen, die in Leinentuniken gekleidet waren und Tugenden des Gottessohnes darstellten. „Die einen aber schritten im Reigen (ἐχόρευον), andere tanzten, andere sangen“[43]. Reigen und Zärtlichkeiten verjüngen Hermas, so dass auch er beim Tanzen aktiv wird. Er gibt den Jungfrauen Namen von Tugenden und fügt hinzu, dass jeder, der diese Namen und die des Gottessohnes trägt, das heißt, der diese Tugenden praktiziert und die Taufe empfangen hat, in das Reich Gottes eintreten kann.[44]

Clemens von Alexandria (um 140/150–220) liefert als einer der Ersten den Beleg dafür, wie neuplatonische Vorstellungen vom Sphärenreigen in christliche Glaubensvorstellungen integriert wurden und damit auch der Tanz im Gebet Aufnahme fand. Er schreibt über

> […] die Töchter Gottes, die schönen Lämmer, die die heiligen Weihen des Logos verkünden und einen nüchternen Chorreigen versammeln. Den Chorreigen bilden die Gerechten; das Lied, das sie singen, ist der Preis des Königs der Welt. Die Mädchen schlagen die Saiten der Leier, Engel verkünden den Ruhm, Propheten reden, Klang von Musik erschallt; in raschem Laufe schließen sie sich dem Festzuge an; es eilen die Berufenen, voll Sehnsucht, den Vater zu empfangen. […] O wie wahrhaft heilig sind die Mysterien, o wie lauter das Licht! Von Fackellicht werde ich umleuchtet, damit ich den Himmel und Gott schauen kann; ich werde heilig dadurch, daß ich in die Mysterien eingeweiht werde; der Herr enthüllt die heiligen Zeichen [er ist Hierophantes] und drückt dem Eingeweihten durch die Erleuchtung sein Siegel auf und übergibt den, der gläubig geworden ist, der Fürsorge des Vaters, damit er für die Ewigkeit bewahrt werde. – Dies sind die Bakchosfeste meiner Mysterien; wenn du willst, so lasse auch du dich einweihen! Und mit den Engeln wirst du den Reigen um den „ungeschaffenen und unvergänglichen“ (Plat. *Tim.* 52a) und wahrhaft einzigen Gott tanzen, wobei der Logos

---

42 Ign. *Eph.* 19,2 (dt. Übers.: Andreas Lindemann/Henning Paulsen [Hg.], Die Apostolischen Väter, Tübingen: J.C.B. Mohr [Paul Siebeck] 1992, 189).

43 Herm. *sim.* 9,11,5 (dt. Übers.: Lindemann/Paulsen 503).

44 Vgl. Herm. *sim.* 9,15,2.

> Gottes in unsere Loblieder miteinstimmt. Dieser ewige Jesus, der eine Hohepriester des einen Gottes, der zugleich auch Vater ist, bittet für die Menschen und ruft ihnen zu: „Hört es, unzählige Scharen!", vielmehr ihr Menschen alle, soweit ihr verständig seid, Barbaren sowohl als Griechen; das ganze Geschlecht der Menschen rufe ich, deren Schöpfer ich bin durch den Willen des Vaters.[45]

Clemens erläutert also die Initiation in die Geheimnisse des Logos, indem er die Idee eines Tanzchores hervorruft. Gedacht ist dabei an eine nur nüchterne Trunkenheit (*sobria ebrietas*), es geschieht mystische Verinnerlichung statt rauschhafter Orgiastik.[46] Neben diesem symbolischen Tanz führt ein weiterer Text von Clemens aus:

> Dementsprechend bestehen seine [des Gnostikers] Opfer in Gebeten und Lobpreisungen und dem Lesen der Heiligen Schrift vor der Mahlzeit, in Psalmen und Gesängen während der Mahlzeit und vor dem Schlafengehen, aber auch nachts wieder in Gebeten. Dadurch vereinigt er sich mit dem „göttlichen Reigen" (Plat. *Phaidr.* 247a), dem er infolge seines ununterbrochenen Gedenkens eingegliedert ist zu dem unvergeßlichen Schauen.[47]

Beim Gebet geschieht Vereinigung mit dem von Platon entlehnten „göttlichen Reigen". An anderer Stelle bezeichnet Clemens Christus als Chorführer, ein Bild, in dem die Gemeinde den tanzenden Chor darstellt.[48]

Origenes (gestorben ca. 254) schreibt über das Ende der Prophetie bei den Juden, welches mit dem Tod Johannes' des Täufers gekommen sei:

> Ich meine aber, daß die Bewegungen des Volkes der Juden, die scheinbar dem Gesetz entsprechen, bis heute nichts anderes darstellen als die der Tochter Herodias. Der Tanz der Herodias war aber entgegengesetzt dem heiligen Tanz, für dessen Unterlassung man getadelt wird mit den Worten: „Wir haben euch aufgespielt, und ihr habt nicht getanzt" (*Mt* 11,17; *Lk* 7,32). Und am

---

45 Clem. Al. *protr.* 12,119,1–120,2 (Claude Mondésert, Sources Chrétiennes 2, Paris: Les Éditions du Cerf ³1976, 189f.): […] χορὸν ἀγείρουσαι σώφρονα. ὁ χορὸς οἱ δίκαιοι, τὸ ᾆσμα ὕμνος ἐστὶ τοῦ πάντων βασιλέως· […] ταῦτα τῶν ἐμῶν μυστηρίων τὰ βακχεύματα· εἰ βούλει, καὶ σὺ μυοῦ, καὶ χορεύσεις μετ'ἀγγέλων ἀμφὶ τὸν ἀγέννητον καὶ ἀνώλεθρον καὶ μόνον ὄντως θεόν, συνυμνοῦντος ἡμῖν τοῦ θεοῦ λόγου. […] (dt. Übers.: Otto Stählin, Bibliothek der Kirchenväter, Kempten; München: Kösel 1934, 195f.).

46 Vgl. Rohmann 2013: 122.

47 Clem. Al. *strom.* 7,7 (dt. Übers.: Otto Stählin, BKV, München: Kösel 1938, 55).

48 Vgl. Clem. Al. *strom.* 5,1,7.

> Geburtstag des gesetzwidrigen Wortes, das über sie herrscht, tanzen sie, sodaß ihre Bewegungen jenem Wort gefallen.[49]

Origenes spricht also vom Bekenntnis zu Christus als einem „heiligen Tanz", der zu absolvieren sei, wenn man nicht nur scheinbar dem Gesetz entsprechen wolle.

Die Johannesakten[50] zeigen sich von gnostischen Lehren beeinflusst; besonders der „Hymnus Christi" (*Act. Joh.* 94–96) gehört zu den älteren, gnostisch geprägten Abschnitten.[51] Der früheste Hinweis auf die Johannesakten stammt vom Ende des 3. Jahrhunderts. Sie enthalten Anspielungen auf einen rituellen Tanz, der eine geheimnisvolle Interpretation der Sendung und des Leidens Christi bedeutet, eine Form der „Erbarmung" Christi.[52] Erzählt wird von einem Kreistanz Christi mit den Aposteln, zum Abschluss des Abendmahls und unmittelbar vor dem Gang zum Ölberg:

> Bevor er von den gesetzeswidrigen Juden, denen ihr Gesetz von einer gesetzeswidrigen Schlange gegeben ist, ergriffen wurde, versammelte er uns alle und sprach: „Bevor ich jenen preisgegeben werde, wollen wir dem Vater lobsingen und dann hinausgehen zu dem, was bevorsteht." Er befahl uns nun, einen Kreis zu bilden, indem wir einander bei den Händen hielten, trat selber in die Mitte und sagte: „Respondiert mir mit Amen!" Er begann also einen Hymnus zu singen und zu sagen: „Ehre sei dir, Vater!" Und wir bildeten einen Kreis und respondierten ihm mit Amen. „Ehre sei dir, Logos! Ehre sei dir, Gnade!" – „Amen." [...] Die Gnade tanzt. „Flöten will ich, tanzet alle." – „Amen." [...] „(Die) eine Achtheit lobsingt mit uns." – „Amen." „Die zwölfte Zahl tanzt in der Höhe." – „Amen." „Dem All kommt es zu, in der Höhe zu tanzen." – „Amen." „Wer nicht tanzt, erkennt nicht, was sich begibt." – „Amen." [...] „Wenn du aber Folge leistest meinem Reigen, sieh dich selbst in mir dem Redenden, und wenn du gesehen hast, was ich tue, schweige über meine Mysterien. Der du tanzt, erkenne, was ich tue, weil dein ist dieses Leiden des Menschen, das leiden muß. Du könntest nämlich überhaupt nicht er-

49 Orig. *comm. in Mt.* 10,22 (PG 13,893b; dt. Übers.: Hermann J. Vogt, Bibliothek der griechischen Literatur 18, Stuttgart: Hiersemann 1983, 90).

50 Vgl. hierzu auch Leutzsch 2017: 144–146. Außerdem Leutzsch 2008: 109–11.

51 Die historische Bedeutung dieses Textes wird infrage gestellt von Hellsten 2016: 58. – Der von Laura Hellsten (59) ebenfalls beleuchtete Abschnitt aus Phil. *bios. theor.* über die „Therapeuten", die mit Gesang und Tanz des Auszugs aus Ägypten gedenken, der allegorisch für ihre geistliche Befreiung aus der körperlichen Knechtschaft steht, findet in diesem Artikel keine weitere Beachtung. Eus. *hist. eccl.* 2,17 identifiziert diese Gruppe später mit Christen.

52 *Act. Joh.* 103.

> kennen, was du leidest, wenn ich dir nicht als Logos vom Vater gesandt wäre. […]" „Was mich betrifft, wenn du erkennen willst, was ich war: […] Ich hüpfte; du aber begreife das Ganze, und wenn du es begriffen hast, sage: Ehre sei dir, Vater!" – „Amen".[53]

Christus erleidet in den Johannesakten den Kreuzestod nicht und spricht während der Kreuzigung zu Johannes: „Nichts von dem also, was sie über mich sagen werden, habe ich gelitten; aber auch jenes Leiden, das ich tanzend dir und den Übrigen gezeigt habe, will ich ein Mysterium genannt wissen."[54] Es geht darum, in einen Tanz einzutreten, in die Gemeinschaft des Reigens einzugehen. Christus setzt einen kosmischen Reigen als Mysterium ein;[55] dieser wird in der Forschung auch mit der Fußwaschung im Johannesevangelium (*Joh* 13) verglichen.[56] „Dem Tanz und Gesang der Jünger korrespondiert der Tanz und Gesang überirdischer Sphären, und dadurch wird ein Zugang zur transzendenten Welt eröffnet. Die Teilnahme an diesem Tanz – und nur sie – ermöglicht Erkenntnis."[57]

Die Thomasakten, die wahrscheinlich zu Beginn des 3. Jahrhunderts geschrieben wurden und ebenfalls von der Gnosis geprägt sind, machen auf eine weitere Hymne, ein Hochzeitslied, aufmerksam, das durch die redaktionelle Einfügung auf die Ehe Christi und der Kirche übertragen wird:

> Ihre (Brautführer) halten sie [Mädchen, Tochter des Lichtes] umschlossen, sieben an der Zahl, die sie [Tochter des Lichtes] selbst hat; ihre Brautführerinnen sind sieben, die vor ihr Reigen tanzen. Zwölf sind es an der Zahl, die vor ihr dienen und ihr unterstellt sind. Ihren Blick richten sie gespannt auf den Bräutigam, damit sie durch seinen Anblick erleuchtet werden und ewig bei ihm seien zu jener ewigen Freude und bei jener Hochzeit seien, zu der sich die Vornehmen versammeln, und bei dem Mahle weilen, dessen die Ewigen gewürdigt werden.[58]

---

53 *Act. Joh.* 94–96 (dt. Übers.: Knut Schäferdiek, „Johannesakten", in: Wilhelm Schneemelcher [Hg.], *Neutestamentliche Apokryphen II. Apostolisches, Apokalypsen und Verwandtes*, Tübingen: J.C.B. Mohr [Paul Siebeck] ^{6}1997, 165–168).

54 *Act. Joh.* 101 (dt. Übers.: Schäferdiek 170).

55 Vgl. Rohmann 2013: 457.

56 Vgl. McGowan 2014: 129.

57 Leutzsch 2017: 145.

58 *Act. Thom.* 7 (dt. Übers.: Han J.W. Drijvers, „Thomasakten", in: Wilhelm Schneemelcher [Hg.], *Neutestamentliche Apokryphen II. Apostolisches, Apokalypsen und Verwandtes*, Tübingen: J.C.B. Mohr [Paul Siebeck] ^{6}1997, 306).

Vor der Tochter des Lichtes tanzen die sieben Brautführerinnen einen Reigen. Über die Deutungen der in diesen Texten verwendeten Zahlen, die in der valentinianischen Gnosis Entsprechungen haben, gehen die Meinungen auseinander.[59]

In einem Martyrium des Andreas, von gnostischen Ideen durchdrungen, spricht der am Kreuz hängende Apostel folgendes Gebet: „Befreie meinen Körper, damit meine Seele, die mit den Engeln tanzt, dich loben kann“[60]. Die Engel und die Seelen der Erwählten tanzen und preisen Gott.

CHRISTLICHE SCHRIFTEN DES 4. JAHRHUNDERTS

Die griechischsprachige Kirche führt die Idee des kosmischen Reigens recht rasch weiter.[61] Im Westen hingegen wurde der Tanz im 3. und 4. Jahrhundert sowohl von nichtchristlichen als auch von christlichen Autoren kritisiert.[62] Zudem kam in der Westkirche gegen das im Osten prominente Bild des Engelreigens Kritik auf, denn die tanzenden Heerscharen ähnelten angeblich dem Gefolge der alten Götter und gerieten deshalb in den Verdacht, Teil einer heidnischen Restauration zu sein.[63]

Mit Ausbreitung der Kirche im Verlauf des 4. Jahrhunderts ließ die Kritik nach, und der kosmische Tanz fand seine Entsprechung im Engelschor, der Gott mit Musik und Tanz preist.[64] Nachdem der kosmische Tanz in Abgrenzung zum profanen Tanz seinen Einzug in die christliche Lehre gefunden hatte, entstand das Bild, „dass die Kirche selbst ein spiritueller Reigen um den Höchsten sei“[65].

Methodius von Olympus (gestorben wahrscheinlich 311) beschreibt den himmlischen Tanz in seinem „Festmahl“ der zehn Jungfrauen. Er lässt eine von ihnen, Agathe, sagen:

> Anvertraut werde ich dem Logos, und als Mitgift nehme ich den immergrünen Kranz der Unvergänglichkeit und den Reichtum des Vaters, und in den

59 Vgl. Leutzsch 2017: 145. Außerdem z.B. Backman 1952: 15f.; Rohmann 2013: 457f.

60 Vgl. Wetter 1922: 270. Außerdem Backman 1952: 17.

61 Vgl. Meyer-Baer 1970: 36.

62 Vgl. Andresen 1974: 371–373.

63 Vgl. Meyer-Baer 1970: 37f.

64 Vgl. Knäble 2016: 267.

65 Rohmann 2013: 126.

> Ewigkeiten hält sie, geschmückt mit dem Kranz, den Triumphzug, die glänzenden und immerblühenden Blumen der Weisheit. Ich schreite im himmlischen Chor [συγχορεύω] mit Christus, dem Richtenden, um den König, der weder Anfang noch Ende kennt.[66]

Diese kürzeste Rede des Symposiums interpretiert das Gleichnis von den klugen und den törichten Jungfrauen (*Mt* 25,1–13). Es wird in Aussicht gestellt, dass die Jungfrauen nach der Auferstehung Christus im himmlischen Reigen folgen.

In der Kirchengeschichte des Eusebius von Caesarea (ca. 264/265–339/340) erfährt man von Christen, die nach Konstantins Sieg „mit Reigen und Lobgesängen (χορεῖαι … καὶ ὕμνοι) in den Städten und auf dem Land vor allem Gott, den souveränen König, ehrten, wie sie es gelernt hatten, und dann den frommen Kaiser mit seinen gottgeliebten Söhnen"[67]. Der Tanz gilt in erster Linie Gott, dann dem christenfreundlichen Herrscher.

Ein Traktat über die Jungfräulichkeit, der dem heiligen Athanasius zugeschrieben wird und bis in die Mitte des 4. Jahrhunderts zurückreichen kann, formuliert verheißungsvoll:

> Selig ist, der die ganze Zeit gefastet hat; denn er wird oben in Jerusalem wohnen, mit den Engeln tanzen [μετὰ ἀγγέλων χορεύσει] und bei den heiligen Propheten und Aposteln ruhen. Das ist es, was ich dir geschrieben habe, geliebte Schwester, Tänzerin Christi [χορεύτρια Χριστοῦ], für die Stärkung und den Nutzen deiner Seele.[68]

Bei vielen christlichen Autoren dieser Zeit findet sich der Lobpreis auf den Engelsreigen. Basilius von Caesarea (ca. 329/330–378/379) beschreibt den ewigen Reigen mit den Engeln und Heiligen im Himmel als Lohn für das irdische Leben. Der in Aussicht gestellte paradiesische Tanz verfügt über eine Entsprechung auf Erden, wie er in einem Brief an Gregor von Nazianz durch eine rhetorische Frage verdeutlicht: „Was gibt es denn Glückselige-

66 Methodius von Olympus, *Symp.* 6,5 (PG 18,120c; dt. Übers.: Janina Johanna Sieber, *Symposium des Methodius von Olympus*, Diss. online 2017 [URL: https://edoc.ub.uni-muenchen.de/22522/1/Sieber_Janina.pdf (letzter Zugriff am 27. August 2019), 230].

67 Eus. *hist. eccl.* 10,9,7 (Sources Chrétiennes 55,120,7; dt. Übers.: N. B.). Vgl. Eus. *vita Const.* 2,19,3 (dt. Übers.: Horst Schneider, Fontes Christiani 83, Turnhout: Brepols 2007, 249): „Mit Chören und Hymnen [χοροὶ … καὶ ὕμνοι] priesen sie den allmächtigen Gott".

68 Athan. *virginit.* 24f. (PG 28,281a; dt. Übers.: N. B.).

res, als den Chor der Engel auf Erden nachzuahmen?"[69] Wer den Tagesablauf eines Asketen gewählt hat, ist Teil dieses Chors, streicht Basilius heraus. In einem Brief erinnert er gegenüber einer Jungfrau an das Beispiel ihrer Mutter und ihrer Schwester: „Erinnere dich an all das, an den Engelschor [ἀγγελικῆς … χορείας], der Gott mit ihnen umgab, an ihr geistliches Leben im Fleisch und an ihr himmlisches Bürgersein auf Erden."[70]

An anderer Stelle bezeichnet er Christus als Urheber des Lebens und Reigenführer (χορηγός).[71] Zudem schreibt er über die vom Heiligen Geist Erleuchteten:

> Wie helle und durchscheinende Körper unter einfallendem Strahl selbst zu leuchten beginnen und aus sich heraus ein eigenes Licht werfen, so strahlen die geisttragenden Seelen, die vom Heiligen Geist Erleuchteten, die jetzt selbst geistlich geworden sind, diese Gnade nun auch auf andere Menschen aus. Von daher kommt die Vorausschau des Zukünftigen, das Begreifen der Geheimnisse, das Erfassen des Verborgenen, die Austeilung der Gnadengaben, der Wandel im Himmel, der Reigentanz mit den Engeln [ἡ μετὰ ἀγγέλων χορεία], die unendliche Freude, das Bleiben in Gott, die Verähnlichung mit Gott und das höchste alles Erstrebbaren: selber Gott zu werden.[72]

Die Verähnlichung mit Gott etwa, von der die Rede ist, lässt an Platon oder Plotin denken.[73] Es ist gut möglich, dass der von Basilius beschriebene Engelsreigen die harmonische χορεία Platons zum Vorbild hat.

Gregor von Nazianz (ca. 329/330–390) bezieht sich ebenfalls auf die himmlischen Tänze:

> Mit Christus müssen wir siegen und mit den Märtyrern kämpfen, dann hören wir jene gewaltige Stimme: „Kommt her zu mir, ihr Gesegneten meines Vaters, nehmt das Reich in Besitz, das als Erbe für euch bestimmt ist" (*Mt* 25,34), wo das Haus aller ist, die Grund zur Freude haben und den unvergänglichen Reigen tanzen [χορευόντων χορείαν τὴν ἀκατάλυτον]; wo wir den Lärm der Feiernden hören und die Stimme des Jubels, wo die Erleuch-

69 Bas. *epist.* 2,2 (Courtonne: Les Belles Lettres 2003, 7,44–46; dt. Übers.: N. B.): Τί οὖν μακαριώτερον τοῦ τὴν ἀγγέλων χορείαν ἐν γῇ μιμεῖσθαι·

70 Bas. *epist.* 46,2 (Courtonne: Les Belles Lettres 2003, 118,23–26; dt. Übers.: N. B.).

71 Bas. *spir.* 5,7.

72 Bas. *spir.* 9,23 (dt. Übers.: Hermann Josef Sieben, Fontes Christiani 12, Freiburg/Br.: Herder 1993, 141–143).

73 Vgl. Plat. *Tht.* 176b; *rep.* 613b; Plot. *enn.* 1,2,3,21.

> tung der Gottheit viel vollkommener und reiner ist, während wir sie jetzt nur in Schatten und Rätseln genießen.[74]

Er beschreibt an anderer Stelle[75] die von Tänzen begleiteten Feste, die Theodosius' Ankunft in Konstantinopel im Jahr 380 begrüßten:

> Man hört kein Kriegsgeschrei mehr, sondern Feste, Freude und friedliche Fröhlichkeit umtanzen die ganze Stadt [τὴν πόλιν πᾶσαν περιχορεύουσι]. [...] Recht so, ihr Märtyrer! Das ist euer Kampf gewesen, und nur ihr habt diesen langen Krieg gewonnen, das weiß ich gut. [...] Ihr habt diejenigen, die dem Heiligen Geist singen und tanzen [τοὺς χορευτὰς], dieser Versammlung vorangestellt.[76]

Für Gregor muss der Tanz von Tugend begleitet sein:

> Nur davor sollen wir uns fürchten: etwas mehr zu fürchten als Gott, als die Entehrung seines Bildes durch die Schlechtigkeit. [...] Wenn wir so zusammenkamen und hierher eilten, dann feiern wir tatsächlich mit Christus, dann taten und tun wir den Zeugen wahrhaftige Ehre, dann tanzen wir wirklich zum Fest unsres Sieges [ὄντως χορεύομεν ἐπινίκια].[77]

Auch auf die mystische Bedeutung des Tanzes kommt er zu sprechen:

> Wenn du unbedingt tanzen [ὀρχήσασθαι] musst, da du auf Fest und Feier nicht verzichten kannst, dann tanz [ὄρχησαι], aber nicht den Tanz [τὴν ... ὄρχησιν] der unanständigen Herodias, deren Werk der Tod des Täufers war [vgl. *Mt* 14] sondern den des David während der Ruhepause der Lade [vgl. *2 Sam* 6,5.14] den ich für ein Symbol der leicht beweglichen und biegsamen Reise zu Gott halte.[78]

Gregor zeigt sich hier tolerant, vielleicht auch gerade gegenüber erst neu bekehrten Christen, wirbt aber gleichzeitig um Mäßigung.

Schließlich findet sich eine Ermahnung anlässlich des Geburtsfestes Jesu Christi, der Theophanie. Dieser Text schließt eine wörtliche Bedeutung vielleicht nicht aus, dürfte aber eher geistlich gemeint sein: „Lauf nun mit dem Stern um die Wette [vgl. *Mt* 2,2]. [...] Singe dem Herrn mit den

---

74 Greg. Naz. *or.* 24,19 (Sources Chrétiennes 284,82,5–13; dt. Übers.: N. B.).

75 Allerdings ist die Gregor von Nazianz zugeschriebene *or.* 35 vermutlich nicht authentisch, vgl. etwa Claudio Moreschini, „Introduction", in: Sources Chrétiennes 318, Paris: Les Éditions du Cerf 1985, 38f.

76 Greg. Naz. *or.* 35,1 (Sources Chrétiennes 318,228,11–230,22, dt. Übers.: N. B.).

77 Greg. Naz. *or.* 11,5 (Sources Chrétiennes 405,338,5,9–340,5,16; dt. Übers.: N. B.).

78 Greg. Naz. *or.* 5,35 (Sources Chrétiennes 309,368,34–39; dt. Übers.: N. B.).

Engeln Hymnen [vgl. *Lk* 2,13f.], tanze mit den Erzengeln Reigen [μετὰ ἀρχαγγέλων χόρευσον]. Es soll ein gemeinsames Fest der himmlischen und irdischen Mächte sein.“[79] Am Weihnachtsfest solle man vor Freude hüpfen (προσκίρτησον) – wenn schon nicht wie Johannes der Täufer im Leib seiner Mutter, so doch wenigstens wie David vor der Bundeslade.[80]

Gregor von Nyssa (ca 335/340–394) geht in einer Ansprache auf die Märtyrer von Sebaste „als Chor von bewaffneten Tänzern [ἐνόπλιόν τινα χοροστασίαν], die für Gott in der Armee tanzen [τῷ Θεῷ χορεύοντας]“[81], ein. Mit Bezug auf *Kohelet* 3,4, dass es „eine Zeit für die Klage und eine Zeit für den Tanz“ gebe, was dessen Freudengehalt deutlich akzentuiert, formuliert er:

> Tanz [ὄρχησις] bedeutet große Freude, wie wir gleichermaßen im Evangelium gelernt haben [*Mt* 11,17; *Lk* 7,32] […]. Die Geschichte besagt, dass […] David getanzt hat [ὀρχήσασθαι], während er die Arche feierlich begleitete, als er sie aus der Fremde zurückbrachte […]. Er bewegte seine Füße rhythmisch, und durch die rhythmische Bewegung des Körpers zeigte er seine innere Ausrichtung. […] Es gibt viele Ursachen zur Klage in diesem Leben, aber sie bereiten für die Seele einen harmonischen Tanz [ἐναρμόνιον ὄρχησιν]. Denn je mehr das Leben durch Traurigkeit niedergedrückt wird, desto mehr Gelegenheiten zur Freude sammeln sich für die Seele.[82]

Von allen Vätern ist Ambrosius (ca. 333/334–397) wohl derjenige, der am häufigsten und deutlichsten über religiösen Tanz gesprochen hat. Er hält ihn für gerechtfertigt: „Auch der körperliche Tanz [*corporis saltatio*] zu Ehren Gottes gilt als lobenswert; denn David tanzte [*saltauit Dauid*] vor der Lade des Herrn“[83]. Wie soll er ausgeführt werden? „David tanzte [*saltauit*] vor der Lade des Herrn nicht zur Ausschweifung, sondern aus Glaube. Das meint also nicht den Sprung eines Körpers [*saltus corporis*], der sich theatralisch bewegt, sondern die unermüdliche Beweglichkeit des Geistes und die gläubige des Körpers“[84]. In diesem Sinn zeigt religiöser Tanz also geistige und geistliche Vitalität. An die Ehrenhaftigkeit eines Tanzes stellt Ambrosius Bedingungen: „Die geoffenbarten Geheimnisse der Auferstehung und im

---

79 Greg. Naz. *or*. 38,17 (Sources Chrétiennes 358,144,13–18; dt. Übers.: N. B.).

80 Ebenfalls Greg. Naz. *or*. 38,17.

81 Greg. Nyss. *mart*. 2 (Gregorii Nysseni Opera 10; PG 46,760c).

82 Greg. Nyss. *hom. in Eccl.* 6,4 (Gregorii Nysseni Opera 5,388f.; dt. Übers.: N. B.).

83 Ambr. *in Ps*. 118,7,27 (CSEL ^{2}62 [1999] 143,4f.; dt. Übers.: N. B.).

84 Ambr. *in Lc*. 6,5 (Sources Chrétiennes 45,229f.; dt. Übers.: N. B.).

Tanz [*saltationis*] vollbrachte Schamlosigkeit stimmen nicht überein […]. Ehrenwert ist der Tanz [*saltatio*], durch den die Seele jubelt [*tripudiat*]"[85]. Ambrosius fasst seine Vorstellung von geistlichem Tanz noch genauer und formuliert im Anschluss an die Bibelstelle *Lk* 7,32:

> Die Rede ist banal, aber nicht ihre geheimnisvolle Bedeutung. Deshalb müssen wir darauf achten, dass jemand, der von einer oberflächlichen Interpretation dieses Wortes getäuscht wird, nicht denkt, dass uns die grotesken Verzerrungen eines schlüpfrigen Tanzes [*saltationis*] und die Albernheiten des Theaters auferlegt werden; das ist auch im Jugendalter schlecht. Aber er [Jesus] hat jenen Tanz [*saltationem*] aufgetragen, den David vor der Arche des Herrn tanzte [*saltauit*; *2 Sam* 6,12–23]. Alles, was mit Glauben zu tun hat, ist angemessen; wir müssen uns dessen nicht schämen, was zur Verehrung und Ehre Christi beiträgt. Es geht also nicht um den Tanz [*saltatio*] als Begleiter des Vergnügens oder der Lust, sondern um den, mit dem jeder einen unverdrossenen Körper aufrichtet, ohne dass faule Glieder auf dem Boden ruhen oder in einem schleppenden Gang einschlafen können. Paulus tanzte geistlich [*saltabat spiritaliter*], als er sich für uns ausstreckte, die Vergangenheit vergaß, aber die Zukunft begehrte und nach dem Preis Christi strebte [*Phil* 3,13f.] Auch du, wenn du zur Taufe kommst, wirst ermahnt, die Hände zu heben und schneller die Füße zu bewegen, um zu den ewigen Gütern aufzusteigen. Dieser Tanz [*saltatio*] ist Mitarbeiter des Glaubens, Begleiter der Gnade.[86]

Der Wille, körperlichen und geistlichen Tanz zu vereinen, findet sich in einem Brief an Sabinus, den Bischof von Piacenza (381–420):

> Zu Ezechiel wurde gesagt: Klatsche mit deiner Hand und stampf mit dem Fuß [*Ez* 6,11]. Was jedoch unter körperlichem Aspekt beschämend erscheint, ist im Hinblick auf die heilige Religion zu respektieren, und diejenigen, die das missbilligen, ziehen ihre Seelen in die Fallen der Schuld […]. Es ist dieser herrliche Tanz des Weisen, den David getanzt hat; und deshalb ist er durch die Erhabenheit seines geistlichen Tanzes zum Thron Christi aufgestiegen, um zu sehen und zu hören, wie der Herr zu seinem Herrn sagt: Setze dich zu meiner Rechten [*Ps* 110,1].[87]

85 Ambr. *in Lc.* 6,8 (Sources Chrétiennes 45,230f.; dt. Übers.: N. B.).

86 Ambr. *paenit.* 2,6 (Sources Chrétiennes 179,160,22–162,39; dt. Übers.: N. B.).

87 Ambr. *epist.* 27,5–8 (CSEL) = 58,5–8 (PL 16,1179b–1180b; dt. Übers.: N. B.): „[…] haec gloriosa sapientis saltatio, quam saltauit Dauid; et ideo usque ad sedem Christi sublimitate spiritalis saltationis ascendit, ut uideret atque audiret ‚dicentem dominum domino suo: Sede a dextris meis'."

Auch Johannes Chrysostomus (ca. 349–407) äußert sich wiederholt zum Tanz. Zunächst sei eine Stelle angeführt, die die Tanzkritik in frühchristlichen Schriften verdeutlicht:

> [D]er Teufel half ihr [der Tochter der Herodias, vgl. *Mk* 6,17–28; *Mt* 14,3–11] ja mit dazu, durch ihren Tanz [ὀρχουμένην] das Wohlgefallen zu erregen und so den Herodes zu fangen. Wo eben ein Tanz [ὄρχησις] ist, da ist auch der Teufel dabei. Nicht zum Tanz hat uns ja Gott die Füße gegeben, sondern damit wir auf dem rechten Wege wandeln; nicht damit wir ausgelassen seien, nicht damit wir Sprünge machen wie Kamele, sondern damit wir mit den Engeln den Chorreigen bilden [σὺν ἀγγέλοις χορεύωμεν]. Wenn schon der Leib bei solcher Ausschweifung besudelt wird, um wieviel mehr noch die Seele?[88]

Dem vom Satan eingegebenen, auf weltliches Wohlgefallen gerichteten Tanz steht also die Verheißung der Teilhabe am jenseitigen Reigen der Engel gegenüber. Und dennoch spricht auch Johannes Chrysostomus im Blick auf christliche Feste positiv von irdischen Reigentänzen:

> Ihr habt in diesen vergangenen Tagen an den heiligen Blutzeugen eure Freude gehabt; ihr seid von diesem geistlichen Feste erfüllt worden; ihr habt heilige Tänze getanzt [ἐσκιρτήσατε τὰ καλὰ σκιρτήματα] [...]; ihr jauchztet in einem herrlichen Chore [ἐχορεύσατε χορείαν καλὴν], während euch jener herrliche Führer [wohl Bischof Flavian] durch alle Theile der Stadt herumführte.[89]

Den möglicherweise mit paganen Gesängen verbundenen Tanz lehnt Chrysostomus ab, wohingegen er etwa „anständige" (καλός) „heilige Tänze" zu Ehren von Märtyrern gutheißt.

ENTWICKLUNG VON KOSMISCHER NACHAHMUNG IN RICHTUNG NEUTRALER PERFORMANZ

Die angeführten frühchristlichen Textausschnitte verdeutlichen, dass die Tanzthematik vom 2. bis zum 4. Jahrhundert von den christlichen Autoren unterschiedlich, insgesamt aber recht positiv wahrgenommen wurde. Sehr frühe Schriften sind offensichtlich vom platonisch-kosmischen Reigen be-

---

88 Joh. Chrys. *comm. in Mt.* 48,3 (PG 58,491; dt. Übers.: Johannes Chrysostomus Baur, Bibliothek der Kirchenväter, München: Kösel 1915, 72).

89 Joh. Chrys. *hom.* 19,1 (Patrologia Graeca 49,187; dt. Übers.: Johannes Chrysostomus Mitterrutzner, Bibliothek der Kirchenväter, Kempten: Kösel 1874, 368).

einflusst. Daneben erweist sich die Bibel mit ihren ambivalenten Tanzerwähnungen als Quelle, die der Einordnung und Beurteilung von Tanzhandlungen dient.

Christliche Vorstellungen vom himmlischen Paradies sind häufig mit dem Reigentanz verbunden, bei dem man sich als Lohn für das irdische Leben vielleicht in den Engelsreigen einfügt, teilweise von Christus angeführt. Auch irdische Reigentänze zur Ehre Gottes werden erwähnt, die in einigen Fällen den himmlischen Reigen nachahmen sollen. Solche Tänze können ebenso dem christlichen Herrscher gelten. Der alttestamentliche Tanz Davids vor der Bundeslade ist positives Vorbild eines gläubig-religiösen Tanzes. Ambrosius betont, dass ein derartiger Tanz geistige und geistliche Beweglichkeit ausdrücke. Gerechtfertigt ist, was der Verehrung Gottes dient. Abgelehnt wird demgegenüber der rein der Unterhaltung dienende, vielleicht auch laszive Tanz, der häufig mit dem biblischen Tanz der Tochter der Herodias vor Herodes in Zusammenhang gebracht wird.

Ein Blick auf Texte des 5. Jahrhunderts könnte eine weitere Zurückdrängung der kosmischen Mimesis verdeutlichen, die sich in Quellen des 4. Jahrhunderts bereits abzeichnet. Sobald der Tanz auch innerchristlich nicht mehr als nachahmende Darstellung des kosmischen oder himmlischen Geschehens gilt, wird, wie Rohmann überzeugend ausführt, seine sakrale Bedeutung zurückgedrängt, zunehmend neutralisiert und „gleichgültig“[90]. Diese Entwicklung sorgt dann zugleich für eine kritischere Beurteilung des Tanzes durch christliche Schriften.

LITERATUR

Andresen, Carl: „Altchristliche Kritik am Tanz. Ein Ausschnitt aus dem Kampf der alten Kirche gegen heidnische Sitte“, in: *Zeitschrift für Kirchengeschichte* 72 (1961), 217–262.

Andresen, Carl: „Altchristliche Kritik am Tanz. Ein Ausschnitt aus dem Kampf der alten Kirche gegen heidnische Sitte“, in: Heinzgünter Frohnes; Uwe W. Knorr (Hg.), *Kirchengeschichte als Missionsgeschichte*, München: Kaiser 1974, 344–376.

Backman, Eugène Louis: *Religious Dances in the Church and in Popular Medicine*, London: George Allen and Unwin 1952.

90 Rohmann 2013: 225.

Berghaus, Günter: „Neoplatonic and Pythagorean Notions of World Harmony and Unity and Their Influence on Renaissance Dance Theory“, in: *Dance Research. The Journal of the Society for Dance Research* 10 (1992), 43–70.

Bertaud, Emile: „Danse religieuse“, in: *Dictionnaire de spiritualité* 3 (1957), 21–37.

Carter, Françoise Syson: „Celestial dance. A search for perfection“, in: *Dance Research. A Journal of the Society for Dance Research* 5 (1987), 3–17.

Diedrich, Friedrich: „Tanz II. Biblisch“, in: *Lexikon für Theologie und Kirche* [3]2000, 1258ff.

Dohmen, Christoph: *Exodus 1–18* (Herders Theologischer Kommentar zum Alten Testament), Freiburg/Br.: Herder 2015.

Ebach, Jürgen: „Der Tanz im Alten Testament“, in: Marion Keuchen; Matthias Lenz u.a. (Hg.), *Tanz und Religion*, Frankfurt/M.: Otto Lembeck 2008, 29–48.

Frohnes, Heinzgünter; Knorr, Uwe W.: *Kirchengeschichte als Missionsgeschichte*, München: Chr. Kaiser Verlag 1974.

Geiger, Michaela: „Mirjams Tanz am Schilfmeer als literarischer Schlüssel für das Frauen-Tanz-Motiv. Eine kanonische Lektüre“, in: Michaela Geiger; Rainer Kessler (Hg.), *Musik, Tanz und Gott* (Suttgarter Bibelstudien 207), Stuttgart: Verl. Kath. Bibelwerk 2007, 55–75.

Hellsten, Laura: „Dance in the Early Church. Sources and restrictions“, in: *Approaching Religion* 2 (2016), 55–66.

Keel, Othmar: „Davids‚Tanz‘ vor der Lade“, in: *Bibel und Kirche* 51 (1996), 11–14.

Knäble, Philip: *Eine tanzende Kirche. Initiation, Ritual und Liturgie im spätmittelalterlichen Frankreich*, Köln u.a.: Böhlau 2016.

Leutzsch, Martin: „Der tanzende Christus“, in: Marion Keuchen; Matthias Lenz u.a. (Hg.), *Tanz und Religion*, Frankfurt/M.: Otto Lembeck 2008, 101–143.

Leutzsch, Martin: „Christus als Tänzer. Stationen eines Motivs von der Antike bis heute“, in: *Eranos 2015 und 2016* (2017), 139–219.

Lona, Horacio E.: *Der erste Clemensbrief*, Göttingen: Vandenhock & Ruprecht 1998.

McGowan, Andrew B.: *Ancient Christian worship. Early Church Practices in social, historical, and theological perspective*, Grand Rapids/Michigan: Baker Academic 2014.

Meyer-Baer, Kathi: *Music of the Spheres and the Dance of Death. Studies in Musical Iconology*, Princeton: Princeton University Press 1970.

Miller, James: *Choreia. Visions of the Cosmic Dance in Western Literature from Plato to Jean de Meun*, Toronto: PhD Diss. University of Toronto 1979.

Miller, James: *Measures of Wisdom. The Cosmic Dance in Classical and Christian Antiquity*, Toronto: University of Toronto Press 1986.

Niehr, Herbert: „Gestirne, Gestirnsverehrung", in: *Lexikon für Theologie und Kirche* ³1993, 602f.

Petersen, Silke: „Salome. Die Tochter der Herodias tanzt und bekommt einen Namen", in: Marion Keuchen; Matthias Lenz u.a. (Hg.), *Tanz und Religion*, Frankfurt/M.: Otto Lembeck 2008, 49–79.

Pont, Graham: „Plato's Philosophy of Dance", in: Jennifer Neville (Hg.), *Dance, Spectacle, and the Body Politick 1250–1750*, Bloomington: Indiana University Press 2008, 267–281.

Rohmann, Gregor: *Tanzwut. Kosmos, Kirche und Mensch in der Bedeutungsgeschichte eines mittelalterlichen Krankheitskonzepts*, Göttingen: Vandenhoeck & Ruprecht 2013.

Vaux, Roland de: *Bible et Orient*, Paris: Les Éditions du Cerf 1967.

Wetter, Gillis P.: „La danse rituelle dans l'église ancienne", in: *Revue d'histoire et de littérature religieuses* 8 (1922), 254–275.

Zaminer, Frieder: „Chor", in: *Der neue Pauly*, Stuttgart: J. B. Metzler 1997, 1141–1144.

Zimmermann, Julia: *Teufelsreigen – Engelstänze. Kontinuität und Wandel in mittelalterlichen Tanzdarstellungen*, Frankfurt/M.: Peter Lang 2007.

Der glitzernde Klang der Hagia Sophia und das Fest der Kreuzerhöhung in Konstantinopel

Bissera V. Pentcheva[1]

Focus is on the cathedral chants – the *troparion* (a thematic hymn) *Sō̆son, Kýrie, tón laón sou* (Lord, save your people) and the *kontakion* (a sung poetic homily) *Ho hypsotheís en tōi Staurōi* (Lifted up on the Cross) – designed for the Feast of the Exaltation of the Cross on September 14, when Emperor Heraclius brought the relics for permanent safekeeping in the Byzantine capital in 628. In 2016 *Cappella Romana* in collaboration with *Icons of Sound* (the multi-disciplinary project on the acoustics and aesthetics of Hagia Sophia directed by myself and Jonathan Abel) reconstructed the music of these two hymns and sung them auralized live in the acoustics of the Great Church. Using this new evidence of the reconstructed and auralized chants, this essay analyzes the melodies and uncovers how their sonic design triggers specific acoustic effects in the interior of the Great Church which become vehicles expressing political ideology.

EINLEITUNG

Der Ursprung des Festes der Kreuzerhöhung, gefeiert am 14. September, liegt in Jerusalem. Es erinnert an zwei wichtige Ereignisse: die Entdeckung des Wahren Kreuzes im Jahr 326 n.Chr. durch Helena, Kaiserin des Heiligen Römischen Reiches (reg. 325–330); und die Einweihung des Altars in Golgotha (335).[2] Das Fest hatte zu Beginn außerhalb der Heiligen Stadt

1 Die deutsche Übersetzung des Textes einschließlich der Literaturzitate stammt von Isabella Schwaderer, Erfurt.

2 Vgl. Tongeren 2000: 2, 4, 27; Klein 2004: 19–47.

keine Anhänger.[3] Aufgrund verschiedener historischer Ereignisse und politischer Bestrebungen kam das Kirchenfest im 7. Jahrhundert nach Konstantinopel. Dies bedeutete einen wichtigen Wendepunkt in der Entwicklung des Festes.[4] Zu dieser Zeit befand sich Byzanz im Krieg mit Persien. Im Jahre 614 stellte Kaiser Herakleios (reg. 610–641) mit mehreren militärischen Siegen die byzantinische Kontrolle über Jerusalem wieder her und gewann das Wahre Kreuz zurück. Er brachte die Reliquie nach Konstantinopel, um seinen Triumph zu feiern. Danach ließ er sie schnell ins Heilige Land zurückbringen. Kurze Zeit später griffen die Perser abermals an und nahmen Jerusalem wieder ein. Erst nach langen Kämpfen gelang es Herakleios, die Stadt zurückzuerobern und 628 die Rückgabe des Wahren Kreuzes auszuhandeln. Infolgedessen beschloss er, die Reliquie zur Aufbewahrung nach Konstantinopel zu bringen, und so legte er den Grundstein für das Fest der Kreuzerhöhung, das auf Griechisch als *Hýpsosis* (*Ὕψωσις*) bekannt ist.[5] Dadurch wurde das Ritual endgültig in die Liturgie der Hagia Sophia aufgenommen. Den frühesten Hinweis auf die Kreuzerhöhung in Konstantinopel liefert das *Chronicon Paschale* aus dem 7. Jahrhundert, in dem die besondere Zeremonie der *Hýpsosis* erwähnt wird.[6] In der aktuellen Ausgabe des Textes ist dieser Verweis auf die Zeremonie mit dem Jahr 614 verbunden. Holger Klein hat jedoch nachgewiesen, dass die feierliche Einsetzung des Festes der Kreuzerhöhung in Konstantinopel auf das Jahr 628 zu datieren ist. Die Verwechslung des Datums ist dadurch zu erklären, dass die Folioblätter des *Chronicon Paschale* nicht in ihrer ursprünglichen Rei-

3 Frühe Quellen bringen das Fest ausschließlich mit Jerusalem in Verbindung. Vgl. Egeria, *Itinerarium*, 37, 2–3, in: Wilkinson 2006; lateinische Edition: *Itineraria et alia geographica*, hg. von Paul Geyer u.a., Corpus Christianorum, Series Latina, 175–176 (Turnhout, BE: Brepols 1965); Kyrill von Jersualem: *10. Katechese, Abschnitt 19*. Siehe auch Tongeren 2000: 58–59, 75–77.

4 Vgl. Bernardakis 1902: 197; Hallit 1972; Klein 2004: 32–47.

5 Vgl. Klein 2004: 32–47.

6 Καὶ τῇ ιδ' γορπιαίου, κατὰ Ῥωμαίους σεπτεμβρίου μηνός, τῆς τρίτης ἰνδικτιῶνος, ἐν τῇ τρίτῃ *ὑψώσει* ἀποδεθεὶς τῷ ζωοποιῷ σταυρῷ ὁ τίμιος σπόγγος καὶ αὐτὸς συνυψοῦται αὐτῷ ἐν τῇ ἁγιωτάτῃ μεγάλῃ ἐκκλησίᾳ, πεμφθεὶς παρὰ Νικήτα πατρικίου, aus: *Chronicon Paschale*, hg. von Ludwig August Dindorf (Bonn: Weber 1832), 705. („Am 14. des Monats Gorpiaios oder nach dem römischen Kalender im September, in der dritten Indiktion, wird bei der dritten Erhebung der Heilige Schwamm an das lebensspendende Kreuz gebunden und mit ihm in der Heiligsten Großen Kirche erhöht. Überliefert vom Patrikios [Senator] Nikētas.“)

henfolge gebunden sind. Sie wurden nämlich infolge einer späteren Bindung neu angeordnet, und dies beeinflusste die Darstellung der Ereignisse des frühen 7. Jahrhunderts.[7]

Was bedeutet es, das korrekte Datum von 628 wiederzugewinnen und es mit der Etablierung der Kreuzerhöhung in der byzantinischen Hauptstadt zu verbinden? Es zeigt, dass der Prozess, durch den das Kreuz mit Konstantinopel in Verbindung gebracht wurde, schrittweise verlief. Kaiser Herakleios war maßgeblich an der Einrichtung dieses besonderen Festes in der byzantinischen Hauptstadt beteiligt, als er sich 628 schließlich entschied, die Reliquie dauerhaft in Konstantinopel zu behalten. Die Kreuzerhöhung am 14. September hat etliche Besonderheiten; dazu gehören die dreifache Erhebung des Kreuzes (*Hypsóseis*), das Troparion (eine thematische Hymne) *Sō̃son, Kýrie, tón laón soú* (*Σῶσον Κύριε τὸν λαόν σου*, „Herr, rette dein Volk") und das Kontakion (eine gesungene poetische Predigt) *Ho hypsotheis en tōi Staurōi* (*Ὁ ὑψωθεὶς ἐν τῷ Σταυρῷ*, „Am Kreuz erhoben").[8] Die Texte der beiden Hymnen stehen im starken Gegensatz zur rituellen Kreuzerhebung, und diese Gesänge bringen Vorstellungen von imperialer Gewalt gegen die Feinde des Christentums zum Ausdruck.[9] Dieser Beitrag konzentriert sich auf die Musik des Troparion *Sō̃son, Kýrie* und des Kontakion *Ho hypsotheis en tōi Staurōi*. Da diese beiden Werke speziell für die Aufführung in der Hagia Sophia komponiert wurden, sollen die besonderen akustischen Effekte erforscht werden, welche diese Gesänge im gewaltigen, gewölbten Innenraum der Großen Kirche gehabt haben könnten. Die beiden Gesänge verwenden verschiedene musikalische Techniken: Melismata (das Singen von mehreren Tönen auf einer Silbe), Interkalationen (Einfügung von nichtsemantischen Silben wie *ho-ho, he-he*) und hohe Tonlagen, die sich auf bestimmte Wörter konzentrieren, um die Melodie in höhere Lagen zu heben und so einen Klangansturm (*sonic attack*) auf die Kuppel zu er-

7 Vgl. Klein 2004: 34–47.

8 Troparion und Kontakion beinhalten die wichtigsten Elemente des Festes, siehe Bernadakis 1902: 199.

9 George Demacopoulos hat in seiner Analyse des Troparion-Textes darin eine proto-nationalistische Botschaft festgestellt. Die Hymne lässt eine militaristische Vision kaiserlicher Macht erstehen, wie sie zuerst bei Eusebios im 4. Jh. zu finden ist, vgl. Demacopoulos 2015. Ich danke George Demacopoulos, der mir das unpublizierte Manuskript überlassen hat.

zeugen. Die daraus resultierenden optischen und akustischen Phänomene, die durch das Singen dieser Lieder in der Hagia Sophia entstanden, müssen die Ideen des imperialen Sieges und der von Gott legitimierten Gewalt in eine sinnliche Realität und eine ästhetische Erfahrung verwandelt haben.

ICONS OF SOUND UND DAS FEST DER KREUZERHÖHUNG

Was es mir als Kunsthistorikerin (Department of Art & Art history) ermöglicht hat, die spezifische Interaktion zwischen Musik und Akustik zu untersuchen, ist das interdisziplinäre Projekt *Icons of Sound*, das ich gemeinsam mit Jonathan Abel (*Center for Computer Research in Music and Acoustics*) an der Stanford University seit 2008 leite. Darüber hinaus hat uns unsere Zusammenarbeit mit der *Cappella Romana*, einem bedeutenden Vokalensemble, das auf die Aufführung alter geistlicher und byzantinischer Musik spezialisiert ist, in die Lage versetzt, zu hören, wie die Originalmusik in der Hagia Sophia und damit in dem Raum, für den sie konzipiert wurde, geklungen haben muss.[10] Im Überschneidungsbereich von Natur- und Kulturwissenschaften soll *Icons of Sound* dem modernen Publikum die Möglichkeit geben, Aspekte des sensorischen Reichtums im mittelalterlichen Ritus der Kathedrale zu erleben. Dies ist uns mit zwei Konzerten byzantinischer Gesänge, die in den Jahren 2013 und 2016 stattgefunden haben, gelungen.[11]

10 Vgl. Pentcheva; Abel 2017.

11 Zum Konzert in der *Bing Concert Hall* am 1. Februar 2013 s. die Internetseite der *Cappella Romana*: „Friday Night Recap – Cappella Romana Time Travels to Hagia Sophia“, URL: https://cappellaromana.org/tag/sounds-of-hagia-sophia/ (letzter Zugriff am 30. Mai 2019). Eine Rezension der Konzerts bietet Serinus 2013. Für die Beschreibung des Konzerts in der *Bing Hall* am 4. November 2016 und einen Trailer zum Dokumentarfilm siehe URL: https://live.stanford.edu/calendar/november-2016/icons-sound-hagia-sophia-reimagined (letzter Zugriff am 30. Mai 2019). Konzert und Film sind kürzlich erschienen als CD & Blu Ray DVD Release: Cappella Romana 2019, *Lost Voices of Hagia Sophia*.

Abb. 1: Das Konzert „Hagia Sophia Re-imagined", aufgeführt von Cappella Romana und auralisiert von Icons of Sound am 4. November 2016 in der Bing Concert Hall, Stanford University
(Foto: Michael Seely)

Wir verwendeten die „*Live-Auralization*", einen Prozess der Prägung von Live-Klängen mit der akustischen Signatur des darzustellenden Raums. Bis zu diesem Zeitpunkt wurden Auralisierungen nur in der Postproduktion mit vorab aufgenommener Musik realisiert.[12] *Icons of Sound* war bei der erwähnten Uraufführung im Jahr 2013 die erste Organisation weltweit, der es gelang, diese Technologie bei einem Live-Konzert anzuwenden.[13] Die anschließende Performance *Hagia Sophia Re-Imagined* im Jahr 2016 entwickelte und verfeinerte diesen Prozess der *Live-Auralization* weiter.[14]

Während das Programm des Konzerts 2013 zahlreiche Stücke aus verschiedenen Liturgien des Kathedralritus beinhaltete, entwickelten Alexander Lingas 2016 dank weiterer Studien und Transkriptionen historischer

12 Zu einer Modell-*Auralization* mit einer Aufnahme aus einem schalltoten Raum haben Davide Bonsi, Agnese Gaio, Malcom Longair und Laura Moretti den Gesang des John's College, Cambridge University, in einem Tonstudio aufgenommen und nach dem akustischen Modell der Kapelle auralisiert, die einmal Teil des 1831 zerstörten *Ospedale degli Incurabili* war. Vgl. Howard; Moretti 2010: 278–286. Audiobeispiele online unter URL: www.yalebooks.co.uk/soundandspace (letzter Zugriff am 30. Mai 2019). Zur *Auralization* in der Kirche *Il Redentore*, Venedig, vgl. Borren; Longhair 2011.

13 Vgl. Abel; Werner 2018.

14 Stanford Live, „Icons of Sound: Hagia Sophia Reimagined": URL: https://live.stanford.edu/calendar/november-2016/icons-sound-hagia-sophia-reimagined (letzter Zugriff am 30. Mai 2019).

Handschriften ein zusammenhängendes Programm, das sich auf die Liturgie eines der bedeutendsten Feste konzentrierte: der Kreuzerhöhung in der Hagia Sophia. Die Aufführung dieses live auralisierten Repertoires brachte Musik zum Klingen, die seit mehr als 500 Jahren nicht mehr gehört worden war. Die Kathedralliturgie der Hagia Sophia ist bekannt als gesungener Gottesdienst.[15] Die Musik dieser Messe wurde nie Teil der überlieferten Tradition. Es war eine andere Liturgie, die der Klöster vom Athos, welche den Sturz von Konstantinopel 1453 überlebte und daraufhin die in den modernen orthodoxen Kirchen gesungenen Melodien prägte. Als die byzantinische Musikwissenschaft zu Beginn des 20. Jahrhunderts entstand, konzentrierte sich das Interesse auf die Musik des monastischen Ritus.[16] Als ob das Verschwinden des Kathedralritus in der Praxis und in der historischen Forschung nicht drastisch genug wäre, ist darüber hinaus eben der Raum, für den der Gesang der Kathedrale geschaffen wurde, die Hagia Sophia (s.u. Abb. 2), für den byzantinischen liturgischen Vollzug unerreichbar geworden, erstens, als sie 1453 in eine Moschee umgewandelt wurde, und zweitens bei ihrer Säkularisierung und Umwandlung in ein Museum 1935, als dort jede gesangliche Aufführung verboten wurde.[17]

Der digitalen Technologie, wie sie beispielsweise *Icons of Sound* entwickelt hat, ist es gelungen, dieses Verbot zu umgehen und Aspekte des verlorenen Klangs der Kathedrale wiederherzustellen, so dass das moderne Publikum ihre unvergleichliche Akustik wieder erleben kann. Um die Komplexität dieser interdisziplinären Forschung zu zeigen und die neuen Methoden aufzuzeichnen, haben die Filmemacherin Duygu Eruçman und ich gemeinsam einen Dokumentarfilm produziert, der 2018 fertiggestellt wurde.[18]

15 Vgl. Parenti 2011; Lingas 1996; Arranz 1981.

16 Vgl. Lingas 2003.

17 Eine neue religiöse Bewegung möchte den Raum wieder als Moschee nutzen, wo Rezitationen aus dem Koran erlaubt sind; aber auch diese Entwicklung würde eine weitere historische Untersuchung der byzantinischen Geschichte des Monuments behindern.

18 Vgl. Duygu Eruçman 2018. Ebenfalls enthalten in der DVD: Cappella Romana 2019, *Lost Voices of Hagia Sophia*.

Abb. 2: Hagia Sophia, 532–537 und 562, Innenansicht
(The Byzantine Institute and Dumbarton Oaks Fieldwork Records and Papers, ca. 1920–2000, MS.BZ.004. Fotografie mit freundlicher Genehmigung von Image Collections and Fieldwork Archives, Dumbarton Oaks, Trustees for Harvard University, Washington, D.C.)

ANALYSE DES TROPARIONS *SŐSON, KÝRIE*

Das Troparion *Sṓson, Kýrie* ist in keiner der frühen Quellen über den Ritus des Alten Jerusalem belegt, weder im armenischen Lektionar des 5. Jahrhunderts noch im georgischen Typikon aus dem 5. bis 8. Jahrhundert, was stark darauf hindeutet, dass der Gesang im Zuge der Einsetzung der neuen Zeremonie in Konstantinopel im Jahr 628 komponiert wurde.[19] Der Text des Liedes lautet: „Herr, segne dein Volk und rette dein Erbe (Psalm 27[28],9), indem du den Kaisern Siege gegen die Barbaren verleihst und dein Reich durch das Kreuz schützt."[20] Der Text fordert Gott ausdrücklich dazu auf, den Feinden Gewalt anzutun und den Herrschern den Sieg zu gewähren. Doch fehlen hier die üblichen Fürbitten um Schutz und Langlebigkeit des Kaisers, wie sie für kaiserliche Akklamationen typisch gewesen wären.[21] Stattdessen legitimiert das Troparion kaiserliche Gewalt gegen die Feinde des christlichen Reiches. Während des Festes der Kreuzerhöhung wird das Troparion dreimal vom Ambo, einer erhöhten Plattform vor dem Altarbereich der Hagia Sophia, gesungen: am Vorabend des Festes (*paramonḗ*), während der abendlichen Liturgie (*hesperinós*), dann früh morgens (*órthros*) am 14. September und zum dritten Mal kurz vor der Erhöhung.[22] Da das Troparion vom Ambo aus gesungen wird, bringt es die Akustik der großen Kuppel unmittelbar zum Klingen.

19 Vgl. Demacopoulos 2015. Zum armenischen Lektionar vgl. Conybeare; MacLean 1905; Renoux 1971: 360–363. Zum georgischen Typikon vgl. Tarchnišvili 1960: vol. 205, 37–38. Aus den MSS des 10. Jh. Lathal und Paris, BnF, MS Georg. 3, geht deutlich hervor, dass das Fest in Jerusalem bereits Elemente der Liturgie Konstantinopels aufgenommen hat: die Erhöhung mit 50 *Kýrie, eléēson* und das Troparion *Sṓson, Kýrie*. Vgl. Kekelidze 1912: 130–132; Tarchnišvili 1960: vol. 205, 37–38, Wolfram 1995.

20 Σῶσον, Κύριε, τὸν λαόν σου, καὶ εὐλόγησον τὴν κληρονομίαν σου, νίκας τοῖς βασιλεῦσιν κατὰ βαρβάρων δωρούμενος, καὶ τὸ σὸν φυλάττων διὰ τοῦ Σταυροῦ σου πολίτευμα.

21 Vgl. Demacopoulos 2015.

22 Vgl. Flusin 2004: 81 v. 85 (*paramonē*); 83 vv. 1, 11 für den *orthros*; 85, v. 35 kurz vor der Erhöhung.

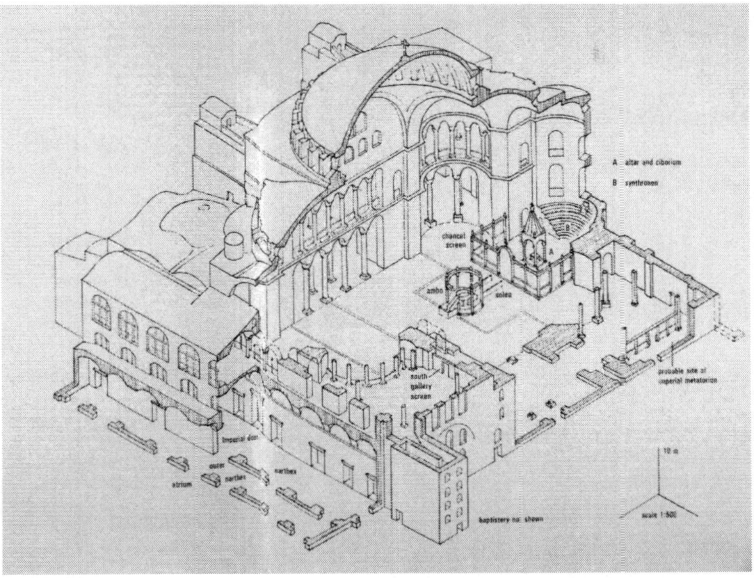

Abb. 3: Hagia Sophia, Rekonstruktion des Ambo, der Solea und des Altarraums nach Mainstone
(Aus: Rowland J. Mainstone: Hagia Sophia: Architecture, Structure and Liturgy of Justinian's Great Church, London: Thames & Hudson 1988, Abb. 252.)

Zwei Melodien für das *Sṓson, Kýrie* sind erhalten: eine syllabische Melodie, in der jede Silbe nur auf einer Note gesungen wird, und eine melismatische Melodie, in der eine einzelne Silbe auf einer Reihe von Noten gesungen wird. Wie bereits erwähnt, hat die *Cappella Romana* – als ein professionelles Vokalensemble, das sich auf Kirchenmusik spezialisiert hat – beide Melodien während ihres Stanford-Konzertes 2016 aufgeführt. Ich habe beobachtet, dass in beiden Versionen das Wort *eulógēson* („segne") durch die Melodie hervorgehoben und besonders betont wird, entweder durch die Häufung der höchsten Töne und/oder durch Melismata. Diese Artikulation des Gesangs von *eulógēson* zielt darauf ab, den höchsten Widerhall in der Kuppel freizusetzen.[23]

23 Die Noten für das Fest enthält fols. 53–94v. Ein Scan des MS ist online einsehbar unter URL: http://digitalcollections.nlg.gr/nlg-repo/dl/el/browse/3363 (letzter Zugriff am 30. Mai 2019). Nach dem Fall Konstantinopels zur Zeit des 4. Kreuz-

In der syllabischen Variante von *Sṓson, Kýrie* fällt die hohe Note *d* auf Wörter, die das Hauptthema ausdrücken.[24]

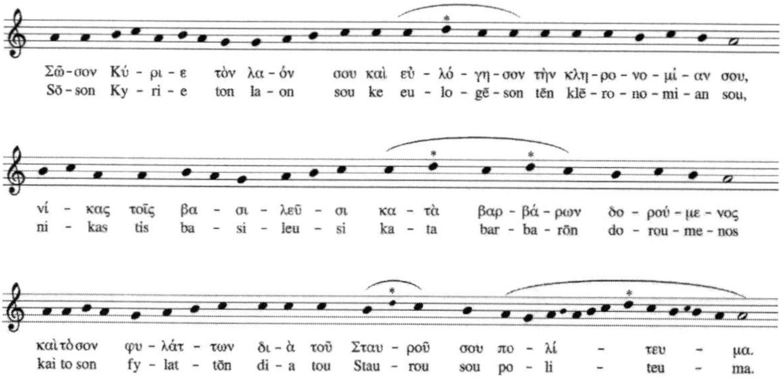

Abb. 4: Transkription der syllabischen Version des Troparion Sṓson Kýrie von Alexander Lingas. Die gleiche Melodie in Noten ohne Notenhals notiert von Laura Steenberge.
(© Alexander Lingas, Laura Steenberge)

Die syllabische Melodie ist in einer Handschrift aus dem späten 14. Jahrhundert (Athen, Nationalbibliothek, MS Gr. 2062, fol. 91v) erhalten, die den Wunsch des Erzbischofs Symeon (1416–1429) ausdrückt, die gesungene Messe aus Konstantinopel in Thessaloniki, der zweitwichtigsten Stadt des paläologischen Reiches, wiederzubeleben. Zum Beispiel wird im ersten Satz *Sṓson, Kýrie, tón laón sou, kaí eulógēson tḗn klēronomían sou* („Herr, schütze dein Volk und segne dein Erbe"), der klangliche Höhepunkt bei *eu**ló**gēson* („segne") erreicht. Die nächste Zeile wiederholt diese mit einer

zuges 1204 gingen der Ritus der Kathedrale und die dazugehörigen Gesänge verloren. Als die Paläologische Dynastie die Hagia Sophia wieder in Besitz nahm, richtete sie sich nicht mehr nach dem Ritus der Kathedrale, sondern führte den monastischen neo-sabaitischen Klosterritus ein. Symeon von Thessaloniki versuchte im frühen 15. Jahrhundert den Ritus der konstantinopolitanischen Kathedrale in Thessaloniki wiederzuerwecken. Dafür sammelte er die Musik dieser Liturgie in MSS wie Athen, Nationalbibliothek, MS Gr 2062 und 2061. Siehe Strunk 1956; Arranz 1976; Taft 1977; Taft 1988; Taft 1992. Zu Symeons Reformen siehe Lingas 1996: 170–219. Weiterhin Parenti 2011: 449–469; Lingas 2013: 311–358.

24 Für diesen Effekt vgl. Lied Nr. 6 auf der CD Cappella Romana 2019.

Variation und setzt die hohen Töne auf die betonten Silben von *katá barbárōn* („gegen die Feinde"). Die dritte und letzte Variation der Melodie hebt *Stauroú* („Kreuz") und *políteuma* („Reich") mit der Note *d* hervor. Danach steigt die Melodie ab und endet bei ihrem Anfangston *a*. Die hohe Tonlage *d* sammelt so mehrere Vorstellungen zu einer Konstellation zusammen: die Bitte um göttlichen Segen (*eulógēson*), die Nutzung dieser himmlischen Macht gegen die Feinde (*katá barbárōn*) und die Vermittlung des Kreuzes (*Staurou*) in den Händen des Volkes Christi (*políteuma*).

Da vom Ambo aus gesungen wird, setzen die hohen Töne mehr Energie mit kurzen Wellenlängen frei, die wiederum in der Kuppel steigen, sich dort sammeln und widerhallen.[25] An dieser Stelle bauten diese Noten eine synästhetische Wahrnehmung von prachtvollem Klang auf, indem sie das optische mit dem akustischen Erlebnis verbanden[26] Das goldene Mosaik, das die Kuppel auskleidet, hilft dieses Ereignis sinnlich erfahrbar zu machen. Darüber hinaus verstärkt der Gleichklang in der Wiederholung der Frikativen *Sṓ-son, sou, -son, sou* die Präsenz des alveolaren Lautes [s], der unter allen Konsonanten mit Frequenzen zwischen 4000 und 7500 Hz die Schallwellen mit der höchsten Energie erzeugt.[27] Dies trägt dazu bei, das sinnliche Erleben eines hellen und prachtvollen Klangs aufzubauen und diese akustische Erfahrung mit dem Anblick der Kuppel und ihrem goldenen Mosaik zu verbinden.

Insgesamt unterstützen die akustischen Eigenschaften der Hagia Sophia die Frequenzen im Gesangsbereich der menschlichen Stimme (200 bis 2000 Hz) und die hochfrequenten Oberwellen einiger kHz (s.u. Abb. 5).

Die Nachhallzeit (RT) von Frequenzen zwischen 200 Hz und 500 Hz erreicht ihren Höhepunkt bei zwölf Sekunden. Parallel dazu weisen tiefe Frequenzen eine lange Nachhallzeit auf, aber oft an der Grenze dessen, was das menschliche Ohr hören kann, nämlich bei 25 bis 30 Hz.[28] Insgesamt ist

---

25 Für die akustischen Messungen in der Hagia Sophia und zur Konzentration höherer Frequenzen in der Kuppel vgl. Weitze; Rindel u.a. 2002; Woszczyk 2018: 179–183.

26 Vgl. Pentcheva 2017: 30–34, 100–104, 141–149.

27 Alveolare Konsonanten sind charakterisiert durch unbestimmte Energie von ca. 2000 Hz bis hin zu und oberhalb 8000 Hz. Energiespitzen entstehen bei 4500 und 7500 Hz. Siehe dazu Coleman o.J.

28 Vgl. Woszczyk 2018: 179–183; Pentcheva 2017: 100–104.

die Akustik der Hagia Sophia gut geeignet für die für den Kathedralgesang typische Monophonie, den Chorgesang mit Musik für eine einzelne Stimme mit einfachen Stimmharmonien. Aber der Raum unter der Kuppel begünstigt auch eine Form der Polyphonie, die hoch- und niederfrequente Wellen aufrechterhält und dadurch eine akustische Stimmdualität aus hellem und dunklem, himmlisch-irdischem, göttlich-menschlichem Klang erzeugt.

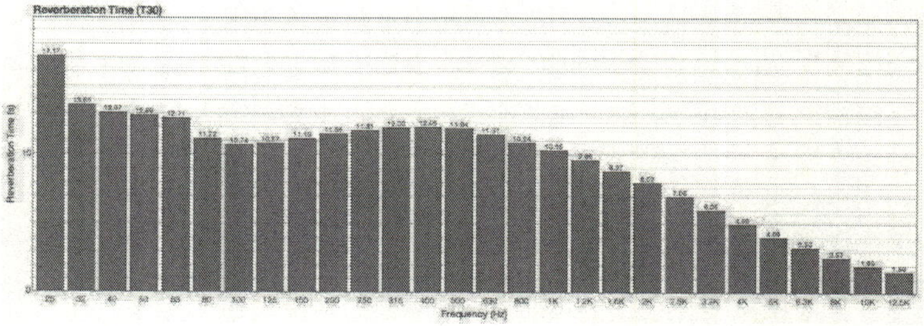

Abb. 5: Durchschnittliche Nachhallzeit (T_{30}), mit Breitbandquelle gemessen an acht Positionen in der Hagia Sophia
(© Wieslaw Woszczyk)

Wenn sich die hochfrequenten Wellen in der Kuppel konzentrieren, reflektiert und verteilt sich ein Teil ihrer Energie und erzeugt das Gefühl eines „akustischen Wasserfalls“[29]. Die Bitte um Segen, eingehüllt in den frikativen Gleichklang *Sṓ-son, sou, -son, sou* und die hohe Tonhöhe *d*, die im Gesang von *eulógēson* erreicht wird, drücken eine aufsteigende Bewegung und den Wunsch aus, das Himmlische zu erreichen. Der Widerhall „regnet“ aus der Kuppel herab und erschafft akustisch ein Bild göttlicher Macht, das Menschen und Reich beschützt. Die sinnliche Erfahrung dieses hellen, herabrieselnden Klangs ist deutlich wahrnehmbar, wenn man die gleiche Performance einmal mit und einmal ohne Auralisation vergleicht. Im ersten Fall hört man den „trockenen“ Klang der hallarmen Aufnahme, einen Ton mit fast unmerklichem Nachhall. Dies wird am besten in einem „trockenen“ Tonstudio mit Nahbesprechung des Mikrofons erreicht. Im Gegensatz dazu steht die Aufführung des gleichen Werkes, wenn sie mit der akustischen Signatur der Kathedrale ausgestattet ist. Der Zuhörer fühlt sich in eine nachhallende Sphäre hellen Klangs gehüllt, und diese glitzernde Stimme

29 Woszczyk 2018: 183.

manifestiert sich besonders im Gesang der hohen Töne der Melodie unter *eulógēson, katá barbárōn, Staurоú* und *políteuma*.[30]

Die melismatische Version der Hymne greift ebenfalls die Expressivität der hohen Töne auf, kombiniert diese aber mit Melismen und Interkalationen. Diese Analyse basiert auf der byzantinischen Aufzeichnung des Troparions in diastematischer Notation[31] aus der ersten Hälfte des 14. Jahrhunderts, die im *Asmatikon von Kastoria* in der Kathedralbibliothek (MS Gr. 8, fol. 79v) und in der Transkription von Alexander Lingas in moderner Notation erhalten ist (s.u. Abb. 6).[32]

Als *Asmatikon* präsentiert dieses Manuskript eine Sammlung von Gesängen, die für den Elitechor der Hagia Sophia komponiert wurden.[33] Der Schwerpunkt meiner Analyse liegt auf der Ausgestaltung des *eulógēson*, wo es eine Konzentration von Melismen und höchsten Tonhöhen gibt. *Eu*- beginnt mit einem allmählichen Anstieg von *F* nach *b*, gefolgt von einem Abstieg zu einem *a*. *Ló*- setzt mit zwei Quartsprüngen ein, von *G* zu *c*, hält die Melodie im höheren Bereich, oszilliert zwischen *c* und *d* und erreicht gelegentlich ein *e* als Vorschlagsnote. Die Melodie beginnt dann mit einem allmählichen Abstieg, zuerst zu einem *b*. Eine kurze Stabilisierung erfolgt bei *gē*- auf *a*, bevor die Stimme bei -*son* mit einem Melisma nach *C* und dann mit einem letzten Quartsprung von *C* nach *F* schließlich bei *E* endet. Man beachte, wie im melodischen Verlauf die beiden Quartsprünge am Anfang bei *ló*- den Klang in die höheren Lagen schieben und akustische Impulse erzeugen, die die prachtvolle Akustik der Kuppel aktivieren, welche wiederum diese Schallenergie zusammenfasst und ausstreut. Die Wirkung dieses „auralen Wasserfalls" lässt die Gläubigen die göttliche Gnade erleben, die sowohl visuell als auch akustisch auf sie niederregnet. Sowohl die syllabische als auch die melismatische Variante zielen mit ihrem Gesang von *eulógēson* auf das gleiche akustische Phänomen, aber die Wirkung der melismatischen Strophe ist viel stärker, da die Sprünge und die Melismen die Dauer des Klangsturms im Raum verlängern.

30 Vgl. Cappella Romana 2019.

31 Eine Art der Notation, die vor der Erfindung der Notenzeilen verwendet wurde und bei der die Zeichen in Bezug zueinander so angeordnet sind, dass sie eine relative Tonhöhe zeigen.

32 Vgl. Cappella Romana 2019: Stück 7.

33 Vgl. Troelsgård 2011: 86.

Abb. 6: Troparion Sṓson Kýrie, melismatische Version.
Transkription in moderne Notation von Alexander Lingas.
Die gleiche Melodie in ganzen Noten notiert von Laura Steenberge.
(© Alexander Lingas, Laura Steenberge)

Melismata und Interkalationen sind charakteristische Merkmale des Gesangs der Kathedrale von Konstantinopel.[34] Diese beiden Ausdrucksmittel ermöglichen es dem Interpreten, eine reiche Klangtextur (Prosodie), allerdings auf Kosten der Semantik und der verständlichen Wortartikulation, zu erzeugen.[35] Die Dynamik zwischen den beiden Richtungen entsteht deutlich wahrnehmbar im Gesang von *eulógēson* im Raum unter der Kuppel der Hagia Sophia: die menschliche Bitte, die sich zur Kuppel und zu Gott erhebt, und der göttliche Segen, der auf diese niedergeht. Die gleiche Wirkung wird im selben Troparion auch mit anderen Worten erreicht, so bei

34 Vgl. Troelsgård 2011: 89; Conomos 1985; Lingas 2004.

35 Vgl. Pentcheva 2017: 67–74.

níkas „Siege" und *dōroúmenos* „Verleihung", aber nirgendwo ist sie so klar und deutlich wie bei *eulógēson.*

Neben den Melismata tragen auch die Einlagerungen von nichtsemantischen Silben wie *hy-hy; he-he; he-he; ho-ho; hi-hi, hou; ou-i; nge, no* dazu bei, die akustische Wirkung des „goldenen Wasserfalls, der aus der Kuppel regnet", aufzubauen. Sie werden in *Kýrie* gesungen als *Ký-**hy-hy**-rie*; in *basileúsi* als *basile-**he-he**-ousi*; in *doroúmenos* als *doroúme-**ge-no-ho-ho**-s*; in *diá* als *di-**hi-hi**-a*; in *Stauroú sou* als *Stauroú-**hou** sou-**hou*** und schließlich in *políteuma* als *poli-**hi-hi-ou-i**-teuma*. Diese Einfügungen, mit Ausnahme derer nach *Stauroú*, heben die Melodie in höhere Lagen und dehnen die semantischen Ketten aus. Sie bieten reiche Lauteigenschaften und ziehen dadurch paradoxerweise die Aufmerksamkeit genau auf die Worte, deren Semantik sie verdecken.

ANALYSE DES KONTAKIONS *HO HYPSOTHEÍS EN TŌI STAURŌI*

Neben dem Troparion ist das andere charakteristische Stück der Liturgie Konstantinopels, das mit dem Fest der Kreuzerhöhung verbunden ist, das Kontakion *Ho hypsotheís en tōi Staurōi.*[36] Dieses Genre der gesungenen Predigt kam im 6. Jahrhundert in das Repertoire des Ritus. Der produktivste Autor ist Romanos Melodos, ein Dichter und Sänger dieser Zeit.[37] Seine Werke haben ein erstaunlich langes Fortwirken gehabt; sie werden auch heute noch in den orthodoxen Gottesdiensten gesungen, allerdings oft auf die Proömien und die erste Strophe reduziert. Ähnlich ist das Schicksal des Kontakions *Ho hypsotheís en tōi Staurōi*, das bis zum 12. Jahrhundert auf die ersten drei *Oikoi* (Strophen) reduziert worden war.[38] Diese Hymne wurde wahrscheinlich für die Kreuzerhöhung im Moment der Einführung des Festes in Konstantinopel komponiert, weil sie die gleiche Botschaft des Militärimperialismus trägt, die oben in Bezug auf das Troparion *Sōson, Kýrie*

36 Vgl. Bernadakis 1902: 199–200. Zum Text vgl. Trypanis 1968.

37 Vgl. Matons 1977; Maas; Trypanis 1997; Romanos le Mélode 1981; Krueger 2014: 29–114. Zur Aufführung des Kontakions in der byzantinischen Liturgie vgl. Lingas 1995.

38 Im 12. Jh. hatte das Evergetis Kloster in Konstantinopel die Anzahl der Strophen (*oikoi*) bereits auf nur drei reduziert, vgl. dazu Jordan 2000: I, 58–59.

diskutiert wurde.[39] Es gilt als anonyme Komposition, wird aber gelegentlich Andreas von Kreta (ca. 660–740) zugeschrieben.[40] Das Kontakion beginnt mit folgenden Versen:

> Freiwillig am Kreuze erhöht
> gewähre Deiner neuen Gemeinde,
> die Deinen Namen trägt,
> Christus Gott, Dein Erbarmen.
> In Deiner Kraft erfreue unsere Kaiser,
> gewähre ihnen Siege über die Feinde.
> Es sei mit ihnen Dein Bündnis,
> eine Waffe des Friedens, ein unüberwindliches Feldzeichen.[41]

In diesem Gebet beginnt die erste Zeile mit der soteriologischen Vorstellung der Selbstaufopferung Christi. Unmittelbar danach folgt eine Bitte um Barmherzigkeit und der Wunsch nach der göttlichen Kraft, die Kaiser zu stärken und ihnen Glück und Siege über die Feinde zu verleihen. Schließlich wird das Kreuz sowohl als paradoxe Waffe des Friedens als auch als unbesiegbares Feldzeichen gelobt. Insgesamt bringt das Kontakion die gleichen Ideen wie das Troparion zum Ausdruck und rechtfertigt die imperiale Gewalt gegen die Feinde des christlichen Staates.

Das Kontakion wurde während der Feierlichkeiten viermal gesungen: in der Vesper am Vorabend des 14. September; danach als Prozessionsgesang während der Vigil; beim Orthros in dem Moment, in dem der Patriarch ein brennendes Räuchergefäß anhob und das Kreuz an den Toren zum Heilig-

39 Dies ist meine Hypothese für Strophe 18, vv. 1–3: Νέοι Ἀζώτιοι ἡμᾶς ἐκύκλωσαν καὶ ἦραν τὴν θείαν κιβωτόν σου / καὶ πόλιν τὴν ἁγίαν· βλέψον καὶ ἴδε, ὁ θεός / καὶ γνώτωσαν ταχέως ὅτι σὺ εἶ μεθ' ἡμῶν, ἡ πεῖρα γὰρ διδάσκαλος. bezieht sich explizit auf Herakleios, der das Heilige Kreuz von Jerusalem nach Konstantinopel gebracht hat. Mit den Korrekturen der Aufzeichnungen des *Chronicon Paschale* können wir nun das Ereignis auf 628 datieren. Trypanis hat das Stück Romanos Melodos zugeschrieben, was aber nicht haltbar ist, vgl. Trypanis 1968: 149–151.

40 Es gibt bessere Argumente, das Kontakion mit der Predigt des Andreas von Kreta zur Kreuzerhöhung zu verbinden, vgl. PG 97, cols. 1017–1035.

41 Im Original, mit einigen Änderungen in Trypanis 1968: 152: Ὁ ὑψωθείς ἐν τῷ Σταυρῷ ἑκουσίως, / τῇ ἐπωνύμῳ σου καινῇ πολιτείᾳ / τοὺς οικτιρμούς σου δώρησαι, Χριστὲ, ὁ Θεός. / εὔφρανον ἐν τῇ δυνάμει σου τοὺς βασιλεῖς ἡμῶν, / νίκας χορηγῶν αὐτοῖς κατὰ τῶν πολεμίων, / τὴν συμμαχίαν ἔχοιεν τὴν σήν / ὅπλον εἰρήνης, ἀήττητον τρόπαιον.

tum segnete; und schließlich am Ende der Kreuzerhöhung.[42] Die Melodie ist in diastematischer Notation in einem *stichērarion*, einer musikalisch kommentierten Sammlung von Hymnen, die während des gesamten liturgischen Jahres in der orthodoxen Kirche beim Orthros und in der Vesper gesungen werden, aufgezeichnet (Sankt Petersburg, Russische Nationalbibliothek, MS Gr. 674, fol. 13, ca. 1270).[43]

Mit der gleichen Methode habe ich bestimmt, wo sich die höchsten Tonlagen konzentrieren und daraufhin beobachtet, dass dies beim Gesang von „*e*" von ***é**choien* („es sei mit ihnen") am stärksten ausgeprägt ist und *e* und *f* (Letztere als Vorschlagsnote) erreicht (s.u. Abb. 7).[44]

Dies ist der Moment der höchsten Schallenergie, die im Raum freigesetzt wird. Insgesamt beginnt und behält die Melodie ihre Kontur am oberen *b, c, d* und führt von da aus viele Erhöhungen durch, wie z.B. bei ***dṓ**rēsai* („gewähre!"), ***eú**franon* („erfreue!"), ***ní**kas* („Siege"), *chorē**gōn*** („er gewähre") und ***sym**machian* („Bündnis"). Aber nirgendwo ist dieser Klangansturm so mächtig wie bei ***é**choien*, wo der Widerhall des Gebäudes am stärksten ist. Die akustische Energie beim Singen von *échoien* im Raum der Hagia Sophia erzeugt ähnliche glitzernde Effekte in der Kuppel, wie sie beim Singen von *eulógēson* im Troparion erreicht werden. Doch im Falle des Kontakions ist die bei *échoien* abgegebene Energie noch höher (*e* und *f*), und sie entfaltet sich am Ende und nicht am Anfang des Stückes. Das Streben nach göttlicher Barmherzigkeit und Unbesiegbarkeit steigt mit den hohen Tönen am Höhepunkt des Kontakions auf, und das ist kein Zufall, denn dieses Stück schließt die Zeremonie der Kreuzerhöhung ab. Dann, fast gleichzeitig, aktiviert der Widerhall des Gebäudes den goldenen Wasserfall, der als göttliche Antwort wahrgenommen werden kann, die über die Gläubigen herabregnet.

42 Vgl. Flusin 2004: 81, vv. 93, 95; 83 vv. 97, 111; 85 v. 15; 87, v. 69.

43 Vgl. Shkolnik 1993. Zum *stichērarion* vgl. Kazhdan 2005.

44 Vgl. Cappella Romana 2019: Stück 8.

Abb. 7: Das Kontakion Ho hypsōtheis en tō Staurṓ. Transkription in moderne Notation von Alexander Lingas und in Noten ohne Notenhals von Laura Steenberge.
(© Alexander Lingas, Laura Steenberge)

FAZIT

Ursprünglich für die Einführung des Festes der Kreuzerhöhung durch Kaiser Herakleios komponiert, verbinden das Troparion *Sṓson, Ky̌rie* und das Kontakion *Ho hypsotheis en tōi Staurōi* kaiserliche Machtentfaltung mit einer soteriologischen Erfahrung. In der Hagia Sophia übersetzten die beiden Stücke die imperiale Ideologie in die ästhetische Erfahrung der glitzernden Stimme und des Lichtspektakels der großen Kuppel. Während des Gesangs muss Herakleios der direkte Empfänger dieses akustischen und optischen „Wasserfalls" gewesen sein, der aus der Kuppel regnete. Der „goldene

Regen", der durch den melismatischen Gesang von *eulógēson* und *échoien* aktiviert wurde, diente als akustisches Äquivalent zum Bild des Heiligen Geistes, der in die Materie herabstieg. Aber statt eines narrativen Bildes erzeugte das Singen dieser beiden Stücke eine nichtfigurale Klangikone. Unter Zuhilfenahme von Auralisationen konnten wir als moderne Zuhörer das anhaltende Flüstern der Vergangenheit wieder hören und einen Eindruck davon gewinnen, wie der Klang in der Hagia Sophia Metaphysik und politische Ideologie miteinander verknüpfte.

LITERATUR

Abel, Jonathan S.; Werner, Kurt: „Live Auralization of Cappella Romana at the Bing Concert Hall, Stanford University", in: Bissera V. Pentcheva (Hg.), *Aural Architecture in Byzantium: Music, Acoustics, and Ritual*, Oxon, Abingdon – New York: Routledge 2018, 198–223.

Arranz, Miguel: „Les grandes étapes de la Liturgie Byzantine: Palestine – Byzance – Russie. Essai d'aperçu historique", in: *Liturgie de l'Église particulière, liturgie de l'Église universelle: Conférences Saint-Serge, 22e Semaine d'Études Liturgiques*, Paris, 30 juin – 3 juillet 1975, Rom 1976, 43–72.

Arranz, Miguel: „L'office de l'Asmatikos Orthros (matines chantées) de l'ancien Euchologe byzantin", in: *Orientalia Christiana Periodica* 47 (1981), 122–157.

Bernardakis, Panagiotis: „Le culte de la Croix chez les Grecs", in: *Échos d'Orient* 5/4 (1902), 193–202.

Borren, Braxton B.; Longhair, Malcolm S.: „Acoustic Simulation of Renaissance Venetian Churches", in: *Journal of the Acoustical Society of America* 130/4 (2011).

Cappella Romana: *Lost Voices of Hagia Sophia* (CD & Blu Ray DVD © 2019 Cappella Romana).

Coleman, John: *Acoustic structure of consonants* o.J., URL: http://www.phon.ox.ac.uk/jcoleman/consonant_acoustics.htm (letzter Zugriff am 30. Mai 2019).

Conomos, Dēmētrios: *The Late Byzantine and Slavonic Communion Cycle: Liturgy and Music*, Washington, DC: Dumbarton Oaks Research Library and Collection 1985.

Conybeare, Frederick C.; MacLean, Arthur J.: *Rituale Armenorum: Being the Administration of the Sacraments and the Breviary Rites of the Armenian Church Together with the Greek Rites of Baptism and Epiphany*, Oxford: Clarendon Press 1905.

Demacopoulos, George E: „War, Violence, and the Feast of the Holy Cross in Byzantium“, *Fr. John Meyendorff Inaugural Lecture, Fordham University, 5. Oktober 2015* (unpubliziertes Manuskript).

Flusin, Bernard: „Les cérémonies de l'exaltation de la croix à Constantinople au XIe siècle d'après le Dresdensis A 104“, in: Jannic Durand; Bernard Flusin (Hg.), *Byzance et les reliques du Christ*, Paris: Association des Amis du centre d'Histoire et Civilisation de Byzance 2004, 61–89.

Hallit, Joseph: „La croix dans le rite byzantin: histoire et théologie“, in: *Parole de l'Orient* 3/2 (1972), 261–311.

Howard, Deborah; Moretti, Laura: *Sound and Space in Renaissance Venice: Architecture, Music, Acoustics*, New Haven: Yale University Press 2010.

Jordan, Robert H.: *The Synaxarion of the Monastery of the Theotokos Evergetis*, Belfast: Belfast Byzantine Enterprises 2000.

Kazhdan, Aleksandr P. (Hg.): *The Oxford Dictionary of Byzantium*, New York: Oxford University Press 2005.

Kekelidze, Korneli: *Йерусалимский канонар VII века. [Das Jerusalemer Lektionar, 7. Jh.]*, Tbilisi: Losaberidze 1912.

Klein, Holger A.: *Byzanz, der Westen und das „wahre“ Kreuz. Die Geschichte einer Reliquie und ihrer künstlerischen Fassung in Byzanz und im Abendland*, Wiesbaden: Reichert 2004.

Krueger, Derek: *Liturgical Subjects. Christian Ritual, Biblical Narrative, and the Formation of the Self in Byzantium*, Philadelphia: University of Pennsylvania Press 2014.

Kyrill von Jersualem: „Katechesen“, in: Schaff, Philip; Wace, Henry (Hg.), *A Select Library of Nicene and Post-Nicene Fathers of the Christian Church.* Second series, Vol. 7, New York: Christian Literature Company 1894.

Lingas, Alexander: „The Liturgical Place of the Kontakion in Constantinople“, in: Konstantin K. Akentiev (Hg.), *Liturgy, Architecture, and Art in the Byzantine World: Papers of the XVIII International Byzantine Congress (Moscow, 8–15 August 1991) and Other Essays Dedicated to the Memory of Fr. John Meyendorff / Liturgija, architektura i iskusstvo Vizantijskogo mira*, St. Petersburg: Publications of the St. Petersburg Society for Byzantine and Slavic Studies 1995, 50–57.

Lingas Alexander L., *Sunday Matins in the Byzantine Cathedral Rite: Music and Liturgy*, PhD diss., University of British Columbia 1996.

Lingas, Alexander: „Performance Practice and the Politics of Transcribing Byzantine Chant“, in: *Acta Musicae Byzantinae* 6 (2003), 56–76.

Lingas, Alexander: „Preliminary Reflections on Studying the Liturgical Place of Byzantine and Slavonic Melismatic Chant“, in: *Paleobyzantine Notations III: Acta of the congress held at Hernen Castle, the Netherlands, in March 2001* (2004), 147–155.

Lingas, Alexander: „From Earth to Heaven: The Changing Musical Soundscape of Byzantine Liturgy“, in: *Experiencing Byzantium· Papers from the 44th Spring Symposium of Byzantine Studies, Newcastle and Durham*, Farnham u.a.: Ashgate 2013.

Maas, Paul; Trypanis, Constantine (Hg.): *Sancti Romani Melodi cantica: cantica genuina*, Oxford: Clarendon Press 1997.

Matons, José Grosdidier de: *Romanos le Mélode et les origines de la poésie religieuse à Byzance*, Paris: Éditions Beauchesne 1977.

Parenti, Stefano: „The Cathedral Rite of Constantinople: Evolution of a Local Tradition“, in: *Orientalia Christiana Periodica* 77/2 (2011), 449–469.

Pentcheva, Bissera: *Hagia Sophia: Sound, Space, and Spirit in Byzantium*, University Park: Pennsylvania State University Press 2017.

Pentcheva, Bissera; Abel, Jonathan S.: „Icons of Sound: Auralizing the Lost Voice of Hagia Sophia“, in: *Speculum* 92, S1 (2017), S336–S360.

Renoux, Athanase: „Le codex arménien Jérusalem 121“, in: *Patrologia Orientalis* 36 (1971), 360–363.

Romanos le Mélode: *Hymnes*, Paris: Éditions du Cerf 1981.

Serinus, Jason V.: *Cappella Romana: Time travel to Constantinople 2013*, URL: https://www.sfcv.org/reviews/stanford-live/cappella-ro mana-time-travel-to-constantinople (letzter Zugriff am 30. Mai 2019).

Shkolnik, Irina: „On the Problem of Evolution of Byzantine Stichera in the Second Half of the V–VII Centuries: From the ‚Echos Melodies‘ to the Idiomela “, in: Lászlo Dobszay (Hg.), *Cantus Planus. Papers Read at the Sixth Meeting, Eger, Hungary, 1993*, Budapest 1993, 409–425.

Strunk, Oliver: „The Byzantine Office at Hagia Sophia“, in: *Dumbarton Oaks Papers* 9–10 (1956), 175–202.

Taft, Robert: „How Liturgies Grow: the Evolution of the Byzantine Divine Liturgy“, in: *Orientalia Christiana Periodica* 2 (1977), 8–30.

Taft, Robert F.: „Mount Athos: A Late Chapter in the History of the Byzantine Rite“, in: *Dumbarton Oaks Papers* 42 (1988), 179–194.

Taft, Robert: *The Byzantine rite: a short history*, Collegeville: Liturgical Press 1992.

Tarchnišvili, Michel: *Le Grand Lectionnaire de l'Eglise de Jerusalem*, Louvain: Secrét. du Corpus SCO 1960.

The Voice of Hagia Sophia, 2018, director and co-producer Duygu Eruçman, producer Bissera V. Pentcheva, HD video, 24 mins. URL: http://www.duygueruсman.com/work/films/the-voice-of-hagia-sophia/ (letzter Zugriff am 13. September 2019; auch enthalten in: *Lost Voices of Hagia Sophia* [CD & Blu Ray DVD © 2019 Cappella Romana]).

Tongeren, Louis van: *Exaltation of the Cross. Toward the Origins of the Feast of the Cross and the Meaning of the Cross in Early Medieval Liturgy*, Leuven: Peeters 2000.

Troelsgård, Christian: *Byzantine Neumes. A New Introduction to the Middle Byzantine Notation*, Copenhagen: Museum Tusculanum Press 2011.

Trypanis, Constantine: „Fourteen Early Byzantine Cantica", in: *Wiener byzantinische Studien* 5/13 (1968), 149–158.

Weitze, Christoffer; Rindel, Jens H. u.a.: „The Acoustical History of Hagia Sophia Revived through Computer Simulation", in: *Proceedings of Forum Acusticum* (2002).

Wilkinson, John: *Egeria's Travels. Newly Translated with Supporting Document and Notes*, Oxford, UK: Aris & Phillips 2006.

Wolfram, Gerda: „Die Kreuzerhöhungshymnen in den palaioslavischen und spätbyzantinischen Quellen", in: Janka Szendrei; David Hiley (Hg.), *Laborare fratres in unum: Festschrift László Dobszay zum 60. Geburtstag*, Hildesheim: Weidmann 1995, 341–350.

Woszczyk, Wieslaw: „Acoustics of Hagia Sophia: A Scientific Approach to the Humanities and Sacred Space", in: Bissera V. Pentcheva (Hg.), *Aural Architecture in Byzantium: Music, Acoustics and Ritual*, Oxon, Abingdon – New York: Routledge 2018, 176–197.

ABBILDUNGEN

Abb. 1: Das Konzert „Hagia Sophia Re-imagined“, aufgeführt von Cappella Romana und auralisiert von Icons of Sound am 4. November 2016 in der Bing Concert Hall, Stanford University; Foto: Michael Seely.

Abb. 2: Hagia Sophia, 532–537 und 562, Innenansicht, aus: *The Byzantine Institute and Dumbarton Oaks Fieldwork Records and Papers*, ca. 1920–2000, MS.BZ.004; Fotografie mit freundlicher Genehmigung von *Image Collections and Fieldwork Archives*, Dumbarton Oaks, Trustees for Harvard University, Washington, D.C.

Abb. 3: Hagia Sophia, Rekonstruktion des Ambo, der Solea und des Altarraums nach Mainstone, aus: Rowland J. Mainstone: *Hagia Sophia: Architecture, Structure and Liturgy of Justinian's Great Church*, London: Thames & Hudson 1988, Abb. 252.

Abb. 4: Transkription der syllabischen Version des Troparion Sṓson Kýrie von Alexander Lingas. Die gleiche Melodie in Noten ohne Notenhals notiert von Laura Steenberge; ©Alexander Lingas, Laura Steenberge.

Abb. 5: Durchschnittliche Nachhallzeit (T_{30}), mit Breitbandquelle gemessen an acht Positionen in der Hagia Sophia; © Wiesław Woszczyk.

Abb. 6: Troparion Sṓson Kýrie, melismatische Version. Transkription in moderne Notation von Alexander Lingas. Die gleiche Melodie in ganzen Noten notiert von Laura Steenberge; © Alexander Lingas, Laura Steenberge.

Abb. 7: Das Kontakion *Ho hypsōtheis en tō Staurṓ*. Transkription in moderne Notation von Alexander Lingas und in Noten ohne Notenhals von Laura Steenberge; © Alexander Lingas, Laura Steenberge.

Entwicklungspfade des Posturalyoga zwischen Lebensmächtemaximierung und kollektivem Sitzstellungssport

Thomas K. Gugler

Yoga performed in groups has become widely popular throughout the world as complementary health technique, wellness practice and fitness method during recent decades. Modern postural yoga, however, developed at the earliest since the late 19th century. After assessing yoga's prevalence today, I illustrate several yogic concepts as well as their roots in Sanskrit literature. Since the 15th century, *haṭha-yoga* shaped a specific yoga tradition that also provoked criticism. Finally, I discuss the multi-faceted reception of different yoga cultures in Germany to highlight the diversity of approaches toward a phenomenon as plural, polyvalent and multilayered as yoga.

GEGENWARTSYOGA ALS ALTERNATIVMEDIZIN

Seit November 2014 hat Indien ein eigenes Ministerium für Alternativmedizin mit dem Titel AYUSH (Ayurveda, Yoga und Naturheilkunde, Unani [*yūnānī*], Siddha und Homöopathie),[1] u.a. zuständig für die touristische Vermarktung von Yoga und Ayurveda.[2] Zu den großen Erfolgen des Ministeriums zählt die UN-Resolution zum Internationalen Tag des Yoga. Zum ersten Weltyogatag am 21. Juni 2015 folgten allein auf dem Rajpath-

---

1 Mein aufrichtiger Dank gilt dem Exzellenzcluster *Die Herausbildung normativer Ordnungen* an der Goethe-Universität Frankfurt/Main für die Bereitstellung von Ressourcen sowie dem Medizinhistoriker Prof. Dr. Florian G. Mildenberger von der Europa-Universität Viadrina in Frankfurt/Oder für die rege Korrespondenz und Kooperation.

2 Zur touristischen Bedeutung des Yoga siehe z.B. die Beiträge in: Beamen; Sikka 2016.

Boulevard in Neu-Delhi 35.985 Menschen dem Aufruf des Premierministers Narendra Modi und praktizierten zeitgleich eine synchrone Yogasequenz. Dafür gab es gleich zwei Einträge ins Guinness-Buch der Rekorde: Für die größte Anzahl an Teilnehmern einer Yogastunde an einem Ort sowie für die größte Anzahl verschiedener Nationen: Teilnehmer aus 84 Ländern wurden gezählt. Zum dritten Weltyogatag am 21. Juni 2018 wurde der erste Rekord mit 100.984 Yogateilnehmern von der Regierung des indischen Bundesstaates Rajasthan gebrochen.

Dr. Asim Shukla, Urologe und Mitbegründer der *Hindu American Foundation* (HAF), beklagt seit 2010 in seiner Kampagne *Take Yoga Back*, der Hinduismus hätte die Deutungsmacht über seine Yogaproduktlinie verloren. Durch unverdeckten intellektuellen Diebstahl sei der spirituelle Reichtum einer Religion auf dem „Altar des Massenkapitalismus geschlachtet“ worden.[3] Nach der Klage von Eltern gegen nur angeblich säkularisierten Schulsportyoga in Kalifornien, der mutmaßlich gegen das Gebot religiöser Neutralität an Schulen verstoße,[4] entradikalisierte die HAF ihren Standpunkt.[5] Obwohl die Richter die Klage mehrfach zugunsten von *āsana*-Übungen entschieden, scheint sich seit 2018 der Trend zum Schulyoga in den USA in ein Verbot nichtchristlicher pseudoreligiöser Dehnungsübungen mit Sonnengrüßen umzukehren.[6]

Der Yoga ist seit den 1990ern eine durchkommerzialisierte Milliardenindustrie. Weltweit wird der wirtschaftliche Yoga-Umsatz zwischen 42 Milliarden (2016)[7] und 65 Milliarden (2017)[8] Euro geschätzt – Tendenz steigend. 2017 praktizieren bereits 14,3 % der erwachsenen Amerikaner Yoga, v.a. weiße Frauen jüngeren Alters.[9] Damit ist „der Yoga“ – dessen Spielarten, Praktiken und Lehren es nie im Singular gab – die am häufigsten praktizierte komplementäre Gesundheitstechnik.

3 Shukla 2010: „Hinduism, as a faith tradition, stands at this pass a victim of overt intellectual property theft, absence of trademark protections and the facile complicity of generations of Hindu yogis, gurus, swamis and others that offered up a religion's spiritual wealth at the altar of crass commercialism.“

4 Vgl. Cook-Cottone; Lemish u.a. 2017: 25–35.

5 Vgl. Hindu American Foundation o.J.

6 Vgl. Wong 2018.

7 Vgl. Villwock 2016: 5.

8 Vgl. Delaney 2017.

9 Vgl. Clarke; Barnes u.a. 2018.

In Deutschland hat 2018 bereits 16 % der Bevölkerung Yogaerfahrung, 5 % der Deutschen praktizieren regelmäßig.[10] Auch hierzulande ist eine höhere Prävalenz der Yogapraxis mit dem weiblichen Geschlecht assoziiert sowie mit höherem Bildungsabschluss, Berufstätigkeit und Wohnen in Großstädten.[11] Zu den von Praktizierenden und Anbietern genannten Intentionen zählen nach Cramer insbesondere die Steigerung des körperlichen (z.B. Heilung von Rückenschmerzen, Hypertonie etc.) und geistigen Wohlbefindens (Linderung von Depressionen, Stress etc.). Bei einer näheren Betrachtung der Verteilung der etwa 6.000 deutschen Yogaschulen und -studios zeigen sich insbesondere wohlhabende Städte yogaaffin. Die drei deutschen Yogahauptstädte bilden Düsseldorf, Frankfurt/Main und Münster.[12] Lediglich in absoluten Zahlen ist Berlin eine Yogahochburg. Das Bundesland mit den meisten Yogaschulen und -studios in Relation zur Einwohnerstärke ist Hessen.[13] Der Besuch von Yogakursen wird mittlerweile auch finanziell von den Krankenkassen unterstützt: Seit 2014 zertifiziert die *Zentrale Prüfstelle Prävention*[14] Anbieter von Yogakursen, und Kurse zertifizierter Anbieter werden finanziell bezuschusst.

WURZELN DES YOGA

Der Sanskritterminus *yoga* (wörtlich: Einspannung) leitet sich von der Wurzel *yuj* (anschirren, zusammenbinden, anjochen) ab. Dieselbe indoeuropäische Wurzel ist im deutschen Wort *Joch*, im englischen *yoke* oder lateinischen *iungere* enthalten. Erste Erwähnungen für das Wort *yoga* finden sich im *Ṛgveda* (entstanden ab 1500 v.Chr.), allerdings ausschließlich zur Beschreibung der Beziehung zwischen Pferd und Kriegswagen, obwohl uns in Hymnus 10,136 auch ein langhaariger und mit Wind gegürteter Weiser (*muni*) begegnet, zu dem auch die spätere Beschreibung des *Vrātya* aus dem *Atharvaveda* (1000 v.Chr.) passt, der seinen Atem zügelte. Dieser vage Hinweis reichte Jakob Wilhelm Hauer (1881–1962) aus, um in seiner Dis-

10 Vgl. Berufsverband der Yogalehrenden in Deutschland e.V. 2018.

11 Vgl. Cramer 2015: 306.

12 Vgl. Villwock 2016: 8.

13 Vgl. Villwock 2016: 11.

14 Vgl. URL: https://www.zentrale-pruefstelle-praevention.de/admin (letzter Zugriff am 3. Mai 2019).

sertation *Die Anfänge der Yoga-Praxis im alten Indien* (1921) eine wenigstens 3.000 Jahre alte Tradition des Yoga als Praxis des *Vrātya*, d.i. der nichtbrahmanische Kriegerekstatiker arischer Herkunft,[15] zu konstruieren. Die Gleichsetzung von *yoga* mit *tapas* (Erhitzung, Askese) findet sich bereits bei seinem Doktorvater Richard von Garbe.[16] Hauer führt *tapas* weiter bis zum Feuergott *Agni* und den Verehrungstechniken des Zornmutes des Ur-Yogin *Vāyu-Rudra-Śiva* zurück.[17] Mit der Entwicklung der Summlautmethode (*oṃ*) hätte dann die mystische Spekulationsphase begonnen. Für den Yoga im engeren Sinne hingegen sind acht Konzepte zentral:

i) *āsana* (Körperstellungen)
ii) *prāṇāyāma* (Atemzügelungsübungen)
iii) *cakra* (körperliche Energiezentren)
iv) *mudrā* (Handgesten)
v) *mantra* (Hymnen zur Murmelmeditation)
vi) *pratyāhāra* (Zurückziehung [der Sinne] von der Außenwelt)
vii) *dhāraṇā* (Konzentration), *dhyāna* (Meditation), *samādhi* (Versenkung, Einfaltung)
viii) *mokṣa* (Erlösung)

15 Vgl. Hauer 1921: 172–189; vgl. auch ebd. 190: „Yoga heißt ja Anspannung und bedeutete in der ältesten Zeit der brahmanischen Zauber- und Opferpraxis Anschirrung der Zauberkraft oder des Gottes […]. Das Anjochen oder Anschirren drückt die ekstatische Erregung, das Erleben überirdischer Mächte beim Zauber oder Opfer am deutlichsten aus." Ebd. 192: „Im Zauberopfer werden die Götter angeschirrt, d.h. herbeigezwungen, entweder selber zu kommen oder ihre Kraftwirkungen anbinden zu lassen." – Bereits 1927 bereut Hauer das ekstatische Element der ketzerisch-kriegerischen Kultgenossenschaften überbetont zu haben und spricht lieber von einer „in die Mystik einmündenden Opferwissenschaft." Hauer 1927: 217.

16 Garbe 1896: 34–35: „Die Anschauungen, die den Yoga […] unterscheiden, lassen sich in ihren Ursprüngen auf die älteste Zeit indogermanischer Vergangenheit zurückführen, auf die Periode der Wildheit […]. Das Tapas oder die leibliche Askese wurde zu einem Hilfsmittel zur Förderung des Yoga oder der geistigen Askese […]. Das Alter des eigentlichen Yoga darf deshalb nicht unterschätzt werden."

17 Hauer 1958: 21.

Oder wie es der späte Yogavers (946) aus der *Jogpradīpakā* (18. Jh.) zusammenfasst:

> Stehen, sitzen, gehen und schlafen sind weltliche physische Aktivitäten; sie alle schreien beständig: „Wisse, Leid ist dir sicher!“. Das Gelübde des Gottgeweihten ist aber, dass er sich verpflichtete, überall nur noch Gott zu sehen […]. Wisse, Regeln und Observanzen sind der Same, Sitzstellung und Atemkontrolle die Blätter, Zurückziehung die Blüten und Fokussierung, Meditation und Versenkung die Frucht. Yoga ist der Wunscherfüllungsbaum, er beseitigt alle Aufzehrung.[18]

Das *Jaiminīya Upaniṣad Brāhmaṇa* (800–600 v.Chr.) lehrt u.a. Atemkontrolle durch Mantrawiederholung. In Vers 3,5,5 heißt es: „Er [der Vorsänger] soll aus- und einatmen mit seiner Stimme. Mit seinen Augen soll er [den Hymnus] zu sehen begehren, mit seinen Ohren soll er [den Hymnus] zu hören begehren. So wird sein Geist [an den Hymnus] angeschirrt.“[19] Durch das Visualisieren des Hymnus, Atemzügelung und fokussiertes Rezitieren schirrt der Sänger des Somaopfers seinen Geist an den heiligen Text, dieser Prozess wird *yukti*, Anschirrung, genannt. Die Atemregulierung (*prāṇāyāma*) ist hier dem *mantra* dienlich. Der Atem wird später zur verborgenen Bildekraft des Körpers (*kāya-saṅkhāra*). Es ist wohl dieser Aspekt des Yoga, der den *ḏikr* im Sufismus am stärksten beeinflusste.[20] Brahmanische Texte deuten die Atemdisziplinierung auch als innerliches Feueropfer,[21] also Verinnerlichung des Opferritus.

Ab dem 5. Jahrhundert v.Chr. erscheint das Wort *yoga* wenige Male in den Upanischaden, um eine meditative Praxis der Atemkontrolle zur Unterjochung des Körpers unter den Geist zu beschreiben. Die dort beschriebenen, der Welt entsagenden Asketen werden als *Śramaṇas*, die Strebenden, bezeichnet. Ziel des Strebens ist die Vernichtung von Karma, um aus dem leidvollen Kreislauf von Geburt und Tod (*saṃsāra*) auszubrechen. Zu Yoga als Verbrennungsprozess heißt es in der *Īśvara-gītā* (9. Jh.) 11,2: „Das Feuer

18 Vgl. Mallinson; Singleton 2017: 342.

19 Vgl. Mallinson; Singleton 2017: 266.

20 Vgl. Frembgen 1993: 68. Schimmel 2009: 506. Ausführlicher bei Ernst 2012: 133–140.

21 *Prāṇāgnihotra*, z.B. aus dem 4. Jh. n.Chr. das *Vaikhānasa-smārta-sūtra* 2,18, vgl. auch *Kauṣītaki-brāhmaṇa-upaniṣad* 2,5 und *Chāndogya-upaniṣad* 5,19–24.

des Yoga verbrennt sogleich den ganzen Karmakäfig."[22] In vergleichbarer Weise heißt es im *Yoga-bīja* (14. Jh.) Vers 34–35:

> Die Menschen sind zweierlei Art: roh und gekocht. Die Rohen haben keinen Yoga, Menschen werden gekocht durch Yoga. Der vom Yogafeuer Gekochte ist geistesgegenwärtig und sorgenfrei. Wisse, der Rohe ist matt und erdgebunden, eine Quelle des Leidens.[23]

Auch Jainas und Buddhisten übernehmen Meditationstechniken zum Zwecke der Tilgung karmischer Reste, also zur permanenten Vernichtung des Selbst bzw. Verwirklichung der Todlosigkeit. Lag der Fokus der älteren hinduistischen Schriften auf Atemkontrolle und asketischen Läuterungsritualen, verlegten die Buddhisten und Jainas ihn auf geistige Fokussierung.

Im *Mahābhārata* erscheint zum ersten Mal der Terminus *dhyāna-yoga* (Meditationsyoga), der später v.a. von Buddhisten adaptiert wird.[24] In der *Bhagavad-gītā* (3. Jh. v. – 3. Jh. n.Chr.) bezeichnet *yoga* drei religiöse Pfade: *karma-yoga* – Yoga des Handelns, *jñāna-yoga* – Yoga der Erkenntnis und *bhakti-yoga* – Yoga der Hingabe. Vom Sitz- und Stellungssport, der den Yoga der Gegenwart charakterisiert, ist noch etwa tausend Jahre lang keine Rede. Die Vergeistigung des Yoga klingt in *Bhagavad-gītā* Vers 2,49 an: „O Arjuna, Handlung ist niedriger als *buddhi-yoga*. Suche Zuflucht im Intellekt! Verachtenswert sind die, die nach Resultaten streben."[25]

> Meditiere über mich, platziere deinen Geist in den Teilen (meines) Körpers. Der Kluge, der seinen Geist von den Sinnesobjekten weggeleitet hat, soll seine Verstandesfähigkeit als Kampfwagen nutzen und seinen Geist vollständig in mich versenken […]. Denke an nichts anderes mehr. Visualisiere mein lachendes Gesicht.[26]

Der Begriff *yoga* ist in diesem Kontext noch nicht ins Zentrum gerückt. Dies geschieht mit Patañjalis 195 kurzen Aphorismen im *Yoga-sūtra*. Mit diesem Werk wird das *yoga-darśana* im vierten nachchristlichen Jahrhundert zu einer der sechs klassischen philosophischen Schulen. Patañjali defi-

---

22 Vgl. Mallinson; Singleton 2017: 26.

23 Mallinson; Singleton 2017: 28 [Übersetzung: T. K. G.].

24 Zur Bedeutungsvielfalt des Yoga im *Mahābhārata* siehe Hopkins 1901: 333–379.

25 Vgl. Mallinson; Singleton 2017: 24 [Übersetzung: T. K. G.].

26 *Bhāgavata Purāṇa* 11.14,42, vgl. Mallinson; Singleton 2017: 315 [Übersetzung: T. K. G.].

niert im zweiten Vers: „*yogaś-citta-vṛtti-nirodhaḥ*" – „Yoga ist der Zustand, in dem die Trübungen des Bewusstseins aufgelöst sind". Die Trübungen sind fünffach (*Yoga-sūtra* 1,6): durch Gegenstandswahrnehmung (*pramāṇa*), falsche Vorstellung (*viparyaya*), mentale Konstruktion (*vikalpa*), Schlaf (*nidrā*) und Erinnerungen (*smṛtayaḥ*). Durch meditative Versenkung (*dhyāna*) werden die Trübungen aufgelöst (*Yoga-sūtra* 2,11).

Bereits der muslimische Universalgelehrte al-Bīrūnī (973–1048) übersetzte das *Patañjalayogaśāstra* als *Kitāb Pātanğal* ins Arabische[27] – in Europa blieb der Text bis in die Neuzeit unbeachtet.[28]

Für die Asketen, die daraufhin Yogins genannt werden, ist eine Aversion gegen die Körperlichkeit kennzeichnend: Extremes Fasten oder selbst zugefügte körperliche Qualen, oft durch Nacktheit in Verbindung mit extremer Hitze oder Kälte bzw. mehrtägiges Stehen auf einem Bein, sollen die yogische Erhabenheit über bzw. Verachtung für die materielle Welt ausdrücken. Klassisch ist die Askeseübung der fünf Feuer: Inmitten von vier Feuerstellen – mit der sengenden Mittagssonne als fünftes Feuer – erträgt der Asket extreme Hitze. Alternativ kann der Asket auch ganztägig extreme Kälte ertragen, z.B. durch das Stehen in einem kalten Fluss oder die Räucherung der Fledermaus, das bedeutet das stundenlange Herabhängen an einem Ast über Feuerqualm. Klassisch ist auch das Ertragen von Schmerzen durch das Absterben eines hochgehaltenen Armes. Als Belohnung für die selbst zugefügte körperliche Pein versprechen hinduistische Quellen die Erlangung übermenschlicher Kräfte (*siddhis*), u.a. soll die Wuthitze des zürnenden Blicks des yogischen Asketen jeden Menschen sogleich zu Asche pulverisieren können. Daher erscheint der Yogin in der klassischen Literatur meist als unheilvoller Walderemit, dem schwarz-magische, unheimliche Kräfte zugeschrieben werden.

Spätere Yogatraditionen speisten sich zum einen aus den Asketenbewegungen, adaptierten aber auch spezifische Vorstellungen vom menschlichen Körper mit feinstofflichen Energiezentren und -bahnen. Altindische medizinische Texte suggerieren einen starken Zusammenhang zwischen Lebenskraft und Samenflüssigkeit, schließlich ist der Same zentral beim Vorgang der Erschaffung neuen Lebens. Das Aufsteigen der Lebenskraft vom Wurzelcakra (*mūlādhāra*), das sich zwischen Anus und Genitalien befindet,

27 Vgl. Ritter 1956: 165–200. Maas; Verdon 2018: 283–334.

28 Siehe auch Michelis 2014.

die Wirbelsäule aufwärts öffnet weitere Energiezentren, die *cakras* heißen: Sechs bzw. sieben *cakras* von Anus bis Scheitel. Das Öffnen höherer *cakras* führt idealtypisch zur fortschreitenden Identifikation mit Gott.

Im Laufe der Jahrhunderte sind immer mehr meditationsbegleitende Sitzstellungen (*āsanas*), Atemtechniken (*prāṇāyāmas*) und Reinigungsübungen (*kriyās*) hinzuentwickelt worden. Das regungslose Verweilen in einem *āsana* diente zunächst insbesondere der Stärkung der Konzentration des Denkvermögens auf einen Gedanken: „Die Sitzhaltung soll fest und bequem sein" (*sthira-sukham-āsanam*, *Yoga-sūtra* 2.46). „Das Āsana bewirkt Ruhe" (*Haṭhayogapradīpikā* 1,17).[29] „Ist der Atem tätig, so ist auch der Geist tätig; ist der Atem untätig, so ist auch der Geist untätig. Der Yogin sucht vollkommene Ruhe zu erlangen, daher halte er seinen Atem an" (*Haṭhayogapradīpikā* 2,2).[30]

Der Tantrismus ist zwischen dem 6. und 13. Jahrhundert die dominierende Religion Indiens. Charakteristisch für Tantra ist das Murmeln von Mantren, die Ausübung von Handgesten (*mudrās*) und eine Art der Meditation, die mittels Visualisierung die Selbstidentifikation mit Gott anstrebt. Ab dem 8. Jahrhundert wurde in Quellentexten betont, dass die sexuelle Vereinigung als rituelle Handlung im linkshändigen Tantrismus stattfindet. In linkshändigen Tantraritualen spielen somit sexuell aufgeladene Techniken eine zentrale Rolle. Die Samenflüssigkeiten werden als Essenzen der Lebenskraft rituell geopfert und gemeinschaftlich als Unsterblichkeitsnektar getrunken. Insgesamt nahm die Bedeutung von Sexualität im Yoga im Laufe der Zeit zunächst zu, insbesondere als nach dem 12. Jahrhundert diese rituelle Praxis in ganz Indien verbreitet wurde, um einige Jahrhunderte später ab 1500 wieder abzunehmen.[31] Durch Prozesse religiöser Ideenosmose und Symboltransfer befruchteten sich hinduistische, jainistische und buddhistische Techniken und Traditionslinien gegenseitig.

Auch indische Muslime griffen Yoga auf und begannen einzelne Yogaelemente islamkonform zu deuten. Diese Interpreten exkludierten hinduistische Gottheiten und fokussierten v.a. Atemübungen und Mantrameditation. Der arabische Text *Ḥawż al-ḥayāt* (15. Jh.) z.B. lehrt auch bereits fünf *āsanas*:

29 Walter 1893: 3.

30 Walter 1893: 11.

31 Siehe dazu: Mildenberger; Gugler 2016a. White 2006.

> Die dritte Positur ist wie die erste (Lotossitz), zusätzlich stecke er beide Hände zwischen Unter- und Oberschenkel bis zum Ellenbogen. Er strecke die Hände dann zum Boden und halte sich mit der Kraft der Hände. Er vergesse dabei das Rezitieren nicht. In diesem Stadium wird das Wasserelement reduziert, Feuer, Luft und Erde nehmen zu. Dieses ist das Zwischenstadium zwischen Mensch und Engel.[32]

> Atme kräftig ein und sanft aus, bis Du schließlich 12 Finger einatmen kannst und nur vier wieder aus […], und dann bedenke den Fisch, der im Wasser atmet ohne dass das Wasser in ihn eintritt.[33]

DER KÖRPERLICHE HAṬHA-YOGA

Heutzutage wird Yoga meist mit *Haṭha-yoga* gleichgesetzt, wobei seine religiösen und philosophischen Vorschriften überwiegend in den Hintergrund gerieten. Seine drei zentralen Texte sind die *Haṭha(yoga)pradīpikā* sowie die *Śiva Saṃhitā*[34] – beide aus dem 15. Jahrhundert – und die *Gheraṇḍa-saṃhitā*, die vermutlich im späten 17. oder frühen 18. Jahrhundert entstand. *Haṭha* bedeutet „gewaltsame Anstrengung". Die individuelle Anstrengung oder Praxis (*abhyāsa*) steht hier im Mittelpunkt: „Wer Befreiung begehrt, sollte regelmäßig praktizieren. Durch Übung (*abhyāsa*) erlangt man Erfolg. Durch die Praxis (*abhyāsa*) gewinnt man Befreiung."[35]

Eine detaillierte Beschreibung von fünfzehn yogischen Körperhaltungen findet sich erst in der *Haṭhapradīpikā* (der Begriff *yoga* rutschte erst in spätere Abschriften hinein), die um das Jahr 1450 entstand. *Haṭha-yoga* heißt in der südlichen Tradition *tava-yoga*, wobei das Tamilische *tava* dem Sanskritterminus *tapas* entspricht. Es geht also um asketische Rituale und Reinigungstechniken. Der Sanskrittext wurde erstmalig von Hermann Walter in seiner Dissertation 1891 an der Ludwig-Maximilians-Universität München in eine europäische Sprache übertragen.

Zum Inhalt: Nach Vers 1,2 der *Haṭhapradīpikā* ist der Zweck der *Haṭha-yoga*-Lehre die Erreichung des *Rāja-yoga*. „Geheimgehalten ist sie wirksam, kundgegeben aber wirkungslos", übersetzt Walter Vers 1,11. Zu den dann aufgeführten Reinigungsübungen zählen u.a. Magenreinigung

32 *Ḥawż al-ḥayāt* 4,6, vgl. Mallinson; Singleton 2017: 107 [Übersetzung: T. K. G.].
33 *Ḥawż al-ḥayāt* 5,3, vgl. Mallinson; Singleton 2017: 161 [Übersetzung: T. K. G.].
34 Vgl. Vasu 1914.
35 *Śiva Saṃhitā* 4,16, vgl. Mallinson 2007: 75 [Übersetzung: T. K. G.].

(*dhauti*) durch das Verschlucken und Wiedervorziehen von Stoff (Vers 2,24–25), Darmspülung (*basti*) mit einem rektal eingeführten Rohr im Fluss (Vers 2,26–28) und Nasenreinigung (*neti*) durch eine nasal eingezogene Schnur. Das Zerschneiden des Zungenbandes (*khecarī*) mutet heutzutage etwas überengagiert an (Verse 3,32ff). Ebenso *vajrolī* zum Aufsteigenlassen der Samenflüssigkeit bzw. des Menstrualblutes durch die Einblasung von Luft mit einem Röhrchen (Verse 3,83–92)[36] bzw. die koital-partnerschaftlich ausgeführten *vajrolī*-Spezialarten *sahajolī* (3,93–95) und *amarolī* (3,96–103); zu Letzterer[37] gehört u.a. auch der nasale Konsum des Mittelstrahls des Eigenurins (3,96f). Die schwarzmagisch anmutenden Yogafähigkeiten *utkrānti* (Suizid durch Atemanhalten) und *parakāyapraveśa* (Suizid, um die eigene Seele in eine Leiche zu transplantieren) lassen wir hier mal ganz außen vor.

Das Ziel der Reinigung und Disziplinierung des Körpers ist die Auflösung der Trübungen des Bewusstseins bzw. die totale Umkehrung des normalen Verhaltens:

> Versteinerte Unbeweglichkeit des Körpers (*āsana*), Rhythmisierung und Anhalten des Atems (*prāṇāyāma*), Einstellung des psychomentalen Flusses (*ekāgratā*), Bewegungslosigkeit des Denkens, ‚Anhalten', ja sogar ‚Rückkehr' des Samens. Er [der Yogin] tut auf allen Ebenen des menschlichen Erlebens das Gegenteil von dem, was das Leben verlangt.[38]

> Durch die Banden des Nāda gefesselt legt der Geist seine Unruhe ab und gelangt zu vollkommener Unbeweglichkeit, gleich dem Vogel, dessen Flügel gebrochen sind.[39]

36 Da Walter die ihm unsittlich vorkommenden Verse ins Lateinische übersetzt, hier Schmidts Übersetzung in der zweiten Auflage (Schmidt 1921: 285): „86. Mit einem geeigneten Rohre blase der Yogin sorgsam und langsam in die Öffnung des Penis, um dem Winde einen Weg zu bahnen. 87. Er zwinge durch Übung den Tropfen, der in den Schoß der Frau fallen will, umzukehren […] 99. Wenn die Frau […] auf dieselbe Weise auch das Menstrualblut behalten kann, heißt sie Yoginī." Zu früheren Belegstellen und weiteren Details s. Mallinson 2018: 181–222.

37 *Śiva Saṃhitā* 4,96, vgl. Mallinson 2007: 99: „Wenn doch Samen in den Schoß der Frau gerät, so heißt die resultierende Kombination aus Sperma und Menstrualblut Amarolī, so soll er das Resultat durch seine Harnröhre aufsaugen." [Übersetzung: T. K. G.]

38 Eliade 2016: 369f.

39 *Haṭhayogapradīpikā* 4,92, Walter 1893: 50.

> Wie ein ungebrannter Krug, der im Wasser steht, sich alsbald auflöst, so auch der menschliche Körper. Man brenne ihn also im Feuer des Yoga und sorge für seine Läuterung.[40]

Hauer nannte den *Haṭha-yoga* im Einklang mit dem indologischen Zeitgeist bis in die 1960er Jahre „ein typisches Produkt der Verfallszeiten des indischen Geistes", das mit Übungen wie „Vajrolī und Sahajolī […] sogar sexuelle Perversitäten in den Dienst der ‚Erlösung'"[41] stelle, wobei er korrekt anmerkt, dass die scharfe Unterscheidung zwischen vornehm-vergeistigtem *Rāja-yoga* (wörtlich: Fürstenyoga) und dem grob-veräußerlichtem *Haṭha-yoga* eine späte Neuprägung ist.[42] Die scharfe Abgrenzung zwischen „äußerem" *Kriyā-yoga*, aus dem der *Haṭha-yoga* hervorging, und „innerem" *Rāja-yoga* findet sich auch bei Richard Garbe,[43] dem Lehrer von Hauer. Friedrich Heiler sieht in seiner Habilitationsstudie an der Ludwig- Maximilians-Universität München 1918 im „*Haṭha-yoga* (‚gewaltsamen Yoga') […] ein kompliziertes System von künstlichen Meditationsstellungen und -gesten"[44] mit „wunderlichsten und groteskesten Phantasiebilder[n]"[45] als Stützpunkte der Meditation. Mircea Eliade (1907–1986), Professor für Religionswissenschaften in Chicago, insistiert ebenfalls auf dieser historischen Dimension: „Der Haṭhayoga kann und darf nicht mit einer Gymnastik verwechselt werden."[46] Der *Haṭha-yoga* hat den körperfeindlichen Asketismus wie das pessimistische Spekulieren früherer Zeiten überwunden und sieht im Körper nicht mehr die Quelle des Leids, sondern das vollendete Werkzeug des Menschen zum Sieg über den Tod.[47]

Mainstream war diese Art der Frömmigkeit damals allerdings nicht. Die Mehrheit der heute bekannten *āsanas* lässt sich in der Tat nicht aus der klassischen Yogaliteratur ableiten.[48] Und um angenehme Entspannungsgefühle ging es bei diesem *Haṭha-yoga*, im Gegensatz zu seinen modernen Modifikationen und Weiterentwicklungen, ebenfalls noch nicht.

40 *Gheraṇḍasaṃhitā* 8, Schmidt 1921: 208.
41 Hauer 1958: 271.
42 Vgl. Hauer 1958: 310.
43 Vgl. Garbe 1896: 43–45.
44 Heiler 1922: 13.
45 Heiler 1922: 48.
46 Eliade 2016: 238.
47 Vgl. Eliade 2016: 237.
48 Vgl. Bühnemann 2007: 143–145.

Abb. 1: Ein Fakir in Benares, 1907, Vārāṇasī.
(Fotografie von Herbert Ponting)

Diese asketischen, gewaltsam wirkenden Elemente nährten auch antiyogische Vorbehalte bei kritischen Gegnern, die von britischen Beobachtern u.a. zur Legitimierung ihrer Kolonialherrschaft bemüht wurden: Der nackte Yogin auf dem Nagelbrett wurde jahrzehntelang zum bedeutendsten Symbol der spirituellen Orientierungslosigkeit und religiösen Verwahrlosung der Inder instrumentalisiert. John Fryer beschrieb 1698 Fakire als „Vagabonds, and […] the Pest of the Nation they live in“[49]. *Nāth Yogins* bildeten auch die erste religiöse Gruppe, die sich militärisch organisierte und zentrale Handelsrouten in Nordindien unter ihre Kontrolle brachte. 1773 ließ Warren Hastings (1732–1818), erster Generalgouverneur von Ostindien, wandernde Yogins in Bengalen daher verbieten. Monier Monier-Williams (1819–1899), Vater der anglophonen Sanskritforschung, nannte das Verbot „yogischer Selbstfolter“ den größten Segen, den die Briten den Indern brachten.[50] Der amerikanische Sanskritist Edward Washburn Hopkins (1857–1932) bezeichnete Yogins Schurken[51] und idiotisch[52]. Der deutsch-englische Indologe Friedrich Max

49 Fryer 1698: 95.
50 Vgl. Monier-Williams 1879: 79.
51 Vgl. Hopkins 1895: 486.

Müller (1823–1900) sprach von Scharlatanen und lobte Yoga als Philosophie, die unglücklicherweise zu Systemen wie *Haṭha-yoga* degeneriert sei. Der um Modernisierung bemühte Hindureformer Dayānand Sarasvatī (1824–1883) übernahm die negativen kolonialen Einschätzungen bis zu einem gewissen Grade; so soll er eine Leiche aus dem Fluss gefischt und zerschnitten haben, und als er keine *cakras* finden konnte, soll er seine Ausgabe der *Haṭhayogapradīpikā* in den Fluss geworfen haben.

Richard Schmidt (1866–1939) zeigt sich in seiner Übertragung der *Gheraṇḍasaṃhitā* (Erstveröffentlichung 1908) erstaunt über die auffälligen Parallelen des Yoga mit „unseren Hygienikern" und kommentiert:

> So vermag selbst eine so abstruse Lehre wie die des Yoga die interessantesten Streiflichter auf unsere Zeit zu werfen; [...] Wollen moderne Schwarmgeister ihre Blöße mit altindischen Lumpen decken, so mag ihnen dies Vergnügen gegönnt sein. Sie beweisen aber damit, dass die indische Gans doch noch klüger ist als sie.[53]

> Dass das Dasein eines Yogin selbst für Europäer etwas Anziehendes und Nachahmenswertes besitzen kann, ist in unseren spiritistisch durchseuchten Zeiten nichts Erstaunliches mehr.[54]

Am härtesten kritisierte Schmidt jedoch die Rezeption des Yoga in den USA:

> Folgen: eine absonderliche Literatur, Gründung närrischer Vereine, Veranstaltungen von allerlei Hokuspokus, in Summa: modernster Schwindel, der mit unverstandenen oder unverständlichen Begriffen hantiert.[55]

DER MENTALE RĀJA-YOGA UND DIE ANFÄNGE DER YOGA-BEGEISTERUNG IN DEUTSCHLAND

Im 17. und 18. Jahrhundert standen die meisten Europäer dem Yoga, wie Reiseberichte belegen, so ablehnend wie möglich gegenüber („verabscheuungswürdige Gesindel"[56], „stinkfaule Heuchler"[57] – der oben erwähnte Richard

52 Vgl. Hopkins 1901: 370.
53 Schmidt 1921: 6.
54 Schmidt 1921: 181.
55 Schmidt 1921: 30.
56 Th. F. Ehrmann (*Neueste Beiträge zur Kunde von Indien* 3, Weimar 1806, 215ff.), zit. in Schmidt 1921: 183.
57 Th. F. Ehrmann, zit. in Schmidt 1921: 183.

Schmidt selbst nannte die Yogaphilosophie „Vulgärbuddhismus“[58]). Philosophisch und tiefenpsychologisch wurden yogische Ideen zuerst und wohl nirgends sonst mit derartiger Intensität wie im deutschsprachigen Raum gedeutet. Johann Gottfried Herder (1744–1803) bereitete die Indienbegeisterung der Romantik in Deutschland vor. Friedrich Schelling (1775–1854) übersetzt Yoga mit „Innigkeit“[59]. Mit Georg Wilhelm Friedrich Hegels (1770–1831) nihilistischer Missdeutung hinduistischer Spiritualität als „Vereinsamung des Selbstbewusstseins“[60] schlägt die Indienbegeisterung bald ins Gegenteil um. Arthur Schopenhauer (1788–1860) spricht von der indischen Askese als „absichtliche Selbstpeinigung“[61] und Verneinung des Willens zum Leben.

Von den Vorreitern der Psychologie im 19. Jahrhundert werden Yogins mit jenen Psychotechniken assoziiert, die Mediziner wie Preyer und Braid u.a. als menschlichen „Winterschlaf“[62] bezeichnen, der durch Selbsthypnose induziert werde.[63] Auch Friedrich Heiler (1892–1967) versteht Yoga als mystische Psychotechnik, die mit Konzentrationsmethoden höhere Bewusstseinszustände eröffne.[64] Für ein Verständnis von Yoga als Psychotechnik waren im deutschsprachigen Raum u.a. die Publikationen des Psychiaters Johannes Schultz (1884–1970) und des Begründers der analytischen Psychologie, Carl Gustav Jung (1875–1961), prägend.[65] Schultz trennte systematisch die therapeutischen Aspekte des altindischen Yoga von seinen religiös-mystischen Elementen und kombinierte sie mit der zeitgenössischen Psychotherapie zum *Autogenen Training*. In einer gegenwärtigen Weiterentwicklung dieses Entwicklungspfades wird Yoga z.B. in der Traumatherapie zur Behandlung von Zuständen der Übererregbarkeit und Hypervigilanz als Folge Posttraumatischer Belastungsstörungen empfohlen.[66] Die Aufmerksamkeitsfokussierung auf das aktuelle somatische Empfinden soll

58 Vgl. Schmidt 1921: 144–187.
59 Schelling 1857: 488.
60 Baier 1998: 97.
61 Schopenhauer 1860: 1415.
62 Preyer 1890: 38 u. 189.
63 Vgl. Braid 1852: 20 u. 108–112.
64 Vgl. Heiler 1922: 45.
65 Vgl. aber auch Rösel 1928.
66 Vgl. Emerson 2015. Emerson; Hopper 2011.

die falschen Alarmsignale des limbischen Systems reparieren[67] und so die im Körper verfestigten Traumaerinnerungen auflösen.

Wirklich populär wurde Yoga im Westen zuerst durch die Theosophen. Die v.a. in Indien tätige Theosophische Bewegung unter Leitung von Helena P. Blavatzky (1831–1891) motivierte auch Wegbereiter des indischen Nationalismus nach 1880 dazu, scheinbar alte Yogatraditionen wiederzuentdecken. Theosophen ging es allerdings um Erkenntnis, nicht um Gesundheit. Blavatzky empfiehlt im dritten Band ihrer Geheimlehre den *Rāja-yoga* als göttliche Wissenschaft und lehnt den „exoterischen"[68] *Haṭha-yoga* als „Peinigung und Selbstkasteiung"[69] bzw. „niedere Form des Yoga"[70] und direkten Antipode vom *Rāja-yoga* mit den deutlichsten Worten ab:

> Ich möchte jedem Schüler strengstens davon abraten, irgendeine dieser Hatha Yoga Übungen zu versuchen, denn er wird sich entweder gänzlich ruinieren oder sich selbst soweit zurückwerfen, dass es nahezu unmöglich sein wird, den verlorenen Boden in dieser Inkarnation wiederzugewinnen.[71]
>
> Verschiedene ungeduldige Chelas, die wir in Indien persönlich kannten, verlegten sich auf die Praxis von Hatha Yoga, ungeachtet unserer Warnungen. Von diesen entwickelten zwei Schwindsucht, woran eine starb; andere wurden nahezu blödsinnig; andere begingen Selbstmord; und einer entwickelte sich zu einem regelrechten Tantrika, einem Schwarzen Magier, aber seine Laufbahn wurde, zu seinem Glücke, vom Tode abgeschnitten.[72]

Nach 1900 fasste die Theosophie auch in Deutschland Fuß. Der bekannteste deutsche Theosoph, Dr. Franz Hartmann (1838–1912), gab ab 1892 die *Lotosblüthen: ein monatlich erscheinendes Journal enthaltend Originalartikel und ausgewählte Übersetzungen aus der orientalischen Litteratur in Bezug auf die Grundlage der Religionen des Ostens und der Theosophie* heraus. Der Haṭhayogin wurde von ihm als ein „Diener der Lüge"[73] betrachtet. Die Theosophen Franz Hartmann und Carl Kellner (1850–1905) begründeten 1901 den *Ordo Templis Orientis* (OTO), der nach 1906 von Theodor Reuß (1855–1923) geleitet wurde. Auch der spätere Gründer der

67 Vgl. Van der Kolk 2014: 205 und 270.
68 Blavatsky 1921: 500.
69 Blavatsky 1899: 77.
70 Blavatsky 1921: 601.
71 Blavatsky 1921: 491.
72 Blavatsky 1921: 502.
73 Tietke 2014: 47.

Anthroposophie, Rudolf Steiner (1861–1925), war Mitglied. Der OTO empfahl *Haṭha-yoga* inklusive tantrischer Praktiken.

Rudolf Steiner wurde 1902 Generalsekretär der *Deutschen Sektion der Theosophischen Gesellschaft.* Ab 1904 baute er die Deutsche Esoterische Schule (anfänglich noch angeschlossen an die *Esoteric School of Theosophy*) auf, deren Mitglieder sich schriftlich zur täglichen Yogapraxis und wenigstens 15-minütiger morgendlicher Mentalmeditationsarbeit mit leerem Magen und voller Devotion verpflichten mussten.[74] Bereits 1907 äußerte er seinen Unmut über Annie Besants (1847–1933) Anspruch auf die Nachfolge des Blavatsky-Nachfolgers Henry Steel Olcott (1832–1907). Steiners Weigerung, den theosophischen Weltlehrer Jiddu Krishnamurti (1895–1986) anzuerkennen, führte 1913 zur Auflösung der Deutschen Theosophischen Gesellschaft. Die meisten Mitglieder übernahm Steiner in die bereits im Dezember 1912 gegründete *Anthroposophische Gesellschaft.* Der damals führende Yogakenner Professor Hauer ging energisch gegen die Anthroposophie und Waldorfschule („eine Gefahr für echte deutsche Bildung") vor. Sein vom *Sicherheitsdienst des Reichsführers-SS (SD)* angefragtes Gutachten vom Februar 1935 führte am 1. November 1935 zu ihrem Verbot: „Ich halte die anthroposophische Weltanschauung, die in jeder Beziehung international und pazifistisch eingestellt ist, für schlechthin unvereinbar mit der nationalsozialistischen."[75]

Theosophische Gedanken übten in modifizierter Form – abgesehen von ihrer Weiterführung in der Anthroposophie – auch erheblichen Einfluss auf die Lebensreform- und Neugeistbewegung sowie die Ariosophie aus. Die Ariosophie war inspiriert von den Wienern Okkultisten Guido von List (1848–1919) und Lanz von Liebenfels (1874–1954). Die germanisierte Theosophie des Freimaurers Guido von List propagierte einen Wotankult als Nationalreligion der Teutonen, den er in Publikationen wie *Der Unbesiegbare* (1898) oder *Die Armanenschaft der Ario-Germanen* (1908) schilderte. 1911 gründete er den *Hohen Armanen-Orden* und synthetisierte in seiner Lehre Theosophie (Karma, Reinkarnation) mit germanischer Mythologie. Sein enger Freund Jörg Lanz von Liebenfels (eigentlich Adolf Joseph Lanz) gründete bereits 1900 den *Ordo Novo Templis,* dessen Mitglieder später auch Yogaschulungen allein für die „arische Lichtrasse" anboten. Friedrich

74 Vgl. Steiner 1996: 134–135, 139, 142 u. 147.

75 Zit. nach Gädeke 2012: 10.

Adelmann-Huttula warnt in seinem *Jeder Deutsche ein Yoga-Praktiker! Der Rāja-Yoga als Lebenskunst und Lebenswissenschaft* (1923) vor finanzkräftigen Körperschaften des Auslandes, die höhere Yogalehren monopolisierten, um „uns Deutsche" kaltzustellen.[76]

Die Lebensreform- und Neugeistbewegung bildet einen weiteren Entwicklungspfad theosophischer Lehren. In Bad Godesberg entstand unter Einfluss der nordamerikanischen *New Thought*-Bewegung das *Neugeist-Repertorium*, eine Akademie zur Ausbildung von Körpertherapeuten. In ihrer Hauszeitschrift *Die Weiße Fahne* wurde aktiv für Yoga geworben. *Haṭha-yoga* wurde gemeinsam mit Vegetarismus und Übungen zur Auto-Psychotherapie (Autosuggestion) zur Bezähmung der triebhaften Seele gelehrt. Die Neugeistbewegung inspirierte u.a. die Abstinenzbewegung und Runengymnastik, d.i. eine germanisierte Form des *Haṭha-yoga* zur Formung des Herrenmenschen. Der Yogin Peryt Shou (eigentlich Albert Schultz, 1873–1953), Vorsitzender der *Esoterischen Gesellschaft Berlin*, beeinflusste mit seinen Ausführungen, u.a. zum Yoga als Geisteswaffe,[77] den Gründer der antisemitischen *Thule-Gesellschaft*. Der Yogin mutiert zum Übermenschen.[78]

Die Grundlage hierfür legte auch der äußerst populäre Autor Hermann Graf Keyserling (1880–1946), der den Yoga als Potenzierungswaffe zur Machtsteigerung begriff: „[D]urch Potenzierung des Konzentrationsvermögens gelange der Mensch in den Besitz eines Werkzeugs von ungeheurer Kraft."[79]

> Die innere Wahrheit dieses Sinns ist nun dermaßen evident, dass ich mich wundere darüber, dass Yoga-Praxis nicht schon längst in den Plan jeder Erziehungsanstalt aufgenommen worden ist. Unzweifelhaft ist alle Steigerung der Lebenskräfte Funktion ihrer gesteigerten Konzentration; unzweifelhaft bezeichnet Konzentration die technische Basis jedes Fortschrittes.[80]
>
> Toren wären wir, wollten wir sie uns nicht zunutze machen. Wir sind so viel vitaler als die Inder, verfügen über so viel mehr psychisches Kapital – wer weiß, wohin wir erst gelangen werden.[81]

76 Tietke 2014: 105.
77 Vgl. Shou 1935.
78 Vgl. z.B. Shou 1920 und Wilke 1919.
79 Keyserling 1919: 236.
80 Keyserling 1919: 105.
81 Keyserling 1919: 239.

Parallel zu diesen deutschen Yogadiskursen, die oft idealistisch und z.T. rassistisch überzeichnet waren, entfaltete Swāmi Vivekānanda (1863–1902) einen Yogadiskurs, der die globale Yogarezeption stark prägen sollte. Mit seinem Werk *Rāja Yoga* (1896) begann ein transnationales Yogarevival. Bei Vivekānanda spielen *āsanas* keine Rolle; den heute so populären Stil des *Haṭha-yoga* lehnt er als nicht-spirituelle[82], veräußerlichte Verfallsform des Yoga vehement ab. Seine idealistische Sichtweise auf den Yoga verdankt Swāmi Vivekānanda möglicherweise dem deutschen Indologen Paul Deussen (1845–1919), der u.a. die *Yoga-sūtras* übersetzte:[83]

> Vom Herbst 1896 an hat Vivekananda dann [...] in Europa, Indien und Amerika gern den Schopenhauer-Deussenschen Pseudo-Vedānta vorgetragen, gelegentlich mit Modifikationen [...], aber doch immer mit deutlichen Anzeichen der Abhängigkeit von seinem Kieler Lehrer.[84]

1897 kam *Yogi Bava Lachman Das* nach London und unterhielt das Publikum im Westminster Aquarium mit Āsanavorstellungen, die im Lifestylemagazin *The Strand* fotografisch dokumentiert wurden. Diese Fotografien sind die ersten Bilddokumente von *Yogāsanas* in Europa. 1927 stellte *Yoghi Matho* die Hauptattraktion der Völkerschau in John Georg Hagenbecks (1900–1959) Tierpark dar.

YOGA ALS SPORT

In Indien waren es ab den 1920er Jahren Sri Yogendra (1897–1989), Swami Kuvalayananda (1883–1966)[85] und Sri Tirumalai Krishnamacharya (1888–1989), die *Haṭha-yoga* und *āsanas* ins Bewusstsein einer breiteren Öffentlichkeit brachten, allerdings erst deutlich nachdem die Briten im Sportunterricht Turnübungen der medizinischen Heilgymnastik des Schweden Pehr Henrik Ling (1776–1839) in indischen Schulen etabliert hatten.[86] Mit genau angeleiteten Übungen sollte Lings *pädagogische Gymnastik* der Jugend Disziplin und Gehorsam lehren. Die auf ihr aufbauende *Wehrgymnastik* zur Vertiefung der Kampf- und Wehrfertigkeiten diente als Vorberei-

82 Vgl. Vivekānanda 1920: 18f. u. 243.

83 Vgl. Deussen 1914: 507–578.

84 Hacker 1961: 389.

85 Detaillierter im dritten Kapitel bei Alter 2004.

86 Vgl. Singleton 2010: 84–86.

tung auf die Armeezeit. In dieser Perspektive schien Sportyoga auch der indischen Unabhängigkeitsbewegung zur Steigerung der Verteidigungsfähigkeit des Volkskörpers dienlich. Einige von Lings Übungen, wie z.B. die Kerze, wurden später selbstverständlich auch als Yogāsana bekannt.

1937 gründete der exilrussische Tänzer Boris Sacharow (1899–1959) in Berlin seine *Yogaschule für Indische Körperertüchtigung*. Sacharow gab u.a. an der Lessing-Hochschule in Berlin Yogakurse und legte so den Grundstein für die bis heute andauernde Affinität der Volkshochschulen zu Yoga. Nach dem Englandflug des Stellvertreters des Führers, Rudolf Heß, (1894–1987), der sich von okkulten Prophezeiungen leiten ließ, erfolgte 1941 ein generelles Verbot der Lehre esoterischer Themen in Deutschland. Nach Kriegsende konnte Yoga erst ab 1947 in den Westzonen wieder Fuß fassen. Sacharow hatte das zerstörte Berlin verlassen und in Bayreuth eine neue Yogaschule eröffnet, die *Erste Deutsche Yogaschule*.

Im Westen wurde der *Haṭha-yoga* als Sport erst in der zweiten Hälfte des 20. Jahrhunderts für die breite Bevölkerung populär. Wegbereitend hierfür war der *Weiße Lama* Theos Casimir Bernard (1908–1947), der 1943 mit einer Dissertation über seine *Haṭha-yoga*-Erfahrungen an der Columbia University promoviert wurde.[87] Nach seinen publizistischen Erfolgen folgten die *Āsana*-Enzyklopädien der 1960er: Vishnudevanandas (1927–1993) *Complete Book of Yoga* (1960) und B.K.S. Iyengars (1918–2014) *Light on Yoga* (1966). Mit diesen beiden Werken scheint eine Art *Āsana*-Kanonisierung stattgefunden zu haben.

DIE ZWEITE YOGAWELLE IM WESTEN

Nach 1960 eröffneten nordamerikanische Yogaschulen Dependancen in der Bundesrepublik.[88] Der Münchener Otto Wilhelm Barth Verlag lieferte seit den frühen 1950er Jahren zahlreiche Publikationen und Textübersetzungen zu *Haṭha-yoga*, tibetischen Techniken, *Kuṇḍalinī-yoga* oder Tantra. Nach der Hinwendung der Beatles zu den Lehren von Maharishi Mahesh Yogi (1918–2008) nahm Mitte der 1960er Jahre bei jungen Leuten in Deutschland das Interesse an Yoga rapide zu. Um 1965 hatte Maharishi bereits

87 Vgl. Bernard 1957.

88 Für Details und weitere Ausführungen siehe Fuchs 1990.

mehr als 7.000 deutsche Schüler und 35 Meditationszentren. Maharishis Methode der *Transzendentalen Meditation* versprach auch Depressionen und andere psychische Leiden zu heilen. Der Pionier des LSD-Konsums Timothy Leary (1920–1996) war ein Anhänger der Kombination von Yoga und Drogen. Der geschäftstüchtige Inder Rajneesh Chandra Mohan Jain (1931–1990), der sich „Bhagwan" bzw. „Osho" nennen ließ, passte den Yoga an die zweite kommerziell-antiautoritäre sexuelle Revolution an: „Sex ist Lebenskraft." Bhagwan bot eine spirituelle Gemeinschaft inklusive sexueller Kontakte im Sinne eines popularisierten Tantrismus. Seine „dynamische Meditation" sollte den Körper mit Sauerstoff füllen und so für höhere Sphären öffnen. Seine Idee der Gruppenbehandlung begünstigte die Rezeption durch Psychotherapeuten. Der Abbau von Stress geriet in den Fokus von Yogaanbietern.[89]

Versuche der *Evangelischen Zentralstelle für Weltanschauungsfragen*, Yoga per se als Sektenaktivität zu brandmarken, blieben erfolglos. Ab 1988 gab es erstmals Zuschüsse einzelner Krankenkassen für Yoga-Kurse. Volkshochschulen und später Fitnessstudios avancierten zu wichtigen Katalysatoren der Verbreitung von Yoga. 1989 gab es entsprechende Kurse an 750 Volkshochschulen mit insgesamt mehr als 200.000 Teilnehmern. Große Firmen wie BASF oder Bosch engagierten Yogatherapeuten zur Betreuung gestresster Mitarbeiter. Heute hat Yoga darüber hinaus einen festen Platz in den kirchlichen Gemeindezentren und Familienbildungsstätten. Durch die Ausklammerung philosophischer Fragen gelang es Anbietern von Yogakursen, wie z.B. Sportstudios, ein breites Publikum anzusprechen, so dass Yoga in der breiten Öffentlichkeit eher als eine Art Fitnessdisziplin und nicht als religiöse Askesetechnik und mystische Kontemplationsmethode mit der soteriologischen Funktion der Erreichung des Seelenheils wahrgenommen wird. Damit schließt sich der Kreis zu den anfänglich aufgezählten Yogaerfolgen eines medizinischen Yogaverständnisses.

89 Als Überblick empfehlenswert: Mildenberger; Gugler 2016b.

FAZIT

Kaum ein religiöser Begriff ist so polyvalent wie der des Yoga. Seine unterschiedlichen, über Jahrhunderte hinweg entwickelten körperzentrierten, psychomentalen und spirituellen Praktiken und philosophischen Lehren eröffnen vielfältige Anknüpfungspunkte in zahlreiche Richtungen. So gelangten abwechslungsweise verschiedene religiöse Wege, asketische Läuterungsrituale, mentale Fokussierung, Entsagung, Erkenntnis, Lebensmacht, Erlösung, körperliche Reinigungstechniken, Steigerung der Leistungsfähigkeit oder Wohlbefinden in den Hauptfokus von Yogatraditionen. Ein näherer Blick auf die Vielfalt der Entwicklungspfade der diversen Yogakulturen zeigt, wie bedeutungsoffene Konzepte aus anderen kulturellen Kontexten sowohl in der europäischen Kultur also auch innerhalb Indiens als vielfältige Projektionsflächen für individuelle und kollektive Wünsche und Sehnsüchte ebenso wie für politische Ideologien fungieren können.

LITERATUR

Alter, Joseph S.: *Yoga in Modern India. The Body between Science and Philosophy*, Princeton: Princeton University Press 2004.

Baier, Karl: *Yoga auf dem Weg nach Westen. Beiträge zur Rezeptionsgeschichte*, Würzburg: Königshausen & Neumann 1998.

Beamen, Lori G.; Sikka, Sonia: *Constructions of Self and Other in Yoga, Travel and Tourism*, Cham: Springer 2016.

Bernard, Theos: *Hatha Yoga. Ein Erfahrungsbericht aus Indien und Tibet*, Stuttgart: Günther 1957.

Berufsverband der Yogalehrenden in Deutschland e.V.: „Yoga in Zahlen 2018", URL: https://www.yoga.de/site/assets/files/2433/bdy_yoga_in_zahlen_2018-02-09.pdf (letzter Zugriff am 15. Februar 2019).

Blavatsky, Helena P.: *Die Geheimlehre. Bd. I. Kosmogenesis*, Leipzig: Friedrich 1899.

Blavatsky, Helena P.: *Die Geheimlehre. Bd. II. Anthropogenesis*, Leipzig: Theosoph. Verlagshaus 1921.

Braid, James: *Magic, Witchcraft, Animal Magnetism, Hypnotism and Electrobiology*, London: John Churchill 1852.

Bühnemann, Gudrun: *Eighty-four Āsanas in Yoga. A Survey of Traditions*, New Dehli: DK Printworld 2007.

Clarke, Tainya C.; Barnes, Patricia M. u.a.: „Use of Yoga, Meditation, and Chiropractors Among US Adults Aged 18 and Over“, in: *NCHS data brief* 325 (2018), 1–8.

Cook-Cottone, Catherine; Lemish, Erga u.a.: „Interpretive phenomenological analysis of a lawsuit contending that school-based yoga is religion: A study of school personnel“, in: *International journal of yoga therapy* 1 (2017), 25–35.

Cramer, Holger: „Yoga in Deutschland – Ergebnisse einer national repräsentativen Umfrage“, in: *Forschende Komplementärmedizin* 5 (2015), 304–310.

Delaney, Brigid: „The yoga industry is booming – but does it make you a better person?“, 2017, URL: https://www.theguardian.com/lifeandstyle/2017/sep/17/yoga-better-person-lifestyle-exercise (letzter Zugriff am 28. Februar 2019).

Deussen, Paul: *Allgemeine Geschichte der Philosophie mit besonderer Berücksichtigung der Religionen. Erster Band, Dritte Abteilung: Die nachvedische Philosophie der Inder*, Leipzig: Brockhaus 1914.

Eliade, Mircea: *Yoga. Unsterblichkeit und Freiheit*, Frankfurt/M.: Insel 2016.

Emerson, David: *Trauma-sensitive Yoga in Therapy. Bringing the Body into Treatment*, New York: W.W. Norton 2015.

Emerson, David; Hopper, Elizabeth: *Overcoming Trauma through Yoga: Reclaiming Your Body*, Berkeley: North Atlantic 2011.

Ernst, Carl W.: „A Fourteenth-Century Persian Account of Breath Control and Meditation“, in: David G. White (Hg.), *Yoga in Practice*, Princeton: Princeton University Press 2012, 133–140.

Frembgen, Jürgen W.: *Derwische: Gelebter Sufismus. Wandernde Mystiker und Asketen im islamischen Orient*, Köln: DuMont 1993.

Fryer, John: *A New Account of East-India and Persia in Eight Letters Being Nine Years Travels, 1672–1681*, London: Chiswell 1698.

Fuchs, Christian: *Yoga in Deutschland. Rezeption, Organisation, Typologie*, Stuttgart: Kohlhammer 1990.

Gädeke, Wolfgang: *Das Verbot der Christengemeinschaft und Prof. Jakob Wilhelm Hauer*, Berlin: Urachhaus 2012.

Garbe, Richard: *Sāmkhya und Yoga*, Strassburg: Karl J. Trübner 1896.

Hacker, Paul: „Schopenhauer und die Ethik des Hinduismus“, in: *Saeculum* 4 (1961), 366–399.

Hauer, Jakob Wilhelm: *Die Anfänge der Yogapraxis im alten Indien. Eine Untersuchung über die Wurzeln der indischen Mystik nach Rgveda und Atharvaveda*, Stuttgart: Kohlhammer 1921.

Hauer, Jakob Wilhelm: *Der Vrātya. Untersuchungen über die nichtbrahmanische Religion Altindiens. Erster Band: Die Vrātya als nichtbrahmanische Kultgenossenschaften arischer Herkunft*, Stuttgart: Kohlhammer 1927.

Hauer, Jakob Wilhelm: *Der Yoga. Ein indischer Weg zum Selbst*, Stuttgart: Kohlhammer 1958.

Heiler, Friedrich: *Die buddhistische Versenkung. Eine religionsgeschichtliche Untersuchung*, München: Ernst Reinhardt 1922.

Hindu American Foundation: „Yoga in Public School", o. J., URL: https://www.hafsite.org/media/pr/yoga-public-school (letzter Zugriff am 15. Februar 2019).

Hopkins, E. Washburn: *The Religions of India*, Boston: Ginn 1895.

Hopkins, E. Washburn: „Yoga-technique in the Great Epic", in: *Journal of the American Oriental Society* 22 (1901), 333–379.

Keyserling, Hermann: *Das Reisetagebuch eines Philosophen*, München: Duncker & Humblot 1919.

Maas, Philipp A.; Verdon, Noémie: „On al-Bīrūnī's Kitāb Pātanğal and the Pātañjalayogaśāstra", in: Karl Baier; Philipp A. Maas; Karin Preisendanz (Hg.), *Yoga in Transformation*, Göttingen: Vienna University Press 2018, 283–334.

Mallinson, James: *The Shiva Samhita*, Woodstock: YogaVidya 2007.

Mallinson, James: „Yoga and Sex: What is the Purpose of Vajrolīmudrā", in: Karl Baier; Philipp A. Maas; Karin Preisendanz (Hg.), *Yoga in Transformation*, Göttingen: Vienna University Press 2018, 181–222.

Mallinson, James; Singleton, Mark: *Roots of Yoga*, London: Penguin 2017.

Michelis, Elizabeth de: *A History of Modern Yoga. Patanjali and Western Esotericism*, London: Bloomsbury 2014.

Mildenberger, Florian; Gugler, Thomas K.: „Yoga und Sexualität – eine problematische Beziehung", in: *Sexuologie* 23/1–2 (2016a), 33–37.

Mildenberger, Florian; Gugler, Thomas K.: „Yoga in Deutschland. Geschichte und Gegenwart", in: Jochen Krautwald; Florian Mildenberger (Hg.), *Jahrbuch 2015: Aktuelle Forschungsberichte aus dem IntraG*, Essen: KVC 2016b, 269–305.

Monier-Williams, Monier: *Modern India and the Indians*, London: Trübner 1879.

Preyer, William T.: *Der Hypnotismus. Vorlesungen. Nebst Anmerkungen und einer nachgelassenen Abhandlung von Braid aus dem Jahre 1845*, Wien: Urban & Schwarzenberg 1890.

Ritter, Helmut: „Al-Bīrūnī's Übersetzung des Yoga-Sūtra des Patañjali", in: *Oriens* 2 (1956), 165–200.

Rösel, Richard: *Die psychologischen Grundlagen der Yogapraxis*, Stuttgart: Kohlhammer 1928.

Schelling, Friedrich W. J. von: *Philosophie der Mythologie*, Stuttgart: Cotta 1857.

Schimmel, Annemarie: *Mystische Dimensionen des Islam. Die Geschichte des Sufismus*, Frankfurt/M.: Insel 2009.

Schmidt, Richard: *Fakire und Fakirtum im alten und modernen Indien. Yoga-Lehre und Yoga-Praxis nach den indischen Originalquellen*, Berlin: Hermann Barsdorf 1921.

Schopenhauer, Arthur: *Die Welt als Wille und Vorstellung*, Leipzig: Insel Verlag 1860.

Shou, Peryt: *Yoga-Praxis. Ein praktischer Schlüssel zum Studium der Geheimlehre aller Religionen und zur Entwicklung höherer Seelen-Kräfte. Von der Selbst-Induktion des Willens, Physik und Metaphysik des Atems*, Berlin: Linser 1920.

Shou, Peryt: *Die Geistes-Waffe des nordischen Menschen*, Berlin: Selbstverlag 1935.

Shukla, Aseem: „The Theft of Yoga", in: *The Washington Post* (18. April 2010).

Singleton, Mark: *Yoga Body. The Origins of Modern Posture Practice*, Oxford: Oxford University Press 2010.

Steiner, Rudolf: *Zur Geschichte und aus den Inhalten der ersten Abteilung der Esoterischen Schule 1904–1914. Briefe, Rundbriefe, Dokumente und Vorträge*, Dornach: Rudolph Steiner Verlag 1996.

Tietke, Mathias: *Yoga im Nationalsozialismus. Konzepte, Kontraste, Konsequenzen*, Kiel: Ludwig 2014.

Van der Kolk, Bessel: *The Body Keeps the Score. Brain, Mind, and Body in the Healing of Trauma*, New York: Viking 2014.

Vasu, Rai Bahadur Srisa Chandra: *The Siva Samhita*, Allahabad: The Pāṇini Office 1914.

Villwock, Jonas: *Yoga-Markt in Deutschland 2016*, Köln: Fitogram 2016 (PDF, nicht mehr online; verfügbar über T. K. G.).

Vivekānanda, Swāmi: *Rāja Yoga*, New York: Brentano's 1920.
Walter, Hermann: *Svātmārāma's Haṭhayogapradīpikā*, München: F. Straub 1893.
White, David G.: *Kiss of the Yoginī. „Tantric Sex" in its South Asian Contexts*, Chicago: University of Chicago Press 2006.
Wilke, Max: *Hatha-Yoga. Die indische Fakir-Lehre zur Entwicklung magischer Gewalten im Menschen*, Dresden: Rudolph 1919.
Wong, Alia: „Why Schools Are Banning Yoga 2018", URL: https://www.theatlantic.com/education/archive/2018/09/why-schools-are-banning-yoga/570904/ (letzter Zugriff am 15. Februar 2019).

ABBILDUNG

Abb. 1: Ein Fakir in Benares, 1907, Vārāṇasī; Fotografie von Herbert Ponting.

Die Pose des ‚Kreisbogens' im Ausdruckstanz im Spannungsfeld religiöser Ekstase und imaginierter Gemeinschaft

Isabella Schwaderer

This paper analyses images of female dancers in a significant pose to highlight the common ground that links religious phenomena such as ritual and ecstasy with contemporary concepts of hysteria as they are represented and commented in modern German Dance. In the dance pose of the „circle-ach" (*arc de cercle*), notions of the „dancing maenad" and the „hysterical woman" merge and create new spaces of discourse between individual and collective identity.

EINLEITUNG

Der moderne deutsche Tanz, auch als Ausdruckstanz bezeichnet, eroberte als neue performative Kunstform die deutschen Bühnen des ersten Drittels des 20. Jahrhunderts. Der expressive Charakter des Bühnengeschehens wurde in der Kritik und in den theoretischen Schriften über den Tanz in auffallender Weise mit religiösem Vokabular beschrieben, das starke Parallelen aufweist zu den Beschreibungen aus dem Feld ekstatischer Techniken und Erfahrungen, denen sich auch historische, anthropologische, ethnologische und nicht zuletzt psychologische Studien der Epoche widmeten. Der individuellen Erfahrung der Ekstase ist eine Erfahrung von oder die Sehnsucht nach einer (imaginierten) Gemeinschaft beigesellt, die sich in der geteilten ästhetischen Erfahrung herauskristallisiert.

Der ekstatische Körper wurde dabei zum Modell einer synästhetischen Kommunikation, die Resonanzen herstellt, wie sie in den dionysischen Kulten der Antike wie auch in ‚primitiven' Kulturen als gemeinschaftsstiftend angesehen wurde. Im gesellschaftlichen und politischen Kontext wurden die zeitgenössischen Massenphänomene mit dieser Kommunikationsform auf der Ebene der Körper assoziiert. Über die Analyse ekstatischer Tanzepidemien des Mittelalters erhoffte man sich beispielsweise Aufschluss über moderne Massenphänomene. Menschliche Grundempfindungen wie ‚Sympathie' und die Anlage zur ‚Nachahmung' wurden als Grundlagen für das Prinzip der ‚psychischen Ansteckung' gesehen, welche sich in der mittelalterlichen ‚Tanzwuth' ebenso äußerten wie in modernen politischen Massenereignissen.[1] Unter dieser Prämisse werden in diesem Beitrag drei Bildtypen, nämlich die tanzende Mänade, die religiöse Ekstatikerin und die Hysterikerin zueinander in Beziehung gesetzt, um deren Aneignung im deutschen Ausdruckstanz, insbesondere durch Mary Wigman, zu interpretieren.

Der aus der Antike stammende, um die Wende vom 19. zum 20. Jahrhundert vielfach neu interpretierte Bildtypus der Mänade, die fotografischen Aufnahmen verschiedener Stadien der Hysterie im Rahmen der Forschungen des führenden Neurologen und Psychiaters des späten 19. Jahrhunderts, Jean-Martin Charcot, in ihrer Verknüpfung mit Darstellungen von religiöser Ekstase aus der europäischen Kunstgeschichte und schließlich fotografische Aufnahmen vorwiegend von Tänzerinnen können so als Bindeglieder zwischen den sich in jener Epoche neu konstituierenden wissenschaftlichen Disziplinen der Psychologie, Anthropologie und Religionswissenschaft verstanden werden. In diesem medialen Prozess wird die Wirkmacht dieser Bilder offensichtlich, die insbesondere darin bestand, der modernen Suche nach imaginierter Gemeinschaft mimetisch Ausdruck zu geben.[2]

1 Vgl. Baxmann 2000: 67–68.

2 Vgl. Baxmann 2000: 66–67.

DIE DARSTELLUNG TÄNZERISCHER EKSTASE IM ANTIKEN DIONYSOS-MYTHOS IM KONTEXT MODERNER TANZBILDER

Als Mänaden galten in der Antike Frauen aus dem kultischen Umfeld des Gottes Dionysos, der unter anderem mit dem Wein und den mit diesem Rauschmittel verbundenen ekstatischen Verhaltensweisen assoziiert wurde; hierzu gehörte insbesondere der Tanz als ein gottgesandter veränderter Bewusstseinszustand. Einer mythischen Erzählung bei Platon zufolge soll Dionysos von seiner Stiefmutter Hera seines Verstandes beraubt worden sein. In diesem Zustand soll er den Menschen „die Ausgelassenheit der bacchischen Feste und alle wilden und rasenden Tänze" und dazu den Wein geschenkt haben.[3] Somit gelten Tanz und Feste als gleichsam zweifach göttlich, da sie einmal von Dionysos hervorgerufen werden und gleichzeitig auch die Raserei des Gottes unter Heras Einfluss mimetisch darstellen. In Platos Gesellschaftsmodell haben diese Riten ebenfalls eine wichtige Funktion. Wie eine Amme den unruhigen Säugling durch Schaukeln und das Summen von Liedern zum Schlafen bringt, so vollführen die Begleiterinnen des Dionysos, in deren Rolle sich die Teilnehmerinnen des Ritus versetzen, eben ihre frenetischen und wilden Tänze zum Klang des Aulos und lassen sich dadurch beruhigen. Hier wird in gleichsam ‚homöopathischer' Weise die innere Erregung durch eine von außen induzierte Aktivität neutralisiert. Beide Zustände wurden als eine Art von Entrückung aufgefasst, wobei der erste, die innere *mania*, als schädlich galt, während die äußere *mania*, die sich in wilden Tänzen manifestierte, als heilsam angesehen wurde, da sie den inneren Frieden wiederherstellte.[4]

Dionysos als Gott der Trance und der rauschhaften Glückseligkeit galt als eine Gottheit der Feste mit ausgelassenem Tanz, bei denen die Frauen eine besondere Stellung einnahmen; manche Rituale wurden ausschließlich von Frauen vollzogen, andere von Männern und Frauen gemeinsam.[5] Der Bildtypus der ‚tanzenden Mänade' tritt in den antiken Darstellungen zunächst auf Vasenbildern auf. Eine Darstellung auf einem attischen Stamnos

3 Vgl. Plat. *Nom.* 672b.

4 Vgl. Lonsdale 1993: 78–79.

5 Vgl. Schlesier 2008: 32, 35.

aus klassischer Zeit[6] enthält bereits wichtige Charakteristika: Die zweite Frau von links aus dem Gefolge des Dionysos hält sein Attribut, den Thyrsosstab und eine Fackel, die auf ein nächtliches Fest hindeutet, in den Händen. Sie ist in Bewegung, erkennbar am aufgefächerten Faltenwurf des Kleides vom Saum bis zum Knie und der Schrittstellung, jedoch bleibt das Standbein auf dem flachen Fuß stabil und nur der unbelastete Fuß berührt mit den Zehen den Boden in einer Geste des eiligen Schreitens. Auffällig ist der in den Nacken zurückgeworfene Kopf, der leicht angehobene Brustkorb, was einen gekrümmten Bogen in Form eines C vom Scheitel bis zu den Zehen des rechten Fußes ergibt.

Im Hellenismus treten vermehrt Statuen auf, die dem Zeitgeschmack durch größere Expressivität und einer Auflösung der klassischen Linienführung entgegenkommen. Tonio Hölscher betont die „neue Emotionalität" des Hellenismus, die sich in Darstellungen von Figuren aus dem Umkreis von Aphrodite und Dionysos ausdrückt: „Hier werden in der mythischen Vision Kräfte freigesetzt, die in der Lebenswelt von den ‚bürgerlichen' Konventionen unterdrückt wurden"[7].

Das berühmteste Beispiel einer solchen Darstellung aus einem deutschen Museum ist eine unter dem Namen *Dresdner Mänade* oder *Mänade des Skopas* in den Staatlichen Kunstsammlungen Dresden[8] verwahrte Plastik. Diese konzentriert alle Bestandteile des oben skizzierten Typs auf sich, wobei der Kontrollverlust in der Ekstase erheblich dramatischer dargestellt wird als auf der Vase der klassischen Epoche: Der weit in den Nacken zurückgeworfene Kopf, eine starke Rückbeuge des Oberkörpers, offenes Haar und unordentliche Kleidung, die ihre linke Körperseite fast ganz entblößt, suggerieren ausgelassene Bewegung. Diese Geste wurde von den Archäologen des 19. Jahrhunderts in Anlehnung an die Ausführungen Platons und die Beschreibung bacchischer Feste als Ausdruck von Ekstase und Begeisterung gelesen. So schreibt Karl Ludwig von Urlichs 1863 über diese Statuette:

> [N]icht der Reiz der Glieder, sondern die lebendige Bewegung des bekleideten Körpers, den er mit außerordentlicher Kunst im Gleichgewichte hielt,

6 Darstellung auf der Rückseite, Neapel, Nationalmuseum 81674 (H 2419), Dinos-Maler, um 420 v.Chr.

7 Hölscher 2015: 38.

8 Skulpturensammlung, Inv. Nr. Hm 133. Zu Provenienz, Attribuierung und Rekonstruktion vgl. Kansteiner; Lehmann u.a. 2012: 80–89.

drückte den bacchischen Taumel aus, während die göttliche Begeisterung, die tiefe Empfindung der Seele auf dem Gesichte zu lesen war.[9]

Abb. 1: Statue einer tanzenden Mänade, sog. Dresdner Mänade, 2. Hälfte des 1. Jhs. v.Chr. nach einer Reliefvorlage des späten 2. oder frühen 1. Jhs. v.Chr., H. 45,5 cm, B. 14,0 cm, T. 14,0 cm
(© Skulpturensammlung, Staatliche Kunstsammlungen Dresden)

Die Mänade wurde somit zunächst zur Trägerin religiöser Empfindungen, abzulesen an einer bestimmten Bewegung der Glieder und insbesondere am Gesicht. Das ‚Lesen' der Chiffre des Körpers findet allerdings zu einem nicht unbeträchtlichen Teil in der ergänzenden Fantasie des gelehrten Betrachters statt, zumal das Gesicht der Mänade sehr stark beschädigt ist.

9 Urlichs 1863: 62.

In den 1910er Jahren wurde der Plastik wieder verstärkte Aufmerksamkeit zuteil. Da sie nur fragmentarisch erhalten ist (es fehlen Teile der Gliedmaßen), wurden, nach dem Geschmack der Zeit, verschiedene Rekonstruktionsversuche unternommen. In der Interpretation der Pose trat nun an die Stelle des labilen Gleichgewichts des ‚bacchischen Taumels' der Tanz. Es hat also eine kleine, aber wesentliche Verschiebung stattgefunden von der in göttlicher Ergriffenheit ‚rasenden' Mänade hin zur ‚tanzenden' Mänade; die *mania* findet inzwischen nicht mehr in der zivilisationsfernen Einsamkeit der Wälder statt, sondern im ästhetisierten Kontext künstlerischer Ausdrucksform. Tänzerinnen der Avantgarde hatten die Geste der ‚tanzenden Mänade' so oft aufgegriffen, dass sie umgekehrt offenbar unhinterfragt in die Untersuchung antiker Bildwerke übernommen wurde. Dies zeigt die Beschreibung eines Rekonstruktionsversuchs der antiken Statue durch den klassischen Archäologen Jan Six aus dem Jahr 1918. Die ausführlichen Erläuterungen seiner Zusammenarbeit mit dem Bildhauer F. Werner, einem Künstler „mit mehr Talent als Schule, was seiner Folgsamkeit zugute kam"[10], erhellen diese Neuinterpretation der antiken Figur.

Six bedauert hier, dass sie für diese Arbeit zwar ein professionelles Modell, nicht aber eine Tänzerin zur Verfügung hatten, um eine natürliche Position der Füße zu rekonstruieren. Anders als die trotz des schnellen Schreitens relativ ausgewogene Figur auf dem attischen Stamnos der klassischen Zeit zeigt die Rekonstruktion der Mänade des Skopas eine wesentlich expressivere Pose: Die bewegte Kleidung, die eine ganze Körperseite entblößt, und die starke Kontraktion der Muskeln der Körpervorderseite insinuieren einen leichten Sprung mit der Biegung des Oberkörpers nach hinten, und der auf die rechte Seite zurückgeworfene Kopf ist Ausgangspunkt einer Rotation der Körperlängsachse, so dass die Linie der Schultern fast im rechten Winkel zu den Hüften steht. Die Rekonstruktion mit dem Modell erwies sich als nicht einfach, da die unnatürliche Haltung der Statue schwer nachzustellen war. Dazu führt Six aus:

> Der Torso wurde mehr rückwärts gelehnt und an einem Modell die Stellung ausprobiert. Er hatte dazu ein vorzügliches, sehr schönes Modell, das zum Oberkörper vortrefflich stimmte. Sie war aber etwas zu jung, erst siebzehn und kaum ganz erwachsen und daher in den Hüften zu leicht gebildet. Das hatte den Nachteil, daß ihr Rücken noch zu biegsam war, und sie bei dem

10 Six 1918: 39.

Annehmen der Pose in den Weichen zu leicht nach hinten durchbiegen konnte. Da der Rumpf im Torso gegeben war, hätte das nicht geschadet, wenn es nicht auch die Beinstellung beeinflußt hätte.[11]

Abb. 2: Rekonstruktionsversuch der Dresdner Mänade, aus Six 1918: 40.
© Universitätsbibliothek Heidelberg

Am Modell blieb das Knie des Spielbeins ein wenig unter dem anderen; am Torso

> […] ist noch gerade soviel vom Ansatz der Einsenkung oberhalb vom rechten Knie erhalten, um zu erkennen, daß dieses augenscheinlich etwas höher war als das linke. Wir haben uns anderweitig überzeugt, daß ein weniger biegsamer Körper in dieser Stellung das Spielbein mit hinaufzieht. Doch war es ein geübtes Berufsmodell, das uns zur Verfügung stand, keine Tänzerin, und ein Versuch, die Bewegung ausführen zu lassen, lieferte wenig aus. So blieb der gegenseitige Stand der Füße zu bestimmen fast ganz unserem Gefühl überlassen. […] Dazu kam die Schwierigkeit, wenn nicht Unmög-

11 Six 1918: 39.

> lichkeit, danach die Draperie umzugestalten. Auch scheint mir dieser Stand zu den fließenden Linien des Ganzen weniger passend. […] Weiter haben wir dann, weil der Stand in Vorderansicht zu sehr Pose blieb und keine Bewegung ausdrückte, die ganze Figur mehr nach ihrer linken Seite überhängen lassen. Das in Ruhe stehende Modell konnte selbstverständlich diese Haltung nicht annehmen. Diese ist aber statisch vollkommen berechtigt durch den Schwung der Bewegung und das Gegengewicht des Tierkörpers in der Rechten, künstlerisch durch feines Ebenmaß der Massen und vor allem durch den erreichten Eindruck des Tanzes.[12]

Wie aus der Beschreibung der Genese dieser Statuette zu erkennen ist, wird dem tänzerischen Aspekt große Aufmerksamkeit gewidmet. Im sorgfältigen Abgleich mit verschiedenen anderen griechischen Darstellungen verwandter Bildtypen wird eine Beinstellung rekonstruiert, die wie ein Teil eines kleinen Sprungs aussieht, da auch das Standbein nur teilweise, mit dem Fußballen, auf dem Boden steht, bei weit zurückgebeugtem Oberkörper – eine Haltung, die das Modell nicht stabil einnehmen konnte. Das Festhalten der grazilen, tänzerischen Bewegung setzt sich fort im am Saum stark aufgeblähten Gewand, dessen Bewegung aus dem feinen Faltenwurf des Originals, das nur bis zum Knie erhalten ist, nicht unmittelbar erkennbar ist. Bei der Rekonstruktion musste also eine größere Bewegung der Füße angenommen werden, um das Aufbauschen des Kleides unterhalb des Knies zu rechtfertigen. Insgesamt scheint eine Wechselwirkung mit den zu dieser Zeit sehr beliebten, von Jugendstil und Art Déco stark beeinflussten Plastiken von Tänzerinnen, insbesondere bei der Gestaltung des Faltenwurfs, nicht auszuschließen zu sein.

Ein bis heute bei Sammler*innen beliebter Bildhauer und Elfenbeinschnitzer, Ferdinand Preiss (1882–1943), fertigte eine Vielzahl von Statuetten von Tänzerinnen, die in ganz Europa Absatz fanden, aus wertvollen Materialien wie Gold, Bronze und Elfenbein. „Preiss figurines are the epitome of grace and elegance, the faces pretty, but with character, the costumes colorful, but restrained."[13] Für das bürgerliche Wohnzimmer wurden den tanzenden Mänaden wohl oder übel die Rohheit und die Wildheit abgeschliffen, um sie zu gefälligen Darstellungen tänzerischer Grazie zu machen. Dennoch belegen sie, wie selbstverständlich dieses Motiv im ersten

12 Six 1918: 40–41.

13 Arwas 1992: 244.

Drittel des 20. Jahrhunderts dem Tanz zugeordnet wurde. Warum ausgerechnet dieses?

Während bereits in der Antike Dionysos als Gott der Ekstase, des Wahnsinns und der Raserei in positiven wie negativen Spielarten galt, hatte die Moderne den Konflikt der beiden komplementären Kulturprinzipien des ‚Apollinischen' und des ‚Dionysischen' zu einem zentralen Deutungsmuster erhoben. Das ‚Dionysische' war zum Synonym ekstatischer, irrationaler und vorkultureller Schichten der Psyche und der Gesellschaft geworden, was sich durchaus mit den Traditionen der Antike verbinden lässt,[14] aber andererseits in weit größerem Maße zeitgenössische Auseinandersetzungen widerspiegelt. So versteht der bedeutende Altphilologe Erwin Rohde im späten 19. Jahrhundert die wilde Manie und den bacchischen Wahnsinn als einen „aus der Fremde und als ein Fremdes in Griechenland"[15] eingedrungenen Kult, und er unterstellt, „auch wenn keinerlei Berichte uns hiervon redeten"[16], den Griechen einen „tief gewurzelte[n] Widerwille[n] […] gegen den verwirrenden Taumel des thrakischen Cultes" und die „Abneigung ursprünglichsten Instinctes […], in diesen überschwänglichen Erregungen sich ins Grenzenlose der Empfindung zu verlieren"[17].

Im Gegensatz dazu bezieht sich Friedrich Nietzsche in seiner einflussreichen Schrift *Die Geburt der Tragödie aus dem Geiste der Musik* auf Richard Wagners Projekt des Gesamtkunstwerkes, das in einer von Körper und Sinnen entfremdeten Moderne Gemeinschaft wiederherstellen sollte.[18] Dionysische Riten sollen dabei als instabiler Untergrund und schöpferische Quelle der Gemeinschaft fungieren. „Unter dem Zauber des Dionysischen schließt sich nicht nur der Bund zwischen Mensch und Mensch wieder fest zusammen: auch die entfremdete, feindliche und unterjochte Natur feiert wieder ihr Versöhnungsfest mit ihrem verlorenen Sohne, dem Menschen."[19] Die Begeisterung des Einzelnen überträgt sich auch auf die ganze Gruppe: „Die dionysische Erregung ist imstande, einer ganzen Masse diese künstle-

14 Vgl. Schlesier 2008: 29.
15 Rohde 1894: 329.
16 Rohde 1894: 330.
17 Rohde 1894: 330.
18 Vgl. Baxmann 2000: 27.
19 Nietzsche 1980: 29.

rische Begabung mitzuteilen, sich von einer solchen Geisterschar umringt zu sehen, mit der sie sich innerlich eins weiß.“[20]

Die Erfahrung des Dionysischen in der Kunst eröffnet nach Nietzsche somit auch ein politisches Potenzial. Einem verstandesorientierten Verständnis des Zusammenlebens in westlicher Kulturtradition wird eine Hinwendung zu den im Untergrund noch vorhandenen und wirkenden dionysischen Kräften entgegengesetzt, die „Verlustgeschichte“[21] der Moderne soll kompensiert werden durch die Hinwendung zum Körper als ‚Aufbewahrungsort‘ gefährdeten Wissens.[22] Als Gegenentwurf zur Idee des aufgeklärten, männlichen Subjekts figuriert die tanzende Mänade, als Solistin oder als Gruppe, auf der Bühne, wo sie durch die mimetische Aneignung durch das Publikum ein archaisches Konzept von Gemeinschaft fühlbar werden lässt.

In den Körperbildern, die Brandstetter als „symptomatisch“ für die tänzerische Avantgarde um die Jahrhundertwende herausarbeitet, steht der „Tanz der Mänade“ für „empathisch inszenierte Akte der Auflösung kultureller Hemmungen“, die „als Kunstform die ‚Heilung‘ zivilisatorischer Schäden“ zelebrieren.[23] Im Tanz verkörpert sich Nietzsches Begriff des ‚Dionysischen‘, indem sich die Anwesenheit des Göttlichen in nicht-sprachlichen Äußerungen manifestiert:

> Im dionysischen Dithyrambus wird der Mensch zur höchsten Steigerung aller seiner symbolischen Fähigkeiten gereizt; etwas Nieempfundenes drängt sich zur Äußerung, die Vernichtung des Schleiers der Maja, das Einssein als Genius der Gattung, ja der Natur. Jetzt soll sich das Wesen der Natur symbolisch ausdrücken; eine neue Welt der Symbole ist nötig, einmal die ganze leibliche Symbolik, nicht nur die Symbolik des Mundes, des Gesichts, des Wortes, sondern die volle, alle Glieder rhythmisch bewegende Tanzgebärde.[24]

In diesem Zusammenhang wird die körperliche, vorsprachliche Symbolik des Tanzes zu einem Garant für Authentizität, die die Entfremdung in der Moderne wieder umzukehren in der Lage zu sein scheint.

---

20 Nietzsche 1980: 61.
21 Baxmann 2005: 16.
22 Vgl. Baxmann 2005: 18.
23 Brandstetter 1995: 46.
24 Nietzsche 1980: 33–34.

JEAN-MARTIN CHARCOTS INSZENIERUNG DER HYSTERIE: RELIGIÖSE EKSTASE UND PATHOLOGIE

Die Aufwertung des Tanzes als eines wahrhaftigen Ausdrucks des dionysischen Kulturprinzips steht im direkten Gegensatz zu einer langen Tradition, den Tanz als eine pathologische Erscheinung exzessiver Affekte zu betrachten. Auch Rohde hatte die rasenden Mänaden mit der „Tanzwuth" des Mittelalters verglichen, hier den epidemisch auftretenden, ansteckenden religiösen Erregungen im Kontext von Ketzerei.[25] Dass er die Anfälligkeit hierfür besonders bei Frauen und Kindern sieht, steht im Einklang mit der vorherrschenden rationalen und männlich codierten Subjektkonstruktion. In der modernen Zivilisationskritik erfuhr jedoch die ursprünglich als gefährlich angesehene Erscheinung eine Umkehrung mit heilsbringendem Charakter.

Die Beurteilung der tanzenden Mänaden im Dionysoskult als einem Fremdkörper in der griechischen Zivilisation basiert bei Rohde auf dem extrem affektgeladenen Charakter, der mit den ‚bürgerlichen' Vorstellungen der Griechen von Sittsamkeit nicht vereinbar war. „Die Weiber waren es, die der neu eindringende Cult in einem wahren Taumel der Begeisterung fortgerissen zu haben scheint"[26], liest man bei Rohde, und auch die mittelalterlichen „ketzerischen" Bewegungen zogen in den großen Schwärmen der tanzenden „Weiber und Mädchen" durch das Land, bevor sich die Bewegung „an einer schon befestigten und abgeschlossenen [...] Religion und Kirche" brach.[27] Die Assoziation von religiöser Devianz mit dem epidemieartigen Charakter einer Krankheit verweist auf einen anderen wirkmächtigen Diskurs des 19. Jahrhunderts, dessen Bildvorrat sich mit dem der Mänade kreuzt. Er wird im Folgenden kurz dargestellt.

Psychische Ausnahmezustände zwischen Religion und Medizin

Die „tänzerische" Geste der Frau mit dem weit zurückgebeugten Oberkörper und der unordentlichen Kleidung findet sich auch in der Neuaufteilung des Feldes von Religion und Medizin, insbesondere der Psychiatrie, wieder.

25 Rohde 1894: 331.

26 Rohde 1894: 329.

27 Rohde 1894: 331.

Diese untersuchte seelische Anomalien, ihre Pathologie, ihre Ursachen und ihre Therapiemöglichkeiten und etablierte sich in einem Bereich, der zuvor der religiösen Sphäre zugeordnet gewesen war. Verschiedene Formen von Manie, Besessenheit und, im weitesten Sinne, seelischer Erregbarkeit, rückten im 19. Jahrhundert in den Bereich des medizinischen Interesses, wurden aber auch weiterhin im Kontext religiöser Erfahrung thematisiert. Scheinbar unwillkürliche körperliche Reaktionen wie Konvulsionen, Lähmungen, Zu-Boden-Fallen, ebenso wie Schreien, Zungenrede [„Glossolalie"]) und veränderte Bewusstseinszustände wie Trancen, Visionen, Stimmenhören und Ähnliches konnten aus religiöser Sicht als Zustände der Ekstase und mit religiösem Vokabular als „göttliche Inspiration" oder dem „Einfluss von Jesus" oder dem „Heiligen Geist" oder anderen spirituellen Phänomenen erklärt werden.[28]

Die nun in den Vordergrund tretende enge Verbindung von Tanz, religiöser Ekstase und Medizin erklärt sich aus der kulturellen Verbindung von Tanz und (religiösem) Wahn, aber auch aufgrund der dem Körper zugeschriebenen besonderen Fähigkeit, eine andere Realität auszudrücken. Die medizinische Betrachtung des Körpers als Projektionsfläche, auf der Erscheinungen und Verhaltensweisen „semiologisch", als Zeichen von etwas, als Symptome, gelesen werden können, steht auch in enger Verbindung zu den Bemühungen der Zeit, das Verhältnis von Körper und Geist neu zu fassen. Religiöse Ekstase, Hysterie und künstlerischer Tanz treffen sich in der Entdeckung oder der Konstruktion eines neuen Verständnisses dessen, was der Körper tut, wie er sich außersprachlich ausdrückt, wie er lesbar wird durch Bewegungen, Anzeichen und Symptome.[29] Für die tänzerische Interpretation dieses Komplexes ist jedoch weniger die medizinische Theorie ausschlaggebend als vielmehr eine popularisierte medizinische Kultur, eine für das 19. Jahrhundert typische „Kultur der Hysterie"[30], in deren Bildervorrat sich bestimmte Körperhaltungen für die Übertragung auf die Bühne eigneten.

28 Vgl. Taves 1999: 3–4.

29 Vgl. McCarren 1998: 16.

30 McCarren 1998: 24.

Bilder der Hysterie und der Kreisbogen (arc de cercle)

Als Chefarzt im Pariser *Hôpital de la Salpêtrière* (1862–1893) gilt Jean-Martin Charcot als Schlüsselfigur in der Erforschung der Hysterie.[31] Seine Überführung der verbreiteten Ansichten über eine diffuse, undefinierbare Krankheit in ein „reines", klinisches Erscheinungsbild und die aufwändige Dokumentation der einzelnen Stadien trug sehr stark zur Popularisierung der Krankheit bei. Unter Zuhilfenahme der neuesten Technik, also der Fotografie, wurden besonders aussagekräftige Posen, Mimiken und Gesten festgehalten und eingeordnet in eine Typologie und einen idealtypischen Ablauf eines „Großen hysterischen Anfalls"[32].

Abb. 3: Pose des arc de cercle. Aus: Richer 1881: 108.

Neben dem reichen Bildmaterial aus der Klinik selbst bedienten sich Charcot und sein Mitarbeiter Paul Richer 1887 in einem programmatischen Werk unter dem Titel *Les démoniaques dans l'art* („Die Besessenen in der Kunst")[33] der Darstellungen der Zustände von Besessenheit und Ekstase in den Bildwerken der europäischen Kunsttradition. In der Zusammenstellung mit den Fotografien der Patientinnen suggerierten sie einen Zusammenhang der Posen der geheilten Besessenen und der entrückten Heiligen mit der Hysterie.

31 Zu Biografie und Leistungen vgl. Ellenberger 2005: 143–161.

32 Zur Fotografie in der Salpêtrière s. insbes. Didi-Huberman 1997: 55–58. Ausführliche Beschreibung des Anfalls mit zahlreichen Skizzen bei Richer 1881. Zu den Rückbeugen: Richer 1881: 73–85.

33 Charcot; Richer 1988.

Die Pose der Rückbeuge taucht in den Abbildungen der Kunstwerke in diesem Werk besonders häufig als paradigmatische Darstellung des Zustandes der Besessenheit auf. Insbesondere seien in Gemälden des Peter Paul Rubens „Besessene von solch erschütterndem, wirklichkeitsgetreuem Ausdruck“ abgebildet, „daß wir uns kaum perfektere bildliche Darstellungen jener Anfälle vorzustellen vermögen.“[34] Charcots Strategie, die Hysterie von ihrem bisherigen Status eines unbestimmten Konglomerats von Symptomen in eine definierte Gestalt zu überführen, schuf Platz für beinahe jede Form des Ausdrucks des menschlichen Körpers, und so fanden nicht nur die Besessenen Raum in der „historischen Klinik“[35], sondern auch die ekstatischen Heiligen, deren klarer, wahrhaftiger und wohlgestalteter Ausdruck[36] sich zwar abhebe von den krampfartigen Konvulsionen Besessener, dennoch aber derselben Krankheit, der Hysterie, in einer anderen Phase eines Anfalls gleiche. Die Elastizität des Rasters mit den unzähligen Varianten „erlaubte es dem Diagnostiker, dessen Gesetzmäßigkeit in die Vergangenheit zurückzuprojizieren“[37]. In dem Streifzug durch die Kunstgeschichte arbeiteten Charcot und Richer in einer „historischen Klinik“, in der als *tertium comparationis* beim Vergleich der Darstellungen der Ekstase und den Fotografien der Patientinnen eine postulierte überzeitliche Form der Hysterie zirkulär angenommen wurde.[38]

Rationalisierung, Säkularisierung und Repräsentation

Die ekstatischen Körper der katholischen Tradition versinnbildlichen kollektive Vorstellungen von einer den Alltag übersteigenden Realität, sie zeigen die Möglichkeit einer mystischen Entgrenzung des menschlichen Daseins. Der Körper öffnet sich für die göttliche Präsenz, der „Austritt der Seele aus dem Körper“[39] manifestiert sich in expressiven Formen des Körpers oder der Katalepsie.[40]

34 Charcot; Richer 1988: 77.
35 Charcot; Richer 1988: 6, Anm. 26.
36 Vgl. Charcot; Richer 1988: 134.
37 Henke; Stingelin u.a. 1997: 366.
38 Vgl. Henke; Stingelin u.a. 1997: 367.
39 Dinzelbacher 2017: 105.
40 Vgl. Dinzelbacher 2017: 105.

Abb. 4: Die Hl. Katharina von Siena in Exstase.
Aus: Charcot; Richer 1887: 108.

In einer zunehmend von Rationalisierung und Säkularisierung geprägten Gesellschaft gerieten diese jenseitigen Realitäten unter Druck, und den traditionellen Erklärungsmustern wurden rationalisierende, physiologische Alternativen gegenübergestellt. Die Häufung von tänzerischen Darstellungen von Hysterie und Wahnsinn in französischen Theatern und darüber hinaus können verstanden werden als Ausagieren bestimmter Affekte auf der Bühne, aber auch als ein Kommentar zu den Auseinandersetzungen auf diesem Diskursfeld.[41] Unter der Prämisse, dass der menschliche Körper durch alle Zeiten hindurch auf eine bestimmte Art und Weise funktioniert, können die Symptome, die sich an ihm zeigen, durch die Expertise des Arztes gleichsam wie eine zuvor nicht lesbare Schrift entziffert werden. Der Ausdruck des Körpers wird so zum Zeichen der Seele.

Die Theatralität der Anfälle, gerade in der *Phase der leidenschaftlichen Gebärden*, ist auch den Autoren nicht entgangen. Sie sehen die Kranke, un-

41 Vgl. McCarren 1998: 47.

abhängig davon, ob sie den hysterischen Anfall unter Hypnose künstlich vor Publikum herbeigeführt hat oder von sich aus erleidet, als Teil eines Schauspiels:

> Der Kranke selbst tritt auf und berichtet uns in seiner ausdrucksstarken, bewegten Mimik und den hervorgestoßenen Satzfetzen von den Stationen des Dramas, in dem er sich eingeschlossen fühlt, beziehungsweise gar die Hauptrolle zu spielen scheint. Bei einer Frau zeigen sich die Halluzinationen von zwei sehr verschieden gearteten Gefühlen belebt, denn auf dem Theater dieser Kranken werden ebensooft Lust- wie Trauerspiele aufgeführt.[42]

Das „entfesselte Bild[43] der Hysterikerin in den krampfhaften Verrenkungen, insbesondere in der paradigmatischen Pose des „Kreisbogens“ (*arc de cercle*)[44], hat sich als synekdochische Darstellung der Hysterie etabliert, die später im Kontext der Bühnenkunst des frühen 20. Jahrhunderts ihren Platz fand. Entgegen medizinischer wie statistischer Evidenz waren die Hysterikerin wie auch die Tänzerin so gut wie immer weiblich kodiert.[45] Die Gemeinsamkeiten dieser Erscheinungen sagen allerdings weniger über die tatsächliche Verbindung von Hysterie, Tanz und Geschlecht aus, sondern vielmehr darüber, wie Visualität in der Medizin und auf der Bühne funktionierten, wie und wohin das Publikum – medizinisch Interessierte wie Tanzbegeisterte – hinsah und was es sah.[46]

Das Unaussprechliche ausdrücken: Die Zeichen des Körpers

So ist ein weiteres verbindendes Element von Hysterie und Tanz das Schweigen, die Wortlosigkeit des Ausdrucks. Die Erzählungen der Patientinnen wurden in den Krankenakten der Salpêtrière ausgeblendet, und auch die Tänzerinnen auf der Bühne hatten nur das Ausdruckspotenzial ihres Körpers zur Verfügung. Die Sprachlosigkeit der Tänzerin wie auch der Hysterikerin spiegeln sich in den Bemühungen des Mystikers oder der Ekstatikerin, ihre religiösen Erfahrungen in Worte zu fassen. In seiner Antho-

42 Charcot; Richer 1988: 124.

43 Didi-Huberman 1997: 17.

44 Charcot; Richer 1988: 117–119.

45 McCarren 1998: 16.

46 McCarren 1998: 17. Zur Hysterie im Spannungsfeld religiöser und medizinischer Diskurse vgl. Schimpf 2005.

logie *Ekstatische Konfessionen* mit mystischen Texten zwischen Europa und Indien macht Martin Buber das bildlose und unaussprechliche ekstatische Erlebnis sichtbar und schreibt:

> Ja, es ist wahr: Der Ekstatiker kann das Unsagbare nicht sagen. Er redet, er muss reden, weil das Wort in ihm brennt. […] Er lügt nicht, der in Bildern, Träumen, Gesichten von der Einheit redet, von der Einheit stammelt. Gestalten und Klänge, die, aus seinem Gottgefühl geboren, um das Urerlebnis kreisten, sind in seinem Gedächtnis geblieben. […] Und doch ist das Sagenwollen des Ekstatikers nicht bloß Ohnmacht und Stammeln: auch Macht und Melodie. Er will der spurlosen Ekstase ein Gedächtnis schaffen, das Zeitlose in die Zeit hinüberretten, – er will die Einheit ohne Vielheit zur Einheit aller Vielheit machen.[47]

Der Ekstatiker sieht sich, wie auch der Dichter der Jahrhundertwende, der Unzulänglichkeit der Sprache ausgeliefert. Der *Brief des Lord Chandos an Francis Bacon* von Hugo von Hofmannsthal (1902)[48] gilt als eine der Gründungsurkunden der modernen Literatur und als Manifest der Sprachkritik, die bezweifelt, dass Wirklichkeit objektiv erfassbar und mithilfe von Sprache in der Literatur abbildbar sei. Wenn aber die Sprache als Ausdrucksmittel nicht mehr ausreicht, tritt an ihre Stelle das Kommunikationsmedium der frühen Moderne schlechthin, der idealisierte, tanzende Körper. So schreibt die Tänzerin Mary Wigman manifestartig:

> Tanz ist eine Sprache, die im Menschen ureingeboren schlummert. Tanz ist Sprache des bewegten Körpers. Tanz ist Ausdruck eines gesteigerten Lebensgefühls. Tanz ist Einheit von Ausdruck und Funktion, durchleuchtete Körperlichkeit, beseelte Form. […] Ohne Ekstase kein Tanz! Ohne Form kein Tanz![49]

Frei von kontaminierenden Zeichen historischer Kontexte wird der Körper zu einem Austragungsort moderner Konflikte um das Verhältnis von Ich und Welt, Mythos und Ritual, Gemeinschaft und Gesellschaft.

47 Buber 1909: 21–22.

48 Hofmannsthal 1991.

49 Bach 1933: 19.

DER ‚GROSSE BOGEN' IM AUSDRUCKSTANZ: EINE POSE ZWISCHEN ZEITDIAGNOSE UND UTOPIE

Dass diese Pose des „großen Bogens", der Rückbeuge, für den modernen Tanz besonders aussagekräftig und charakteristisch ist, erweist sich anhand des gehäuften Auftretens von Tanzfotografien zu Beginn des 20. Jahrhunderts, die eben diese Haltung abbilden.[50] Gabriele Brandstetter gibt einige Hinweise zur Einordnung:

> Der sogenannte *arc en cercle*, der „Bogen" als Ausdrucksgebärde des weit aus der Mitte zurückgelegten Oberkörpers, wird geradezu zu einer Schlüsselattitüde im Körperbild des freien Tanzes und des Ausdruckstanzes. In diesem Bewegungsmuster werden alle Innovationen und ‚Abweichungen' des neuen Körperbildes offenbar, insbesondere auch in der Abgrenzung zum vorherrschenden Code des Balletts: das Verlassen der Symmetrie der Körper- und Raum-Achsen, das Ausweichen (seitlich oder nach hinten) des Beckens, die extreme, bis an die Labilitätsgrenze reichende Herausforderung der Balance, das jede „Haltung" (im Sinn von Kontrolle) aufgebende, „geworfene" Loslassen von Kopf und Armen im Schwung der Rückbeugung.[51]

Die Bilder beinhalten damit das gleiche Paradox der gleichsam ‚eingefrorenen' Bewegung der oben beschriebenen Rekonstruktion der *Mänade des Skopas*, eine Pose, die im Stehen nicht eingenommen werden kann.[52] Für Fotografen wie Tänzerinnen bedeutete dies gleichermaßen eine Herausforderung, was sicherlich einen nicht unbeträchtlichen Teil der Faszination ausmacht, der von diesen Bildern ausgeht. Neben der nicht zu unterschätzenden ästhetischen Qualität der Pose der Rückbeuge plädiere ich im Folgenden dafür, dass es auch inhaltliche Gründe für die Häufung dieses Motivs auf Tanzfotografien zu Beginn bis in die 1930er Jahre gibt.

---

50 Brandstetter 1995: 192–195 bietet eine Zusammenstellung von Fotografien, die Peter 2004: 142–159 durch weitere Beispiele erweitert, allerdings mit einem Schwerpunkt auf der Pose der *Attitude*, dem Stand auf einem Bein. Da die hellenistischen Darstellungen der Mänade, wie oben ausgeführt, ebenfalls dynamisch sind, passt dieses Material sehr gut in die vorliegende Untersuchung.

51 Brandstetter 1995: 191. Peter weist darauf hin, dass „dieser ‚Bogen' nur ein mögliches und kein zwingendes Kennzeichen in der Abgrenzung des modernen Tanzes zum Ballett sein" kann, da auch prominente Ballerinen dieser Zeit sich in vergleichbaren Posen fotografieren ließen, s. Peter 2004: 146.

52 Vgl. Six 1918: 41.

Brandstetter stellt in ihrer Untersuchung der „Pathosformel der Mänade" die Darstellungen tanzender Mänaden aus der griechischen Antike, die, wie oben dargestellt, zu Beginn des 20. Jahrhunderts umfassend rezipiert wurden, an die Seite der Hysterie. Hier sieht sie ein grundlegendes Kulturmuster der Jahrhundertwende, eine „Form der Zeitdiagnose", die in der tanzenden Mänade und dem Bewegungsmuster der Hysterie „eine Tendenz der Moderne (in der Metaphorik des Krankhaften, der gleichsam theatralisierten Krankheit)" liest, „nämlich jene Zeiten des Wandels und der abrupten Umbrüche in ein neues Jahrhundert, die als unkontrollierbar bewußt werden und als Entfesselung von unbekannten Triebkräften erscheinen."[53] Die Entfesselung dieser (rauschhaften, dionysischen) Triebkräfte würde nach Brandstetter in eben dieser Zeit als eine Bedrohung der eignen Kultur wahrgenommen.

Hierzu möchte ich eine differenziertere Position einnehmen: Die Bedrohung der Kultur durch das Stereotyp der rasenden Affekte, die sich im rauschhaften Tanz der Mänade Raum schaffen, ist nur ein Teil des Bildes. Im Bild der Mänade bündeln sich noch weitere wesentliche Aspekte der Kulturtheorie um 1900: Neben dem Aspekt des misogyn geprägten weiblichen „Charakterbildes" und dem ästhetischen Konzept des Dionysischen, die Brandstetter[54] herausstellt, steht auch der Bereich des Ekstatisch-Religiösen, das im Komplex der „Hysterikerin" durchscheint. Beide Komplexe können positiv oder negativ aufgeladen sein und sind in vielen Fällen sogar beides zugleich. Mänade und Hysterikerin sind sich zwar aufgrund der eingenommenen Körperhaltung ähnlich, aber sie sind nicht unbedingt austauschbar. So vereinen sich in der Mänade die beiden Pole des Dionysischen, der kreative und der zerstörerische Aspekt, während in der Hysterikerin das Prophetisch-Ekstatische neben der ‚krankhaften' Normabweichung zum Ausdruck kommen. Auf der Bühne und in der Imagination der Zuschauer können sich diese unterschiedlichen Aspekte allerdings überlagern und ergänzen.

53 Brandstetter 1995: 182.

54 Vgl. Brandstetter 1995: 183–187.

TANZ, EKSTASE UND UTOPIE

Die Kunstform des modernen Tanzes, ein Teil der Kunstrichtung des Expressionismus, verlagerte die Widersprüche der neuen Zeit zwischen moderner Lebensführung, Beschleunigung und technischer Entwicklung in allen Lebensbereichen in den Körper der Tänzerin. Dies geht einher mit einer romantischen Sehnsucht nach Ursprünglichkeit und ‚Gemeinschaft'. Waren die Pionierinnen wie Isadora Duncan noch mit der Idee in die Museen gegangen, die griechische Antike als Ausgangspunkt für ihre Arbeit zu nutzen,[55] erschienen die schmerzhaften Widersprüche der modernen Zeit jedoch in ganz anderer Deutlichkeit in der Arbeit einer zentralen Figur des Ausdrucktanzes, nämlich bei Mary Wigman. Sie hatte prägende frühe Jahre mit Rudolf von Laban auf dem Monte Verità, der Künstlerkolonie und Zufluchtsort für ‚Aussteiger', in einem Klima von Aufbruch und Reformideen verbracht, wo romantische Zivilisationskritik und Spiritualität sich mit der Entschlossenheit kreuzten, alternative Modelle von Gemeinschaft auf der Basis von Kunst und Lebensreform umzusetzen. Diesen Geist transportierte sie weiter durch ihr gesamtes Schaffen, das die deutsche Tanzkunst jahrzehntelang entscheidend prägen sollte.[56]

In ihrer Suche spiegelten sich die Bemühungen ihrer Zeit, der Utopie in der Rückbesinnung auf ‚vorkulturelle' und ‚primitive' Ausdruckformen Ausdruck zu verleihen. Mit ihrer Hilfe meinten sie, den modern überformten Körper des Menschen schließlich gleichsam ‚entkleiden' und ‚befreien' zu können vom Ballast der modernen Zeit, dem Kohlestaub und Lärm der Großstädte, und der Einsamkeit des aus seinen ursprünglichen Bindungen entrissenen Individuums. Dieser radikale Entwurf fand in der historischen Rückschau gute Anknüpfungspunkte in gerade solchen Figuren, für die die traditionellen Frauenbilder im Kontext von Heirat, Hausarbeit und Kindererziehung nicht galten und die wie die rasend tanzenden Mänaden der Antike und die Ekstatikerinnen der christlichen Tradition, dargestellt in der äußersten Ausprägung des Affekts, das naturwissenschaftliche Weltbild ins Wanken bringen.[57] Die tänzerische Figur der Mänade/Hysterikerin kommentiert in diesem Zusammenhang die innere Zerrissenheit und die unge-

55 *Die Tänzerin in Museum*, Brandstetter 1995: 58–117.

56 Zur Biografie und Werk der Mary Wigman vgl. Müller 1986.

57 Vgl. Newhall 2009: 74–75.

lösten Probleme der modernen Gesellschaft, agiert aber diesen Konflikt auch unmittelbar aus.

Abb. 5: Mary Wigman in: Tanz in der Stille, aus: Herbstliche Tänze, 1937.
© Archiv der Akademie der Künste Berlin

Das Erlebnis der Ekstase auf der Bühne ist ein programmatisches Moment des modernen Tanzes und Theaters. In der Überhöhung des „Ursprünglichen" und „Mystischen" und in dem gleichzeitigen Appell an das „Primitive" unter dem dünnen Firnis der Moderne und der Zivilisation erzeugt die religiöse Aura archaischer, kultischer Feste einen wirkungsvollen Gegendiskurs zum Entwicklungsparadigma der Moderne. Ernst Schertel (1884–1958), Publizist, Religionswissenschaftler und Pionier der Nacktkultur, experimentierte über etliche Jahre mit verschiedenen Formen von Trance und Ekstase mit seinem Ensemble *Traumbühne Schertel* und reflektiert dies in seinen Schriften:

> Sofern Tanz Kunst ist und nicht ein Rechenbeispiel, hat er zur Voraussetzung einen ganz bestimmten Erregungszustand, der jenseits des vernunftgebannten ‚Ich' der sogenannten Persönlichkeit entspringt, dieses ‚Ich' ausschaltet und an seine Stelle eine neue Kräftemitte setzt. Dieser Zustand, in

> welchem das ‚Ich' aus seinem normalen Verhalten herausgehoben und von einer übergeordneten Macht besessen erscheint, heißt ‚Ekstase'.[58]

Die „Kunst" übernimmt hier einen gleichsam religiösen Stellenwert, die es dem Menschen ermöglicht, sich über seine eigenen Begrenzungen hinwegzusetzen. Die Suche nach dem ‚Ursprünglichen' geschieht auch hier mit einer eindeutigen Perspektive in die Zukunft, und die Gegenwart ist demnach nur ein zu überwindender Zwischenzustand eines entsakralisierten modernen ‚Irrweges':

> Daß der Mensch von heute bei dem Wort ‚Tanz' zunächst nur an ‚Tanzen und Springen, Lachen und Singen' denkt, ist ein Zeichen seines Tiefstandes. Der Tanz ist heute profanisiert, wie alles profanisiert ist, und wenn man in unseren Tagen von einer Erneuerung der Kultur spricht, dann wird eine Erneuerung und neue Bewertung des Tanzes damit Hand in Hand gehen müssen.[59]

Diese janusköpfige Wechselbeziehung von idealisierter Rückschau und der dringenden Forderung nach gesellschaftlicher Erneuerung äußerte sich in der symptomatischen Sehnsucht nach Gemeinschaft, die etwas zwischen Spiritualität und ‚menschlicher Wärme' beinhaltete, im Gegensatz zu einer rein funktionalen, auf Arbeitsteilung beruhenden Gesellschaft. Diese schlug sich bereits in Richard Wagners Idee vom Gesamtkunstwerk und in Nietzsches daran anknüpfender Ausgestaltung des Begriffs des „Dionysischen"[60] ebenso nieder wie später auch in den *großen Erzählungen* der Soziologie. Die von Ferdinand Tönnies geprägte Antinomie von „Gemeinschaft versus Gesellschaft"[61] beschreibt die Gesellschaft der Moderne als ein Produkt eines ‚Verlustes' und der Auflösung von Gemeinschaft; „die Sehnsucht nach Eingebundenheit, Zugehörigkeit zu einem Kollektiv wird erst durch die Erfahrung der modernen Gesellschaft produziert."[62]

Im Tanz konnten diese Debatten exemplarisch kommentiert und ausagiert werden, denn sobald sich „in der Wahrnehmung die Tanzbewegungen mit den mentalen Bildern und den Bewegungsschemata ihrer Betrachter"[63]

58 Schertel 1925: 253.

59 Schertel 1913: o. S.

60 Vgl. Baxmann 2000, Kap. I: „Verkörperte Kultur und somatische Gemeinschaft: Richard Wagner und Friedrich Nietzsche", 15–34.

61 Tönnies 1912.

62 Baxmann 2000: 36.

63 Brandstetter; Wulf 2007: 12.

überschnitten, verschmolzen durch das in der Situation der Performance hervorgerufene mimetische Verhalten des Publikums die attische Tragödie mit der Erfahrung moderner Großstadtmassen.[64] Tänzer*innen und Publikum waren also in der ästhetischen Erfahrung gleichermaßen beteiligt an dem Projekt der gesellschaftlichen Erneuerung. So schreibt Wigman:

> Im Herzen jedes echten Tänzers lebt so etwas wie ein Theater der Zukunft, das den Tanz als eines seiner Urelemente wieder in ein großes dramatisches Gesamtgeschehen einbezieht. Und so träumen wir heutigen Tänzer von einem Theater, das uns nicht nur den Sinn unseres Daseins bestätigt, sondern das uns auch mitwirken und mitbauen lässt an einer Ausdrucksform, die spätere Generationen in einem neuen Sinn vielleicht wieder als „kultisch" empfinden und erleben können.[65]

So fungierte der Tanz als anthropologisches Instrument, mittels dessen die „dynamischen Figurationen des kollektiven und individuellen Imaginären"[66] in den mimetischen Prozessen der Tanzbewegungen und ihrer Betrachtung gemessen werden können. Im hemmungslosen Affekt der Geste konzentrieren sich, wie unter einem Brennglas, die Auseinandersetzungen um ein neues Wissen über sowie das Streben nach einer Erneuerung von Mensch und Gesellschaft, die bestimmt waren von den Vorstellungen über das kollektive Unbewusste sowie der Beschäftigung mit Mythos, Ritus und Körperlichkeit in Ethnologie und Kunst.

Der *Art déco*-Fotograf František Drtikol (1883–1961) hatte sein Studium und seine prägenden Jahre von 1901 bis 1903 an der *Lehr- und Versuchsanstalt für Photographie* in München verbracht. Eine Fotografie zeigt die Silhouette einer Papierfigur in einem Lichtkegel. Die weibliche Figur mit dem weit zurückgebogenen Oberkörper wirkt durch die Verzerrung des Schattens ätherisch, fast körperlos in der Geste absoluter Ekstase. Mehr als in anderen Darstellungen verdichtet sich in diesem Bild der Hauptimpuls des Ausdruckstanzes: den Körper zu fassen als Zentrum der Synthese von Mystik und Moderne, in der sich Ekstase innerhalb einer expandierenden technisch-rationalistischen Kultur realisiert.[67] In letzter Konsequenz führt dieser Ansatz zur völligen Abstraktion vom Körperlichen, zu einem „Tanz

64 Vgl. Baxmann 2000: 37.
65 Wigman, zit. nach Bach 1933: 19.
66 Brandstetter; Wulf 2007: 10.
67 Vgl. Toepfer 1997: 382.

ohne den menschlichen Körper, ohne persönliche, physiologische Bindungen", um „Bewegungsempfindungen" auszulösen, „die zwar im Menschen leben, aber durch seinen Körper nicht ausgedrückt werden können"[68]. Fritz Böhme sieht in seinem *Tanz der Zukunft* (1926) ein Modell mystischer Entgrenzung in äußerster Reduktion. Der Gruppentanz spielt hier eine besondere Rolle, „weil er das gemeinsame Erlebnis der Entpersönlichung voraussetzt. [...] Eine Welle spült alle Glieder der Gruppe aus dem Zentrum in das Netz des Raums und zwingt sie zu der bewegten Kristallisation gemeinsamer Formungen."[69]

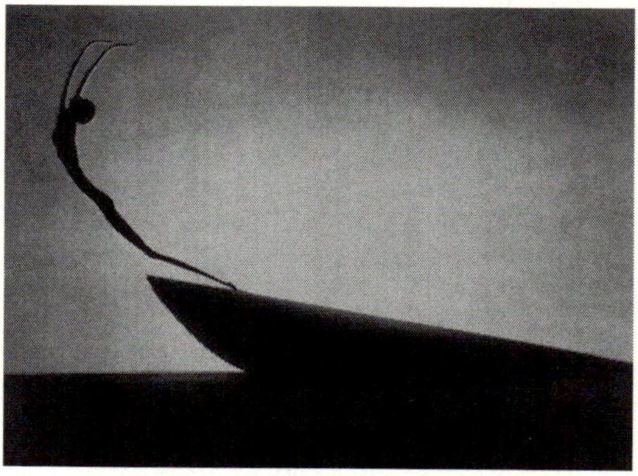

Abb. 6: František Drtikol: Ohne Titel (1919).
URL: http://www.mamm-mdf.ru/en/exhibitions/frantisek-drtikol-photos-1918-1935/ (letzter Zugriff am 5. September 2019)

FAZIT

Die unterschiedlichen Bedeutungsschichten, die sich in den Variationen des Bildes der tanzenden und rasenden Mänade und der ekstatischen Hysterikerin entfalten, offenbaren einerseits die Obsession der Moderne gegenüber dem (weiblichen) Körper, andererseits leiten sie auch über zu einer neuen Form kollektiver Ekstase im Politischen. Die Resakralisierung bestimmter Bereiche, beispielsweise dem der Kunst oder dem der Nation, exemplifi-

68 Böhme 1926: 34.

69 Böhme 1926: 52.

ziert die „Suche nach neuen Ordnungsmustern für eine zunehmend als gestaltlos und chaotisch empfundene moderne Lebenswelt“[70]. Die Auflösung des Individuums im Kollektiv verschiebt sich in den 1930er Jahren von einer Protestkultur zu einer affirmativen Bewegung, in der die auf der nordischen Rasse basierende Volksgemeinschaft als alleinige Form von Vergemeinschaftung übrigblieb.[71]

LITERATUR

Arwas, Victor: *Art Deco Sculpture*, New York: St. Martin's Press 1992.

Bach, Rudolf: *Das Mary Wigman-Werk*, Dresden: Carl Reissner Verlag 1933.

Baxmann, Inge: *Mythos: Gemeinschaft. Körper- und Tanzkulturen in der Moderne*, München: Fink 2000.

Böhme, Fritz: *Der Tanz der Zukunft*, München: Delphin Verlag 1926.

Brandstetter, Gabriele: *Tanz-Lektüren. Körperbilder und Raumfiguren der Avantgarde*, Frankfurt/M.: Fischer Taschenbuch Verlag 1995.

Brandstetter, Gabriele; Wulf, Christoph: „Einleitung: Tanz als Anthropologie“, in: Brandstetter, Gabriele; Wulf, Christoph: *Tanz als Anthropologie*, München: Fink 2007, 9–13.

Buber, Martin: *Ekstatische Konfessionen*, Berlin: Schocken Verlag 1909.

Charcot, Jean Martin; Richer, Paul Marie Louis Pierre: *Les démoniaques dans l'art*, Paris Delahaye et Lecrosnier, 1887: 108, URL: https://fr.wikisource.org/wiki/Page:Charcot_-_Les_D%C3%A9moniaques_dans_l%E2%80%99art.djvu/128#/media/Fichier:Lesdemoniaquesdanslart-p128-St_Cath-de-Sienne-Sodoma.png (letzter Zugriff am 10. September 2019).

Charcot, Jean-Martin; Richer, Paul: *Die Besessenen in der Kunst*. Hg. und mit einem Nachwort von Manfred Schneider. In Zusammenarbeit mit Wolfgang Tietze. Aus dem Französischen von Willi Hendrichs, Göttingen: Steidl Verlag 1988.

Didi-Huberman, Georges: *Die Erfindung der Hysterie. Die photographische Klinik des Jean-Martin Charcot*, München: Fink 1997.

Dinzelbacher, Peter: *Vision und Visionsliteratur im Mittelalter*, Stuttgart: Hiersemann 2017.

70 Baxmann 2000: 258.

71 Vgl. Baxmann 2000: 232.

Ellenberger, Henri F: *Die Entdeckung des Unbewussten. Geschichte und Entwicklung der dynamischen Psychiatrie von den Anfängen bis zu Janet, Freud, Adler und Jung*, Zürich: Diogenes 2005.

Henke, Silvia; Stingelin, Martin; Thüring Hubert: „Hysterie – Das Theater der Epoche", Nachwort in: Georges Didi-Huberman, *Die Erfindung der Hysterie. Die photographische Klinik des Jean-Martin Charcot*, München: Fink 1997, 359–383.

Hofmannsthal, Hugo von: „Ein Brief", in: Hugo von Hofmannsthal: *Sämtliche Werke XXXI. Erfundene Gespräche und Briefe*. Hg. von Ellen Ritter, Frankfurt/M.: S. Fischer 1991, 45–55.

Hölscher, Tonio: *Die griechische Kunst*, München: C.H. Beck 2015.

Kansteiner, Sascha; Lehmann, Lauri; Seidensticker, Bernd; Stemmer, Klaus: *Text und Skulptur: Berühmte Bildhauer und Bronzegießer der Antike in Wort und Bild. Ausstellung in der Abguss-Sammlung Antiker Plastik Berlin*, Berlin: De Gruyter 2012.

Lonsdale, Steven H.: *Ritual Play in Greek Religion*, Baltimore – London: Johns Hopkins University Press 1993.

McCarren, Felicia: *Dance Pathologies. Performance, Poetics, Medicine*, Stanford: Stanford University Press 1998.

Müller, Hedwig: *Mary Wigman. Leben und Werk der großen Tänzerin*. Hg. von der Akademie der Künste, Weinheim – Berlin: Quadriga 1986.

Newhall, Mary Ann Santos: *Mary Wigman*, New York: Routledge 2009.

Nietzsche, Friedrich „Die Geburt der Tragödie", in: Giorgio Colli; Mazzino Montinari (Hg.): *Friedrich Nietzsche. Kritische Studienausgabe. Bd. 1*, München: Deutscher Taschenbuch Verlag; de Gruyter 1980, 9–156.

Peter, Frank-Manuel: *Zwischen Ausdruckstanz und Postmodern Dance. Dore Hoyers Beitrag zur Weiterentwicklung des modernen Tanzes in den 1930er Jahren*. Dissertation, Berlin: Freie Universität 2004, URL: https://refubium.fu-berlin.de/handle/fub188/7840 (letzter Zugriff am 27. Juni 2019).

Richer, Paul: *Etudes cliniques sur l'hystéro-épilepsie ou grande hystérie*, Paris: Adrien Delhaye et Émile Lecrosner 1881.

Rohde, Erwin: *Psyche. Seelencult und Unsterblichkeitsglaube der Griechen*, Freiburg/Br. – Leipzig: Mohr 1894.

Schertel, Ernst: „Tanz und Jugendkultur", in: *Sonderdruck aus Schönheit. Mit Bildern geschmückte Monatsschrift für Kunst und Leben* 16 (1913), o. S.

Schertel, Ernst: „Inge Frank und der ekstatische Tanz", in: *Die Schönheit. Mit Bildern geschmückte Monatsschrift für Kunst und Leben* 5 (1925), 253–260.

Schimpf, Simone: „Heilig oder verrückt? Die Visualisierung von Ekstase in Kunst und Medizin im Frankreich des 19. Jahrhunderts", in: Anja Zimmermann (Hg.), *Sichtbarkeit und Medium. Austausch, Verknüpfung und Differenz naturwissenschaftlicher und ästhetischer Bildstrategien*, Hamburg: Hamburg University Press 2005, 47–71.

Schlesier, Renate: „Dionysos als Ekstasegott", in: Renate Schlesier; Agnes Schwarzmaier (Hg.): *Dionysos. Verwandlung und Ekstase [anläßlich der Ausstellung „Dionysos-Verwandlung und Ekstase" in der Antikensammlung im Pergamonmuseum auf der Berliner Museumsinsel, 5. November 2008 – 21. Juni 2009], Antikensammlung, Staatliche Museen Berlin*, Regensburg: Schnell + Steiner 2008, 28–41.

Six, Jan: „Die Mänaden des Skopas", in: *Jahrbuch des Kaiserlich Deutschen Archäologischen Instituts* 33 (1918), 38–48.

Taves, Ann: Fits, *Trances and Visions. Experiencing Religion and Explaining Experience from Wesley to James*, Princeton: Princeton University Press 1999.

Toepfer, Karl: Empire of Ecstasy. *Nudity and Movement in German Body Culture, 1910–1935*, Berkeley u.a.: University of California Press 1997.

Tönnies, Ferdinand: *Gemeinschaft und Gesellschaft. Grundbegriffe der reinen Soziologie*, Berlin: Karl Curtius 1912.

Urlichs, Ludwig von: *Skopas Leben und Werke*, Greifswald: C.A. Koch. Th. Kunike 1863.

ABBILDUNGEN

Abb. 1: Statue einer tanzenden Mänade, sog. Dresdner Mänade, 2. Hälfte des 1. Jhs. v.Chr. nach einer Reliefvorlage des späten 2. oder frühen 1. Jhs. v.Chr., H. 45,5cm, B. 14,0cm, T. 14,0cm; Staatliche Museen Dresden, Skulpturensammlung, Inventarnummer Hm 133, Foto: Hans-Peter Klut / Elke Estel, © Skulpturensammlung, Staatliche Kunstsammlungen Dresden.

Abb. 2: Unbekannter Fotograf, aus Six 1918, 40, URL: https://digi.ub.uni-heidelberg.de/diglit/jdi1918/0053/image (letzter Zugriff am 10. September 2019), © Universitätsbibliothek Heidelberg.

Abb. 3: Richer 1881: 108, URL: https://www.flickr.com/photos/internet archivebookimages/14781142202/ (letzter Zugriff am 5. September 2019), © CC BY 4.0.

Abb. 4: Charcot; Richer 1887, URL: https://fr.wikisource.org/wiki/Page: Charcot_-_Les_D%C3%A9moniaques_dans_l%E2%80%99art.djvu/128#/ media/Fichier:Lesdemoniaquesdanslart-p128-St_Cath-de-Sienne-Sodoma. png (letzter Zugriff am 10. September 2019), © CC BY 4.0.

Abb. 5: Unbekannter Fotograf, ohne Ortsangabe, 1937. Sign. Wigman 507, URL: https://archiv.adk.de/objekt/2009817 (letzter Zugriff am 10. September 2019), © Archiv der Akademie der Künste Berlin.

Abb. 6: František Drtikol: *Ohne Titel* (1919). Museum of Decorative Art (Uměleckoprůmyslové museum) in Prag, URL: http://www.mamm-mdf.ru/en/exhibitions/frantisek-drtikol-photos-1918-1935/ (letzter Zugriff am 5. September 2019).

Rhythmus und die religiösen Wurzeln des Ausdruckstanzes im ersten Drittel des 20. Jahrhunderts

Anita Neudorfer

This paper focuses on „rhythm“ and the religious roots of German modern dance in the Weimar Republic. Rhythm was a major buzz-word of the era. The historical rhythm movement influenced with its philosophy of rhythm as a „universal source of life“ the modern dance movement. The religious concept of the dancers included the body that served as a fix point in insecure times as well a vehicle for transcendence.

EINLEITUNG

Die Beschäftigung mit dem Unaussprechlichen ist ein zentrales Phänomen des 19. und frühen 20. Jahrhunderts. Eine Form, diesem Ausdruck zu verleihen, stellt der zu Ende des 19. Jahrhunderts aufkommende neue Tanz dar. Eingebettet in die Lebensreform und eng verwoben mit der Rhythmusbewegung, lässt sich der Ausdruckstanz als Protest gegen das als leblos empfundene ‚getaktete‘ Maschinenzeitalter verstehen, in welcher der Mensch sich nur noch wie eine Marionette fremdbestimmt zum Takt der Maschinen bewegt.[1] Durch tänzerischen Ausdruck erfährt der Mensch jedoch sowohl sich selbst als auch seine Einbettung in das Göttliche: „Es ist, als sei der Kosmos in den Tanz herabgezogen und feiere im Ebenbild der tänzerischen Bewegung Auferstehung“, schreibt der zeitgenössische Tanz-

1 Vgl. Barlösius 1997; Blass 1922; Hardt 2004; Hepp 1987; Foitzik-Kirchgraber 2003; Klatt 1930; Thiess 1920; Vietta 1938; Wedemeyer-Kolwe 2004.

theoretiker Vietta[2] und gibt damit einen ersten Eindruck für vorliegenden Beitrag, in dem die Verknüpfung von Leiberfahrung, Rhythmus und Religion am Beispiel des historischen Ausdruckstanzes verhandelt werden soll. Grundlage hierfür ist eine religionswissenschaftliche Studie über die deutsche Rhythmusbewegung im ersten Drittel des 20. Jahrhunderts.[3] Es erfolgt ein Abriss zur Geschichte und Entstehung der Rhythmusbewegung, um anschließend ausgewählte Wegbereiter*innen des Ausdruckstanzes vorzustellen, welche allesamt dem Ausdruck des (seelisch) Unaussprechlichen als ihrer Religion huldigten.

HISTORISCHE RHYTHMUSBEWEGUNG

Aufgrund der zu Beginn des 20. Jahrhunderts erfolgten Neuentdeckung des Rhythmus als Körpererfahrung etablierte sich im deutschen Sprachraum eine Rhythmusbewegung, die durch Gymnastik und Körperpraktiken den Einklang von Mensch und Kosmos suchte. *Rhythmus* avancierte zum Modewort der Epoche. Die leiborientierte Übungspraxis trat an die Stelle eines religiös-christlichen Weltbildes. Nicht die bloße körperliche Betätigung war das Ziel, sondern die Erlangung eines freien und gesammelten Geistes in einem freien Körper. Das religiöse Konzept der kosmischen Weltanschauung der Rhythmiker*innen beinhaltete den Glauben an einen universalen Rhythmus als Ursprung allen Seins. Sinnesorientierte Übungen dienten als Schlüssel zur Erfahrung dieser universalen Kraft.[4] In der Vorstellung eines „Neuen Menschen“[5] in einem neuen Zeitalter spiegelt sich das Bedürfnis nach Sinnsuche und Spiritualität in einer Zeit voller Umbrüche, welche von vielen Zeitgenoss*innen als apokalyptischer Untergang der Kultur betrachtet wurde. In der Rhythmusbewegung lassen sich nicht nur die Anfänge der gymnastischen Leibesübungen, des Ausdruckstanzes und zahlreicher Körper(psycho)therapieansätze finden, ein bedeutsamer Teil der Protagonist*innen schuf sich darüber hinaus anhand der damals sehr populären kosmischen Rhythmusphilosophie von Ludwig Klages[6] und diverser

2 Vietta 1938: 19.
3 Vgl. Neudorfer 2012.
4 Vgl. Wedemeyer-Kolwe 2004.
5 Küenzlen 1994.
6 Vgl. Klages 1944; 1932.

neuerschaffener gymnastischer Übungspraktiken[7] eine praxis- und diesseitsorientierte religiöse Alternative abseits von kirchlichen Traditionen, die dem Rhythmus eine geradezu heilbringende Funktion zudachte.

ENTSTEHUNG DER RHYTHMUSBEWEGUNG IN DEN USA UND DEUTSCHLAND

Die Entstehung der Rhythmusbewegung ist zwischen 1890 und 1918 zu verorten und ging einher mit verschiedenen neuen Bewegungen, wie z.B. dem Aufkommen der Jugendbewegung in Europa, dem englischen Sport, dem Jazz und dem modernen Tanz in Nordamerika und Deutschland. Das gleichzeitige Auftreten dieser Phänomene hatte nach dem Historiker Helmut Günther soziale und geistige Hintergründe. Die zunehmende Mechanisierung und Rationalisierung durch die moderne Industriegesellschaft traf vor allem Nordamerika und Deutschland, welche jedoch keineswegs darauf vorbereitet waren.[8]

Die USA waren dabei, sich als mächtigster Industriestaat der Welt zu etablieren. Vor diesem Hintergrund entstand die junge amerikanische Gymnastik. Sie war Antwort auf und zugleich Protest gegen die seelen- und körperfeindlichen Seiten der modernen Industriegesellschaft. Das Individuum wurde immer mehr durch die Zwänge der technischen und kapitalistischen Anforderungen in Beruf und Alltagsleben bedrängt. Aus dieser Situation heraus entwickelte sich die amerikanische Körperkultur, in der sich u.a. die amerikanische Frau von Korsett, Schnürstiefeln und engen moralischen Vorstellungen emanzipieren konnte. Der Stellenwert des Körpers erfuhr einen Wandel: Der Körper sollte nicht mehr mechanisiert und versklavt werden. Die Vertreter*innen der jungen Körperkultur waren der Ansicht, dass die geistig und körperlich degenerierten Zeitgenoss*innen in einer Art *ideal humanity* sich wieder auf den eigenen freien Geist in einem freien Körper besinnen sollten.[9]

In Deutschland stellte zunächst der Sport die erste Revolution in der Körperkultur dar. Fußball und Leichtathletik wurden von England übernommen. Das deutsche Turnen enthielt zu jener Zeit statische Frei- und

7 Bode 1923; 1925; 1926a; 1926b; 1930.

8 Siehe dazu auch Günther 1963.

9 Vgl. Günther 1971: 34f.; Holler-von der Trenck 1971; Frohne 1981.

Geräteübungen – Laufen und Fußball als dynamische Bewegungsformen wurden zunächst als „undeutsche Ausländerei“[10] bezeichnet, nach einiger Zeit jedoch akzeptiert. Das Prinzip der dynamischen Bewegung konnte auch die deutsche Rhythmusbewegung für sich nutzen, obwohl die rhythmischen Zeitgenoss*innen den Sport mit seinem Hang zur „Rekordsucht“[11] ablehnten, da diese als ein Charakteristikum der mechanischen Gesellschaft galt. Die deutschen Rhythmiker*innen wollten zurück zur Urkraft, zur Quelle allen Seins. Das Universum, der ganze Kosmos war für sie schwingender Rhythmus. Die Rhythmusbewegung wurde getragen von einer antirationalistischen Lebensphilosophie, wie sie vor allem bei dem Lebensphilosophen Ludwig Klages zum Ausdruck kommt. Ein bedeutsamer Teil der Rhythmusbewegung sah im Phänomen *Rhythmus* den Ausdruck einer elementaren Schöpfungskraft und überhöhte gemäß deren Deutung den Rhythmusbegriff zu einer wahren *Rhythmusmystik*.[12]

VOM RHYTHMISCHEN PRINZIP ZUR RHYTHMUSMYSTIK

In der Rhythmusbewegung, wie in der Körperkultur allgemein, trat eine Wertschätzung der Leiblichkeit zutage, wie sie in der Geschichte der Anthropologie bisher noch nicht erschienen war.[13] Es galt, sich der lebensbedrohlichen, starren und seelenfeindlichen Außenwelt zu erwehren, die der Mensch durch das Maschinenzeitalter selbst heraufbeschworen hatte. So war *Antirationalismus* das Schlagwort der Rhythmusbewegung. Der populäre Rhythmusphilosoph Ludwig Klages nahm eine Trennung zwischen Takt und Rhythmus vor. Das taktierende Prinzip des Intellekts, des Geistes, des Rationalen, der Maschinen bedrohte das kreative, empfindsame rhythmische Seelenprinzip. Der Geist (Takt) als Widersacher der Seele (Rhythmus) sollte deshalb bekämpft werden. Unter dem „Kampfruf des Rhythmus“[14] wurde eine Lebensform gepriesen, in der die Wirkmächte der Natur ihre höchste Entwicklung erfahren sollten. Mit diesem Ruf nach einer erneuer-

10 Günther 1971: 37.

11 Günther 1971: 37.

12 Vgl. Günther 1971: 37.

13 Vgl. Röthig 1966: 58; Möhring 2004.

14 Bode 1926b: 44.

ten Daseinsform sollte dem Menschen wieder zu seinem Ursprungsrecht auf einen organischen Ausdruck verholfen werden.[15] So ist der Ruf vieler Rhythmiker*innen auch ein Aufruf, sich unter das Gesetz der Naturkräfte zu stellen, sich einzuschwingen in die rhythmische Weltharmonie und der einseitigen Ratio entgegenzuwirken.[16] Denn der Rhythmus gilt als ein kosmisches Prinzip, das Leben als ein göttlicher Abdruck dieses ewigen Seins, und es gelte, sich mittels rhythmischer Gymnastik wieder in den ewigen Fluss des Werdens und Vergehen einzubinden.

Röthig sieht den eigentlichen Wert der Gymnastiktheorie in der Betonung der Emotionalität.[17] Der Mensch wird als Teil eines „übergreifenden Ganzen"[18] gesehen. Das ihn umgebende beherrschende organisch-naturhafte Sein könne nur durch „emotional-gefühlhafte Seelenkräfte"[19] erfahrbar werden.

Die Gründe für diese *Rhythmusmystik* in Deutschland sieht Günther im Zusammenstoß der agrarisch-patriarchalischen Gesellschaften mit der technisch-industriellen Wirtschaft. Im Gegensatz zur amerikanischen Körperkultur, die ebenso eine Protestbewegung gegen die industrielle Vereinnahmung war, wandte man sich in Deutschland schlichtweg von „den Greueln der neuen Realität"[20] ab. Die Deutschen sehnten sich nach einer Wiedervereinigung mit der ursprünglichen Kraft der Natur, ihre Sehnsucht galt der Verschmelzung mit dem Rhythmus des Lebens.[21]

Diese Romantisierung des Rhythmus durch die erste Generation der deutschen Rhythmusbewegung fand vor dem Hintergrund und in der Epoche des formal-ästhetischen Jugendstils statt. Der Jugendstil umfasst in romantisierender Art die Schlüsselworte der damaligen Zeit wie Raum und Rhythmus, Schwung und Bewegung, Körperkultur und Leibesgefühl, Rhythmik und Welle als dynamische und ästhetische Bewegung. Demnach sind laut Helmut Günther Tanz, Körperkultur, Sport und Rhythmik nicht als Begleitphänomene zu betrachten, sondern stellen das Herz des Jugendstils

15 Vgl. Röthig 1966: 59.
16 Vgl. Röthig 1966: 60.
17 Vgl. Röthig 1966: 61.
18 Röthig 1966: 61.
19 Röthig 1966: 61.
20 Günther 1971: 38.
21 Vgl. Günther 1971: 38.

dar.[22] Die erste Generation der Rhythmusbewegung wurde von den nachfolgenden Generationen durch eine revolutionär-expressionistische Haltung abgelöst. Es waren die sog. *Münchner Rhythmusrebellen* (und mit ihnen als Hauptvertreter*innen) neben dem Rhythmusphilosophen Ludwig Klages und dem Gymnastik-Systemgründer Rudolf Bode die Choreograph*innen des Ausdruckstanzes Rudolf von Laban und Mary Wigman, die das Dekorativ-Ästhetische des Jugendstils verwarfen und mit Hilfe des Rhythmus in revolutionärer Weise die Gesellschaft von Grund auf verändern wollten.[23] Im Folgenden soll nun auf Wirken und Werden bedeutsamer Pionier*innen des Ausdruckstanzes als Teilbereich der historischen Rhythmusbewegung eingegangen werden.

RHYTHMUS UND DIE RELIGIÖSEN WURZELN DES MODERNEN TANZES

Im ersten Drittel des 20. Jahrhunderts entstand im Kontext weitgreifender kultureller und geistiger Umwälzungsprozesse der sogenannte Ausdruckstanz. Dieser Begriff ist als ein Gattungsname zu verstehen, unter dessen Dach verschiedene künstlerische Tanzformen zusammengefasst werden, die als Reaktion gegen die im Kunsttanz vorherrschende Form des klassischen Balletts und zugleich gegen das veraltete viktorianische Frauen- und Körperbild rebellierten.[24] Während die kodierte Bewegungsform des Balletts eine von außen gesetzte Konvention darstellte, diente im neuen Tanz der Körper als Medium für den ganz eigenen und persönlichen Ausdruck. Die Erhebung des menschlichen Individuums zum Maßstab aller Dinge war somit ein wesentliches Merkmal des Ausdruckstanzes.[25] Durch den Zerfall veralteter Werte kehrte sich der Blick nach innen auf das eigene Selbst. Dessen Empfinden sollte mit Hilfe des Tanzes Ausdruck verliehen werden.[26] Der Ausdruck des Unaussprechlichen ist der entscheidende Faktor,

22 Vgl. Günther 1971: 37f.

23 Vgl. Günther 1971: 49; Frohne 1981: 12.

24 Siehe dazu z.B. zeitgenössische Tanztheoretiker wie Egon Vietta (1938), Frank Thiess (1920) und Ernst Blass (1922). Alle drei befassten sich mit dem Ausdruckstanz, der, wie auch die Rhythmusbewegung, als Protest gegen das Maschinenzeitalter entstand und gegen das als leblos empfundene Ballett kämpfte.

25 Vgl. Oberzaucher-Schüller (Hg.) 2004.

26 Vgl. Müller; Stöckemann 1994: 22f.; Stüber 1984: 47.

mit dem, wie bei den folgenden Darstellungen sichtbar werden wird, auch religiöse Ansprüche verbunden sind.

So ist der moderne Tanz für den Tanztheoretiker Egon Vietta von tiefem, religiösem Inhalt erfüllt. Eine Profanisierung erträgt diese Art von Tanz nicht. Wird er seines zeremoniellen, kultisch-religiösen Sinnes beraubt, verliere er seine Lebenskraft und diene rein oberflächlichen Unterhaltungszwecken, nach denen es dem *„homme machine“* verlangt.[27] Ein*e wahre Tänzer*in jedoch wird nicht von Raum und Zeit eines technischen Zeitalters beherrscht. Im Gegenteil, im Tanz erfährt der Mensch einen grenzenlosen Raum ohne Anfang und Ende. Der Alltag als Raum des Maschinenzeitalters hingegen sei gar kein richtiger Raum, er diene gerade noch dazu, überwunden, durchhastet und vermessen zu werden. Zahlen, Maße und Gewichte können nicht verzeichnen, was der*die Tänzer*in im Tanze erfährt.[28] In der „verzauberten Stunde“ des Tanzes erfährt diese*r einen nicht vermessbaren und entrückten Zustand von ewiger Zeit:

> Es ist einer der wenigen Zustände, in denen der Mensch sich selbst gegeben ist, von der lastenden Bindung zur Umwelt abgeschnitten und in den Reigen der Genien emporgeläutert jenes „irrsinnige“ Glücksgefühl erlebt, von dem Dostojewsky spricht.[29]

Diesen Zustand nennt Vietta „Yogazustand“ und sieht darin den „Urzustand des gotterfüllten Tänzers“.[30] Die „mystische Teilhabe am Kosmos“ entspringt einer „körperlichen Weihehandlung“.[31] Der Tanz brauche keine Vermittlung zwischen „Mensch und Sein“ – oder, wie Vietta anmerkt: „früher hätte man gesagt: zwischen Mensch und Gott“ –, deshalb sei auch der Tanz „in seiner vollendetsten Steigerung nicht artikuliert, individualisiert, sondern die übernatürliche Erscheinung des Seins, die Gestaltwerdung der Gottheit“.[32] Und weiter heißt es:

> Der Tänzer spult sich gleichsam in seine Ekstase hinein, er wird von dem kosmischen Wirbel angesaugt, bis seine Zeit zur höchsten, schöpferischen

---

27 Vgl. Vietta 1938: 105.
28 Vgl. Vietta 1938: 105.
29 Vietta 1938: 19.
30 Vietta 1938: 22.
31 Vietta 1938: 23.
32 Vietta 1938: 50f.

> Aktivität entflammt ist und das neue Gestirn aus dem chaotischen Strudel hervorbricht. Der Gott selbst erscheint – das Sein wird Gestalt.[33]

Doch trotz dieser *unio mystica* enthüllt der Tanz letzten Endes sein wahres Geheimnis nicht, schreibt Vietta: „Wir wissen nur, daß der Tanz im Mutterschoß des Seins beheimatet ist."[34] Die tänzerische Form stellte lediglich die Basis dar, auf der durch die Kraft der Bewegung ein Ausdruck des Göttlichen entstehen konnte. Damit wird dem Ausdruckstanz eine religiöse Qualität zugesprochen. Jenseits der beschränkenden Grenzen des Selbst wurde im freien Tanz nach einer Einbettung und einem Aufgehen in ein Höheres gesucht.[35] In seinem Aufsatz „Tänzerische Weltanschauung" schreibt der Tanzkritiker Fritz Böhme 1926:

> Tänzerisches Welterlebnis ist für den Tänzer und für den Zuschauenden ungeteiltes Eingehen in Gott, Erleben Gottes in den Formen der raumerfüllenden Bewegung des Menschenleibes. […] Tänzerische Formen kann man nicht lernen; man kann aber lernen, sich Gott nahen in den Gesetzen des Räumlich-Leiblichen. Alle Vorübung zu diesem Gottesdienst ist die heilige Erschließung dieser Elemente, dieser Stufen, die vom Ich zum Kosmos führen und die zugleich die Buchstaben der tänzerischen Worte sind, in denen der Leib zu den Zuschauenden spricht.[36]

In seiner künstlerischen Entfaltung wurde der Ausdruckstanz von den Protagonist*innen der Zeit als Krone der rhythmischen Gymnastik angesehen.[37] Im Folgenden werden Isadora Duncan als Wegbereiterin, Rudolf von Laban und Mary Wigman als die Gründer*innen und Exponent*innen des Ausdruckstanzes vorgestellt. In unterschiedlichen Ausprägungen war es allen dreien ein Anliegen, das seelisch-kosmische Prinzip *Rhythmus* im Tanz zum Ausdruck zu bringen. Durch den hohen Bekanntheitsgrad und die zunehmende Anerkennung des modernen Tanzes breitete sich die rhythmische Lebensphilosophie der Gymnastiker*innen weiter aus und verselbstständigte sich im modernen Tanz der Zeit.

33 Vietta 1938: 52.

34 Vietta 1938: 23.

35 Vgl. Scheier 2004: 166.

36 Böhme 1926, zit. nach Scheier 2004: 166.

37 Vgl. z.B. Blass 1922.

Isadora Duncan – Renaissance der Religion durch Tanz

Die Amerikanerin Isadora Duncan (1877–1927) war eine Pionierin auf dem Gebiet des Ausdruckstanzes.[38] Sie betrachtete den Körper als „Offenbarer der Seele"[39]. Bei ihrem ersten Auftritt in Deutschland 1903 wurde sie gefeiert als „wahrhafte Löserin, Erlöserin und Befreierin"[40]. Sie verkündete, den kosmischen Rhythmus der Meere und Wolken, Blumen und Sterne, Bäume und Gräser zu tanzen und ihre Ideen direkt dem Universum zu entnehmen. Die Vergegenwärtigungskraft ihrer Gebärden war für ihr Publikum so stark, „daß wir [die Zuschauer; A. N.] Wiesen sehen und Blumen, die sie pflückt [...], daß wir das Meer dahinter rauschend vermuten und schwellende Segel und nahende Schiffe"[41]. An anderer Stelle schrieb Isadora Duncan: „Jede Bewegung müßte ihre Wellenschwingung bis zum Himmel senden und ein Teil des ewigen Rhythmus der Sphären werden."[42]

Barfuß tanzend, korsettlos und nackte Haut zeigend fand sie ihre Vorbilder in der griechischen Kunst. Durch Nachahmung hellenistischer Körperbilder entwickelte sie eine eigene Pantomime und meinte damit den griechischen Tanz der Antike zu neuem Leben erweckt zu haben. Großzügig übersah man dabei ihre tänzerischen Unzulänglichkeiten, entdeckte hinter allem die Urbilder griechischer Statuen oder auch italienischer Renaissance-Kunst und war fasziniert von dieser „Entfesselung des Körpers aus den engen Vorschriften der überlieferten Ballettkunst und der Hinwendung in künstlerischer Freiheit zum Dienste am Schönen"[43]. Ein Berliner Music-Hall-Impresario will sie als erste Barfußtänzerin der Welt für 1000 Mark engagieren. Obwohl es immer wieder an Geld fehlt, antwortet Duncan:

> Ich bin nach Europa gekommen, um etwas wie eine große Renaissance der Religion durch den Tanz und die Kenntnis von der Schönheit und Heiligkeit des menschlichen Körpers durch seinen Bewegungsausdruck zu bringen. Ich werde tanzen, aber nicht zum Vergnügen vollgefressener Spießbürger nach dem Essen.[44]

38 Vgl. Schulze 2004; Traub 2010: 98.
39 Günther 1971: 36.
40 Günther 1971: 36.
41 Duncan 1903: 8.
42 Duncan 1903: 33.
43 Tervooren 1987: 187.
44 Duncan zit. nach Niehaus 1988: 27.

Isadora – „die von Gott Gesandte“ – sie gab sich selbst diesen Beinamen – war okkulten Praktiken wie Wahrsagerei und Tischrücken zugeneigt und meinte, die „menschliche Seele und die Kunst [können] ohne Religion nicht existieren“.[45] Den Tanz bezeichnete sie als ihre Religion.[46] Der spanische Maler José Clará schrieb begeistert:

> Wenn sie auf der Bühne erschien, hatten wir alle das Gefühl, dass Gott – das heißt Sicherheit, Klarheit, Größe und Harmonie –, dass Gott zugegen war. [...] Niemals war Gebet glühender, Sieg unwiderstehlicher, Jungfräulichkeit reiner, Anmut jugendlicher, Raserei tragischer, Heiterkeit leuchtender als sie – Isadora.[47]

Sie tanzte zu Beethoven, Wagner, Gluck und Chopin – moderne Musik lehnte sie hingegen vehement ab.[48] Sie wählte ihre Komponisten nicht nach rein ästhetisch-musikalischen Aspekten, sondern hoffte, „durch die widerstandslose Hingabe ihres Körpers an deren Rhythmus, den natürlichen Rhythmus menschlicher Bewegungen, der seit Jahrhunderten verlorenging“[49], wiederzufinden. Über ihre Verbundenheit mit der Musik schrieb sie:

> Taucht eure Seele in göttlicher, unbewusster Hingabe tief hinein, bis sie eurer Seele ihr Geheimnis preisgibt; so habe ich immer versucht, Musik zum Ausdruck zu bringen. Meine Seele wurde eins mit ihr, und der Tanz wurde aus dieser Vereinigung geboren.[50]

Duncan sah sich selbst als Körperrechtlerin, betrachtete die Nacktheit als Segen und den Körper als Tempel der Kunst.[51] In der Nähe des Parthenons in Athen erwarb sie ein Grundstück, um dort einen Tempel und eine Schule erbauen zu lassen. Fasziniert von der Schönheit der griechischen Kunst sah sie darin den Ausdruck und die Vollendung des Rhythmus. Zusammen mit den mitgereisten Familienmitgliedern kleidete sie sich in altgriechische Gewänder und band sich zum Gelächter der Einwohner*innen das für hellenistische Zeiten klassische Stirnband ins Haar. Nach dem Kauf des Grundstückes entdeckte man, dass das Land kein Grundwasser besaß. Ein Brunnen

45 Zit. nach Niehaus 1988: 208.
46 Vgl. Niehaus 1988: 208.
47 Zit. nach Niehaus 1988: 26.
48 Vgl. Niehaus 1988: 192.
49 Zit. nach Niehaus 1988: 192.
50 Duncan zit. nach Niehaus 1988: 193.
51 Vgl. Niehaus 1988: 192.198; Traub 2010.

wurde gebohrt, jedoch stieß man nur auf antike Gemäuer. Der Boden wurde immer trockener und die Duncans beschlossen, nach Wien zu ziehen.[52] Duncan über ihre Zeit in Athen:

> Plötzlich hatte ich die Empfindung, als ob alle unsere Träume wie eine schillernde Seifenblase vergingen, und ich kam zur Erkenntnis, daß wir nichts anderes waren und nie etwas anderes sein konnten als moderne Menschen. Niemals würde sich uns die Gefühlswelt der alten Griechen erschließen! […] Ich selbst blieb schließlich doch nichts anderes als eine schottisch-irische Amerikanerin."[53]

Eine Rückkehr zu den antiken griechischen Tänzen hält sie nun für unmöglich, da der Tanz aus den eigenen Emotionen entstehe. 1904 wurde von ihrer Schwester Elisabeth in Berlin Grunewald die erste Rhythmus-Schule gegründet, die 1912 nach Darmstadt und nach dem Ersten Weltkrieg nach Klessheim bei Salzburg übersiedelte. Isadoras Weltsicht wurde hier als *Allgemeinpädagogik* unterrichtet. Schon im frühen Kindesalter wurde mit der neuen Erziehung begonnen.[54] Es war Verkörperung des deutschen Jugendstils in seiner reinsten Form. So schrieb der Historiker Werner Schur 1910:

> Die Kinder leben immer im Zusammenhang mit der freien Natur, die ihnen die Schönheit und sie ihren natürlichen Rhythmus lehrt. Sie tanzen im Freien, und sie hören die Bäume dazu rauschen. Sie sehen, wie der Schmetterling sich wiegt und die Wipfel schwanken. So ist es auch, wenn sie auf der Bühne tanzen, als dächten sie an den Wald und seine Schönheit, als meinten sie im Freien zu leben. […] Es ist ein neues Naturgefühl darin. Verstaubt wirken dagegen die Regeln alter Ballettkunst. Vielleicht steckt sogar eine Weltanschauung dahinter.[55]

Und es steckte tatsächlich eine neue Weltanschauung hinter der neuen Rhythmusbewegung. Wehende Schleier, blühende Blumen, rhythmisch und leicht geht alles ineinander über. Die Verwobenheit mit dem kosmischen Tanz wurde von Duncans Schüler*innen getanzt und gefeiert.

52 Vgl. Duncan 1928: 129–134.

53 Duncan 1928: 133.

54 Vgl. Tzaneva 2008.

55 Schur 1910, zit. nach Günther 1971: 40.

Rudolf von Laban – durch Tanz zum vollkommenen Menschen

Der in Ungarn geborene Künstler und Tänzer Rudolf von Laban (1879–1958) experimentierte ausgiebig mit dem Ausdruckstanz des Expressionismus und entwickelte u.a. in der Reformsiedlung am Monte Verità tanztherapeutische Ansätze.[56] Er gehörte zu den *Münchner Rhythmusrebellen,* die den Rhythmus als universal-kosmische Lebenskraft ansahen und sich für eine Hinwendung zur Natur, zu den natürlichen Rhythmen des Lebens und des Alls aussprachen. Während der rhythmische Protest des Jugendstils sich für Form, Anmut und Schönheit aussprach, wollte die Nachfolgegeneration der *Münchner Rhythmusrebellen* – ganz im expressionistischen Stil – die bürgerliche Gesellschaft durch den Rhythmus revolutionär verändern. 1910 gründete Laban eine Tanzschule in München: die *Schule für Kunst.* Seine Körpertheorien erinnern in Sprachstil und Philosophie an den Gymnastik-Systemgründer Rudolf Bode und damit an den oben erwähnten Rhythmusphilosophen Ludwig Klages.[57]

Die Natürlichkeit und Harmonie der tänzerischen Bewegung erschloss sich für Laban über die geometrischen Gesetzmäßigkeiten des Raumes. Für eine sinnvolle Orientierung des menschlichen Körpers wurden dem Raum mehr oder weniger komplexe geometrische Figuren wie Kubus oder Oktaeder gegeben. Über den persönlichen Raum – Laban nannte ihn *Kinesphäre* – wurde der*die Tänzer*in mit den geometrischen Raumstrukturen und dem allgemeinen Raum in Verbindung gebracht. Die innerliche und äußerliche Raumordnung stehen also in Beziehung zueinander. In einem Kristallkörper, dem Ikosaeder, sah Laban seine Raumrichtungen in ihrer reinen Form vereint.[58]

Laban war auch Mitglied des *Ordo Templi Orientis* (O.T.O.), der von dem Wiener Okkultisten Karl Kellner[59] gegründet worden war und der durch die Mitgliedschaft des skandalumwitterten Aleister Crowley in das Licht der Öffentlichkeit rückte. Der O.T.O. beinhaltete „sexualmagische

56 Vgl. Preston-Dunlop 2004.

57 Vgl. Wedemeyer-Kolwe 2004: 32.

58 Vgl. Fischer 1928: 222.

59 Dieser war übrigens auch der erste Yogalehrer in Wien, siehe dazu Baier 2009: 465.

Praktiken" und sorgte für ein „Bekanntwerden des Tantra im Westen"[60]. Theodor Reuss, das Oberhaupt dieses Esoteriker-Ordens der orientalischen Templer und eine berühmte Freidenker-Persönlichkeit in Europa, organisierte im August 1917 einen zehntägigen Kongress auf dem Monte Verità. Zu dieser Veranstaltung strömten Freimaurer*innen, Okkultist*innen, Theosoph*innen und Anhänger*innen verschiedener Logen und Geheimbünde aus der ganzen Welt zusammen und machten die Reformkolonie für diesen Zeitraum zum Angelpunkt esoterischer Strömungen.[61] Laban erarbeitete dafür als Rahmenprogramm ein dreiteiliges Sonnenfest, das „die naturmystische Verehrung der Sonne und des Wechsels von Tag und Nacht zum Gegenstand hatte"[62].

> Es beginnt abends, während die Sonne langsam hinter den Bergkuppen am Lago Maggiore versinkt, mit einem ‚Weihespiel' unter dem Titel ‚Die sinkende Sonne' […]. Daran anschließend, um 23 Uhr, hebt ein ‚pantomimisches Tanzspiel' über die ‚Dämonen der Nacht' an, als dessen gespenstischer Höhepunkt die Tänzerinnen und Tänzer der Laban-Schule zwischen den Bäumen des nächtlichen Monte Verità einen feierlichen ‚Fackelreigen' schreiten. Die mystischen Aktivitäten, zu denen sich auch recht weltliche Lustbarkeiten am Lagerfeuer gesellen, dauern die ganze Nacht an, und um sechs Uhr morgens wird der Sonnenaufgang über den Alpen mit dem festlichen Spiel ‚Die siegende Sonne' begrüßt.[63]

Labans Tänze und Rituale galten dem ewigen Rhythmus der Natur und der „Schönheit des Kosmos"[64]. Er sah in der Bewegung die Urkraft allen Seins. Bewegung war für ihn ein „Existenzausdruck"[65] des Lebens, ein Bindeglied zwischen dem Mikrokosmos Mensch und dem Universum. Durch sie konnte man sich in den kosmischen Rhythmus einschwingen und auf diese Weise wieder einen Einklang mit dem eigenen Körper erfahren.[66] Für Laban war der Tanz das ursprüngliche Prinzip, aus dem sich Musik und Schauspiel entwickelten. Zur Untermalung des Tanzes wurden nur Schlaginstrumente geduldet, Laban sprach sich für einen musiklosen, nur dem Körperrhythmus

60 Baier 2009: 465.
61 Vgl. Müller 1986a: 57.
62 Müller 1986a: 57.
63 Müller 1986a: 61.
64 Müller 1986a: 57.
65 Müller; Stöckemann 1994: 24.
66 Vgl. Müller; Stöckemann 1994: 24.

folgenden Tanz aus. Sobald die Instrumente ein emotionales Körper- und Rhythmusgefühl induziert haben, „dann konnte und sollte die Musik schweigen“[67]. Die Begriffe „Tanz–Ton–Wort“ bildeten eine Basis für seine Vorstellung einer allumfassenden, ganzheitlichen Menschenbildung. Er schreibt:

> Auf allen Gebieten triumphiert die Technik, die Zweckform, und nur der menschliche Organismus selbst bleibt hinter der Entwicklung seiner Werkzeuge zurück. [...] Muskeln, Nerven, Gehirn sind die drei Zentren, wo sich Wollen, Fühlen, Wissen manifestiert. Die großen rhythmischen Gesetze, die uns im sinnlichen Fühlen, Bewegen und Denken klar entgegentreten, regieren alle diese Gebiete. Die bewußte Anschauung dieser Vorgänge befähigt JEDEN, in kürzerer oder längerer Zeit den Rhythmus seines Lebens zu erkennen, zu stärken und zu beherrschen. [...] Unser Denkapparat, unser Empfindungsapparat und unser Muskelsystem können in hervorragender und sinnreicher Weise durch TANZ–TON–WORT kontrolliert und vollentwickelt werden.[68]

Labans Anspruch war pädagogischer und zugleich sozialutopischer Natur. Da die Bewegung für ihn ein elementarer Ausdruck des Lebens war, versuchte er durch sie zum ursprünglichen Leben zurückzufinden und damit die Menschen über und durch den Körper von den Zivilisationsschäden zu heilen und zu erneuern. Sein Gedanke, dass die durch die Zivilisation angerichteten Schäden am Körper geheilt werden können, fanden später auch Einzug in Psycho- und Tanztherapien, wie sie z.B. Carl Gustav Jungs Patient*innen in Zürich erhielten.[69] Sein Ansatz bestand darin, die irrationalen, verborgenen Fähigkeiten des Menschen zum Ausdruck zu bringen und aus diesem Erlebnis eine „existentielle, kosmische Erfahrung“[70] zu machen. Der Tanz Labans richtete sich deshalb nicht bloß an professionelle Tänzer*innen, sondern an alle Menschen. Um an der Basis zu arbeiten, organisierte er Bewegungschöre, in denen sich „Scharen von Laien“ in der Bewegungsschulung nach Laban übten.[71]

Labans Ideenwelt war stark von der zivilisationskritischen Philosophie Nietzsches geprägt. Nietzsche lässt seinen Weisen Zarathustra sprechen:

67 Müller 1986a: 40.

68 Labankurse 1913/14, zit. nach Müller 1986a: 36.

69 Vgl. Müller 1986a: 35.

70 Müller 1986a: 39.

71 Vgl. Müller; Stöckemann 1994: 24.

„Ich würde nur an einen Gott glauben, wenn er zu tanzen verstünde.“[72] Beeinflusst durch Nietzsches Tänzermenschen, von Laban als Ideal und Symbol vollkommenen Lebens verstanden, entstand Labans Glaube, dass „jeder Künstler, mancher Denker und Träumer und in seinem unerkannten Grundwesen jeder Mensch ein Tänzer sei“[73].

Die Vorstellung einer aus dem Tanz erneuerten Gesellschaft blieb jedoch in Gedankenspielen stecken. Mehr noch: Labans Sozialutopie und vage politische Vorstellungen lieferten Nahrung für ideologische Vereinnahmungen durch den aufkommenden Nationalsozialismus.[74] Auch zeigte sich, dass der angestrebte „Neue Mensch“ nicht auf der alleinigen Grundlage einer Bewegungsschulung zu erreichen war. Es war hauptsächlich die simplifizierende Gleichsetzung von Bewegung und Leben, die Laban zu der irreführenden Ansicht führte, dass seine Bewegungsschule die Probleme der Menschheit lösen könne.[75]

Mary Wigman – Priesterin und Hexe des Ausdruckstanzes

Auch Labans Schülerin, die in Hannover geborene Mary Wigman (1886–1973), sah im Tanz ein „Sinnbild des Göttlichen“[76]. Sie galt, neben Laban, als Begründerin des deutschen Ausdruckstanzes. Tanz verstand Wigman als rituellen Akt, als einen Gottesdienst, ein metaphysisches Erleben, das erst in der Irrationalität jenseits des verstandesmäßigen Begreifens ansetzen und in dem sich das menschliche Individuum durch Selbstentäußerung auflösen konnte.[77] Am oben erwähnten Kongress des *Ordo Tempii Orientis* war sie nicht nur als Künstlerin, sondern auch als Referentin beteiligt. Die in dieser Zeit entstandenen Tänze sind eindeutig geprägt von der philosophisch-lebensreformerischen Atmosphäre des Monte Verità. Grundthema war die „Hingabe des Menschen an eine übermenschliche Existenz“[78]. Sie bezeichnete ihre Tänze als „rituelle Vortragskunst“[79]. Vielen ihrer Darbietungen

72 Nietzsche KSA 4: 49.

73 Laban 1920: 8.

74 Zum Ausdruckstanz im Nationalsozialismus siehe Karina; Kant 1999 und Müller 2004.

75 Vgl. Müller; Stöckemann 1994: 25f.

76 Müller; Stöckemann 1994: 25.

77 Vgl. Müller; Stöckemann 1994: 25.

78 Müller 1986a: 58.

79 Baier 2009: 465.

gab sie auf religiöse Themen verweisende Titel wie „Gebet“, „Götzendienst“, „Der Derwisch“, „Der Tempeltanz“, „Hexentanz“.[80] Wigman entwickelte einen ganz individuellen und noch nie dagewesenen Tanzstil und betrachtete sich als Künderin dieser neuen Tanzform. Im Gegensatz zu Duncans Tanz des leicht schwingenden Einklangs mit der Natur, ganz im Zeichen des Jugendstils, waren Wigmans Choreografien sowohl von einer priesterlich-feierlichen als auch von einer expressionistisch-grotesken, düsteren und schweren Ausdrucksweise geprägt, wie sie ihren Höhepunkt im „Hexentanz II“ findet. In diesem berühmt gewordenen Tanz wurde ein unmenschliches Wesen mit einer bizarr hochgezogenen Maske dargestellt. Es krallt die Finger tierähnlich in den Boden, um sie anschließend besitzergreifend und bedrohlich in den Raum zu stoßen. In dieser Choreografie befasste sich Wigman mit den dunklen und ungelebten Seiten des Menschen. In Gestalt eines hexenartigen Wesens wurde ihnen Ausdruck verliehen.

Wie Laban experimentierte auch Wigman ausgiebig mit Geräuschrhythmus, erzeugt durch damals exotisch anmutende Instrumente wie z.B. den Gong und andere Schlaginstrumente. Gemäß ihrer expressionistischen Grundeinstellung sollte die Musik heftig und eindringlich sein. Mit Vorliebe verwendete sie deshalb Trommel- und Gongschläge, sowohl für ihre „dämonischen“ Tänze wie auch als sanfte Klanguntermalung der meditativen und rituellen Passagen. Oft tanzte sie ohne Musik, damit die Konzentration der Zuschauer*in auf den körperinnersten Rhythmus und damit auf den reinen Tanz gelenkt werde. Die Selbsterkenntnis des Menschen und die Transzendenz der menschlichen Existenz waren ihr ein zentrales Anliegen. Die Begegnung mit den eigenen animalischen und destruktiven Kräften trat in ihren Tänzen eindrucksvoll in Erscheinung. Der „Dämon“ als Sinnbild für das Grauenerregende, das Dunkle und Jenseitige fungierte bei ihr als Mittler zwischen Unbewusstem und Bewusstem.[81]

Wigmans metaphysische Darbietungen erhielten nach anfänglichem Unverständnis und Ablehnung frenetischen Beifall. In ihren „feierlichen Tänzen“ stellte sich Wigman als Priesterin dar, die ihre Priesterschaft in stillen, getragenen Bewegungen zum Ausdruck brachte:

> Feierlich tanzen heißt: Tempeldienst tun, heißt: ein Amt im Dienst einer als übergeordnet anerkannten Idee zu erfüllen. Die Idee, die der Tanz im Sym-

80 Vgl. Baier 2009: 465.

81 Vgl. Müller 1986a: 97.

> bol verkündet, ist: Der Mensch und Dienst am Menschen. [Hervorgehoben von Mary Wigman] Feierlich tanzen heißt: Die Gebärde des Leibes unberührbar und unantastbar durch die Hallen und Tempel des rein menschlichen Raumes hinübertragen in jene sphärischen Räume, denen der Mensch als mitschwingend zugeordnet ist. Kosmos, All, Gott. Feierlich tanzen heißt: das Irdische (zeitlich gebundene) in uns dem Göttlichen (überzeitlichen) in uns zu vermählen.[82]

Wigmans rituelle Darbietungen wurden 1925 in der Zeitschrift *Bühnen-Rundschau* folgendermaßen beschrieben:

> Religio: heilige Scheu, angstvolle und zugleich selige Hingabe, versinken in das Urbild. Wir ahnen nicht nur, aus uns lebt es. Gott sprach in diesen Tänzen zu uns: das ist seine Offenbarung in unseren Tagen, die so dürr geworden sind durch aussaugenden Intellektualismus, so lieblos durch Geschäftlichkeit [sic!], so matt durch verzehrende Hast, so kränklich maßvoll durch den Mangel an lebendigem Strom von Mensch zu Mensch.[83]

Die Rolle der Berufstänzerin war seit Isadora Duncan einem Wandel unterworfen, den Wigman fortsetzte. Das Bild der klassischen Ballerina als reproduzierender und von Theaterhierarchien abhängiger Tanzkünstlerin wandelte sich mit ihr hin zur produzierenden, ästhetisch selbstbestimmten Tänzerin, Choreografin und Autorin. Ihr Schaffen war die „inhaltliche, choreografische und ökonomische Unabhängigkeitserklärung der Frau"[84]. Die berühmte Ballerina Anna Pawlowa galt als Inbegriff des klassischen Balletts, während Mary Wigman *die* Darstellerin des deutschen Ausdruckstanzes repräsentierte – ein gegensätzliches Paar, das Kritiker immer wieder anregte, das traditionelle Ballett und den modernen Tanz einander gegenüberzustellen:

> [D]er Taumel des primitiven Tanzes ist wieder losgelassen und tobt in Opfer- und Hexentänzen: aber er nährt und baut auch ein hohe, feierliche Neuform, und aus dem quirlenden Abgrund wächst priesterliche Hoheit und verklärte Freude. [...] Das Ballett steht, trotz aller schwebenden Leichtigkeit, auf dem sicheren Boden des Irdischen; die neue Tanzkunst in ihrer höchsten Form läuft durch alle Reiche des Daseins, von der Hölle durch die Welt zum Himmel.[85]

---

82 Wigman (ca.) 1927, zit. nach Müller 1986a: 84.

83 Müller 1986a: 72.

84 Müller 1986a: 100.

85 Fischer 1928: 235.

Mary Wigman war nicht nur eine Gründerin und Personifikation des deutschen Ausdruckstanzes, sondern ist mit ihrem metaphysischen Tanzbegriff und dem Ausdruck in einer individuellen, subjektiv bestimmten Form auch als die Vorläuferin des deutschen Tanztheaters in den 1960er Jahren anzusehen. Mit den orientalisierenden Themen, der Auseinandersetzung mit dem Dämonischen, der Figur der Hexe und der Priesterin nahm sie Motive aus dem spirituellen Feld auf. Durch ihre selbstkreierten ritualisierten Tänze sorgte sie für eine religiöse Emanzipation der Frau in einer männlich dominierten christlichen Religion. Da in jener Zeit für christliche Laien wenig Partizipationsmöglichkeit bestand, vollzog sich vor allem auf dem Gebiet des Ausdruckstanzes eine Individualisierung der Religion.

Der Ausdruckstanz zu Beginn des zwanzigsten Jahrhunderts war eine Reaktion auf die kulturellen Umbrüche zur Jahrhundertwende. In dieser bewegten Zeit verkündete der neue Tanz die Utopie des sich mit sich selbst im Einklang befindenden, schöpferischen Subjekts. Der Ausdruckstanz – und mit ihm die Rhythmusbewegung – sah in der organischen, weil rhythmischen Bewegungserfahrung einen Pool an nicht entfremdeter und intensiver Selbsterfahrung. Der tänzerische Ansatz bestand bis zur Machtübernahme der Nationalsozialisten in Deutschland 1933 darin, diesem subjektiven Erleben künstlerischen Ausdruck zu verleihen.

Isadora Duncan gilt hierbei Wegbereiterin dieses ‚neuen' Tanzes. Ihre religiösen und am Jugendstil orientierten Darbietungen waren von romantischen Vorstellungen der griechischen Antike inspiriert. Tanz war für sie Religion. Labans sozialutopische Vorstellung, die Menschheit durch Bewegungsschulung zu erneuern, scheiterte an der Umsetzung. Mary Wigmans tänzerische Darbietungen zielten auf eine Darstellung des Unaussprechlichen, der unergründlichen und tiefen Seite der Seele ab. Ob feierlich oder hexenartig, die Tänze von Wigman als Begründerin des Ausdruckstanzes lassen sich vor allem als eine religiöse Unabhängigkeitserklärung der Frau verstehen.

LITERATUR

Artus, Hans-Gerd: „Körperbildung im Ausdruckstanz“, in: *Tanzforschung. Jahrbuch Bd. 5: Ausdruckstanz in Deutschland – Eine Inventur; zu tanzkünstlerischen und tanzpädagogischen Aspekten des Ausdruckstanzes; Mary-Wigman-Tage 1993, Dresden, 16. bis 19. September*, Wilhelmshaven: Florian Noetzel Verlag 1994, 69–85.

Baier, Karl: *Meditation und Moderne. Zur Genese eines Kernbereichs moderner Spiritualität in der Wechselwirkung zwischen Westeuropa, Nordamerika und Asien. Bd. 2*, Würzburg: Königshausen & Neumann Verlag 2009.

Barlösius, Eva: *Naturgemäße Lebensführung. Zur Geschichte der Lebensreform um die Jahrhundertwende*, Frankfurt/M. – New York: Campus Verlag 1997.

Blass, Ernst: *Das Wesen der neuen Tanzkunst*, Weimar: Erich Lichtenstein Verlag 1922.

Bode, Rudolf: *Aufgaben und Ziele der rhythmischen Gymnastik*, München: Zweite Auflage C.H. Beck'sche Verlagsbuchhandlung 1923.

Bode, Rudolf: *Rhythmus und Körpererziehung*, Jena: Eugen Diederichs Verlag 1925.

Bode, Rudolf: *Ausdrucksgymnastik*, München: C.H. Beck 1926a.

Bode, Rudolf: *Neue Wege in der Leibeserziehung*, München: C.H. Beck'sche Verlagsbuchhandlung 1926b.

Bode, Rudolf: *Die Grundübungen der körperlichen Bildung*, Kassel: Bärenreiter-Verlag 1930.

Duncan, Dora: *Der Tanz der Zukunft: eine Vorlesung*, Leipzig: Diederichs Verlag 1903.

Duncan, Isadora: *Memoiren*, Wien – München: Amalthea Verlag 1928.

Fischer, Hans von: *Körperschönheit und Körperkultur*, Berlin: Deutsche Buch-Gemeinschaft: 1928.

Foitzik-Kirchgraber, Renate: *Lebensreform und Künstlergruppierungen um 1900*, Dissertation: Universität Basel 2003.

Frohne, Isabelle: *Das rhythmische Prinzip. Grundlagen, Formen und Realisationsbeispiele in Therapie und Pädagogik*, Lilienthal: Eres Edition 1981.

Günther, Helmut: „Tanz als Protest“, in: *DIE ZEIT Nr. 18/1963 (3. Mai 1963)*, URL: http:// www.zeit.de/1963/18/der-tanz-als-protest (letzter Zugriff am 28. April 2019).

Günther, Helmut: „Historische Grundlinien der deutschen Rhythmusbewegung“, in: Gertrud Bünner; Peter Röthig (Hg.), *Grundlagen und Methoden rhythmischer Erziehung*, Stuttgart: Ernst Klett Verlag 1971, 33–69.

Hardt, Yvonne: *Politische Körper. Ausdruckstanz, Choreographien des Protests und die Arbeiterkulturbewegung in der Weimarer Republik*, Münster: LIT Verlag 2004.

Hepp, Corona: *Avantgarde. Moderne Kunst, Kulturkritik und Reformbewegung nach der Jahrhundertwende*, München: Deutscher Taschenbuchverlag 1987.

Holler-von der Trenck, Jutta: „Rhythmische (Moderne) Gymnastik“, in: Gertrud Bünner; Peter Röthig (Hg.), *Grundlagen und Methoden rhythmischer Erziehung*, Stuttgart: Ernst Klett Verlag 1971, 101–120.

Karina, Lilian; Kant, Marion: *Tanzen unterm Hakenkreuz. Eine Dokumentation*, Berlin: Henschel Verlag 1999.

Klages, Ludwig: *Der Geist als Widersacher der Seele. 3. Bd., I. Teil: Die Lehre von der Wirklichkeit der Bilder*, Leipzig: Johann Ambrosius Barth Verlag 1932.

Klages, Ludwig: *Vom Wesen des Rhythmus*, Zürich – Leipzig: Verlag Gropengiesser 1944.

Klatt, Fritz: *Die geistige Wendung des Maschinenzeitalters*, Potsdam: Alfred Protte Verlag 1930.

Küenzlen, Gottfried: *Der Neue Mensch. Eine Untersuchung zur säkularen Religionsgeschichte der Moderne*, München: Fink Verlag 1994.

Laban, Rudolf: *Die Welt des Tänzers*, Stuttgart: Walter Seifert Verlag 1920.

Laban, Rudolf: *Gymnastik und Tanz*, Oldenburg: Gerhard Stalling Verlag 1926.

Möhring, Maren: *Marmorleiber. Körperbildung in der deutschen Nacktkultur (1890–1930)*, Köln – Weimar u.a.: Böhlau Verlag 2004.

Müller, Hedwig: *Die Begründung des Ausdruckstanzes durch Mary Wigman*, Dissertation, Universität Köln 1986a.

Müller, Hedwig: *Mary Wigman. Leben und Werk der großen Tänzerin*, Berlin: Quadriga Verlag 1986b.

Müller, Hedwig: „Ausdruckstanz und Nationalsozialismus“, in: Gunhild Oberzaucher-Schüller (Hg.): *Ausdruckstanz. Eine mitteleuropäische Bewegung der ersten Hälfte des 20. Jahrhunderts,* Wilhelmshaven: Florian Noetzel Verlag 2004, 460–470.

Müller, Hedwig; Stöckemann, Patricia: „Zur Bestimmung des Ausdruckstanzes", in: *Tanzforschung. Jahrbuch Bd. 5 1994: Ausdruckstanz in Deutschland – Eine Inventur. Mary Wigman-Tage 1993, Dresden, 16. bis 19. September*, Wilhelmshaven: Florian Noetzel Verlag 1994, 22–31.

Neudorfer, Anita: *Rhythmus als unsichtbare Religion. Die Rhythmusbewegung der Weimarer Republik aus religionswissenschaftlicher Sicht*, Diplomarbeit: Universität Wien 2012. URL: http://othes.univie.ac.at/23711/ (letzter Zugriff am 2. September 2019).

Niehaus, Max: *Isadora Duncan. Triumph und Tragik einer legendären Tänzerin*, München: Wilhelm Heyne Verlag 1988.

Nietzsche, Friedrich: *Also sprach Zarathustra. Kritische Studienausgabe (KSA) 4*. Hg. von Giorgio Colli – Mazzino Montinari, München: Deutscher Taschenbuch Verlag 1988.

Oberzaucher-Schüller, Gunhild (Hg.): *Ausdruckstanz. Eine mitteleuropäische Bewegung der ersten Hälfte des 20. Jahrhunderts*, Wilhelmshaven: Florian Noetzel Verlag 2004.

Preston-Dunlop, Valerie: „Rudolf von Laban", in: Gunhild Oberzaucher-Schüller (Hg.): *Ausdruckstanz. Eine mitteleuropäische Bewegung der ersten Hälfte des 20. Jahrhunderts*, Wilhelmshaven: Florian Noetzel Verlag 2004, 95–104.

Röthig, Peter: *Rhythmus und Bewegung. Eine Analyse aus der Sicht der Leibeserziehung*, Dissertation: Universität Tübingen 1966.

Röthig, Peter: „Zur Theorie des Rhythmus", in: Gertrud Bünner; Peter Röthig (Hg.): *Grundlagen und Methoden rhythmischer Erziehung*, Stuttgart: Ernst Klett 1971, 11–31.

Scheier, Helmut: „Ausdruckstanz, Religion und Erotik", in: Gunhild Oberzaucher-Schüller (Hg.): *Ausdruckstanz. Eine mitteleuropäische Bewegung der ersten Hälfte des 20. Jahrhunderts*, Wilhelmshaven: Florian Noetzel Verlag 2004, 166–180.

Schulze, Janine: „Den befreiten Körper suchend: Isadora Duncan", in: Amelie Soyka (Hg.): *Tanzen und tanzen und nichts als tanzen. Tänzerinnen der Moderne von Josephine Baker bis Mary Wigman*, Berlin: Aviva 2004, 21–34.

Stüber, Werner J.: *Geschichte des Modern Dance. Zur Selbsterfahrung und Körperaneignung im modernen Tanztheater*, Wilhelmshaven: Heinrichshofen 1984.

Tervooren, Helga: *Die rhythmisch-musikalische Erziehung im ersten Drittel unseres Jahrhunderts*, Frankfurt/M.: Peter Lang Verlag 1987.

Thiess, Frank: *Der Tanz als Kunstwerk. Studien zu einer Ästhetik der Tanzkunst*, München: Delphin Verlag 1920.

Traub, Ulrike: *Theater der Nacktheit. Zum Bedeutungswandel entblößter Körper auf der Bühne seit 1900*, Bielefeld: transkript Verlag 2010.

Tzaneva, Magdalena (Hg.): *Isadora Duncans Tanz der Zukunft. 130 Stimmen zum Werk von Isadora Duncan; Gedenkbuch zum 130. Geburtstag von Isadora Duncan; 27. Mai 1878 San Francisco – 14. September 1927 Nizza. Unter Mitarbeit von Isadora Duncan*, Berlin: LiDi (Hommage 5) 2008.

Vietta, Egon: *Der Tanz. Eine kleine Metaphysik*, Frankfurt/M.: Societäts-Verlag 1938.

Wedemeyer-Kolwe, Bernd: *Der neue Mensch. Körperkultur im Kaiserreich und in der Weimarer Republik*, Würzburg: Königshausen & Neumann 2004.

Dancing Jagadamba

Rukmini Devi and the World-Mother-Movement

Cornelia Haas

The prominent theosophist Rukmini Devi Arundale (1904–1986, RD), well known as the *reformer of Bharatanatyam* was assigned a second role by the theosophists: She should act as the *World-Mother*, pendant to the designated *messiah* Jiddu Krishnamurti (1895–1986, JD). While the latter doubted his role after several incidents and finally refused to continue fulfilling it, RD implemented her idiosyncratic interpretation of an image of women, first influenced and propagated by the theosophists. This was later reflected both in her interpretation of the *Bharatanatyam* and in her representation of the ideal woman as expressed in *A Message of Beauty for Civilization*. This paper aims to highlight some lesser known theosophical and spiritual background stories of RDs *reformed Bharatanatyam.*[1]

In April 27, 1920, one of the numerous, almost *traditional* scandals in the history of the *Theosophical Society* (T.S.) *Adyar* occurred: Rukmini Devi (1904–1986, RD), the 16 year old daughter of Tamil Brahmin A. Nilakanta Sastry from the South Indian Thiruvisannelur in Tamil Nadu and his wife Seshammal Sastry, married the 41-year-old George Sydney Arundale (GSA) in Madras[2]. This casteless person of British origin worked for many years as the co-worker of the politician and president of the T.S., Annie

1 This is a translated and revised version of the article "Jagadamba tanzt: Rukmini Devi und das World-Mother-Movement", in: Stephan Koehn; Heike Moser (Eds.): *Frauenkörper/Frauenbilder. Inszenierungen des Weiblichen in den Gesellschaften Süd-und Ostasiens*, Wiesbaden: Harrassowitz 2013, 161–177.

2 Since these are events that took place before *Madras* was renamed to *Chennai*, I will use the old terms *Madras* and *Bombay* instead of *Mumbai* in this article.

Besant (1847–1933, AB) who had brought him to India in 1902. AB made him professor of history at *Central Hindu College*[3] in Benares and established with him and the famous Rabindranath Tagore (1861–1941) the *National University of India* in Madras in 1917. There he received his doctorate in 1918 and became dean of teacher training.

GSA was therefore a respected and wealthy man because of his office. However, although RD's father himself was a member of the T.S., and had brought his children into contact with the theosophy of Helena Blavatsky (1831–1891, HPB) at an early age[4], this unsuitable marriage – despite the consent of RD's family – met with considerable resistance in the conservative *Brahmin* circles of Madras and ultimately led to GSA and his wife leaving Madras temporarily, first to Bombay – and travelling to Europe in 1924, since the reputation of T.S. Adyar had no need for further scandals.[5]

RD's access to music and the performing arts was as much a part of her cradle as the world views of HPB's theosophy: her mother, Srimati Se-

---

3 The now *Benares Hindu University*, founded by AB et al. as *Central Hindu College*.

4 A.N. Shastry had already moved to Madras with his family in 1911 after his retirement and had become a member of the T.S., which also naturally affected the education of the children. RD had already worked as a young girl as secretary for AB, who became her great role model. During this time, her bond with GSA evolved. RD's elder brother Sri Ram, father of TS's president (1980–2013) Radha Burnier, became president of the T.S. in 1953 as successor of Curuppumullage Jinarajadasa.

5 The first major scandal is known as the *Coulomb Affair* (1884/85) with the subsequent *Hodgson Report* commissioned by the *Society for Psychical Research* (SPR). There, HPB was accused of fraud and forgery of *Mahatma-letters*. These led to her resignation from the office of Corresponding Secretary and caused massive damage to the reputation of T.S. Campbell 1980: 87ff. Several scandals also took place in connection with Charles Webster Leadbeater (CWL; 1847–1937), Anglican clergyman and co-founder of the *Liberal Catholic Church* (LCC; for details see footnote 15). CWL was confronted with the repeatedly expressed accusation of encouraging masturbation to young boys for preventing sexual thoughts from 1906 on, and had to withdraw from all public offices at first, but was rehabilitated by AB a short time later. Afterwards, in 1909, CWL gained new reputation as the *discoverer* of the young JD as Messiah. However, this was shaken again by a custody process and the increasing rejection by JD, which ended in 1915 with CWL's departure for Australia, where he was ordained bishop of the LCL in the same year. Cf. ibid.: 115ff.

shammal, came from a learned Brahmin family from Thiruvaiyar, a centre of classical South Indian Carnatic music[6] and the place where the famous composer and Hindu saint Tyagaraja (1767–1847) worked. Through them, the experiences of her childhood were passed on to her children.[7] Thus the cosmopolitan and liberal worldview of the predominantly European theosophists found its way into the life of the young Brahmin lady and was paired with a self-evident and natural familiarity with music and dance from childhood. Her marriage to GSA indeed overused the tolerance of the Brahmin elites, but at the same time created her *distant view* of their own culture, and this produced – as its most prominent outcome – the new styled *Bharatanatyam* (skt. *Bharatas dance*) as a phenomenon, that today presents itself to the western world as a *typical Indian product*. With RD's redefinition of an ancient tradition that she could never have practiced before as a Brahmin daughter – as she was the first Brahmin who danced herself and, moreover, employed *devadāsis*, temple dancers with a dubious reputation, as dance teachers[8] – a new, comprehensive, aesthetic view of femininity went hand in hand. This however, she connects in her later career with what she calls *Philosophy of Beauty* in lectures and as concrete representational implementation in dance and other areas of life such as her commitment to the vegetarianism of the world. The history of this concept of femininity influenced by theosophy will be presented in the following, with focus on RD's role as *World-Mother*[9], attributed to her by her mentor AB.[10]

---

6 The term *Carnatic Music* (skt. [Sanskrit] *Karnataka Samgita*) means the classical music of Southern India (i.e. the present federal states Andhra Pradesh, Karnataka, Kerala and Tamil Nadu), in contrast to the Persian-Arab influenced *Hindustani Music* of the North. Singing is of great importance here, an ensemble normally consists of a singer, melodic (mostly violin) and rhythmic (*mridangam*, percussion instrument) accompaniment, as well as the *tambura* or *tanpura*, a long-necked string instrument that is used as a drone instrument.

7 For more details, see the introduction to Ross 2009.

8 Cf. Allen 1997: 64 with footnote 4 and the reference to a certain Mrs. Kumbakonam Balachandra who, according to the cultural historian Theodore Baskaran, had possibly performed as a Bharatanatyam dancer one year before RD.

9 For this particular aspect of the *World-Mother* with comprehensive references, see Ross 2009.

10 The *Reformation* of *Bharatanatayam* has been addressed many times from the most different perspectives – cf. e.g. B. the contributions of numerous authors with literature in Part III of Meduri 2005, as well as the contributions of Meduri,

THE WORLD-MOTHER AND HER FAMILY

During the years 1924/25, RD and her husband were travelling around the world – not least of all for security reasons – and dedicated themselves to the founding of the *Young Theosophist Movement* (YTM), of which RD soon became president. This task seemed at first to be the ideal area of activity for RD, the future *World-Mother*, who AB had chosen. While Jiddu Krishnamurti (1895–1986, JD) achieved world fame in his role as a future Messiah and spiritual teacher, which he did not want to play anymore after a short time, it is probably a generally less well-known fact that other members of the T.S. who were also certified with similar tasks or at least with the potential to take on a spiritual task. Thus in 1925 AB, at a congress of the *Order of the Star of the East* (OSE) in Ommen, Netherlands, which had been founded to prepare the young JK for his role as a future Messiah or *Buddha Maitreya*[11], named several persons as *Arhats*[12], full beings who were to assume certain spiritual and divine tasks:

> And now I have to give you, by command of the King, His message, and some of the messages of the Lord Maitreya and His great Brothers what I am saying, as to matter of announcement, is definitely at the command of the King whom I serve. His taking possession of His chosen vehicle … will be soon. Then He will choose, as before, His twelve apostles … and their chief, the Lord Himself. He has already chosen them, but I have only the command to mention seven who have reached the stage of Arhatship. Who were the "Arhats"? The first two (Mrs. Besant continued), my brother Charles Leadbeater and myself, … C. Jinarajadasa, … George Arundale, Oscar Kollerstrom, … Rukmini Arundale, […].

O'Shea and Kersenboom in Viswanathan Peterson; Soneji 2008 – and therefore only as far as absolutely necessary subject of this investigation. For the feminist aspect, see Stiehl 2004.

11 *Maitreya* (~ from skt. *Mitra* "friend") is regarded in almost all Buddhist traditions as Buddha of the future and future world teacher, whose arrival is announced for 3.000 to 30.000 years after the "historical" Buddha *Shakyamuni*.

12 The religious title *Arhat* is commonly used in Buddhism for a person, who has overcome the *three root kleshas* of *moha* (delusion, confusion), *raga* (greed, sensual attachment), and *dvesha* (aversion, ill will), as well as the *ten mental fetters/bonds* (Pāli: *samyojanas*, e.g. existence, arrogance, excitement or ignorance) and is therefore not reborn after the achievement of *nirvana*. HPB's *Theosophical Glossary* however emphasizes above all the *initiation of the Arhat into esoteric mysteries*.

> While, in **1925,** Rukmini Arundale, George Arundale's young wife, had reached the degree of "Arhat," by **1928** she was ready for promotion to the almost ineffable position of "World-Mother," embodying the power of "Durga and Lakshmi and Sarasvati" – aspects of the Hindu Trimurti "in its feminine manifestation".[13] [Emphasis in the original][14]

The task assigned to the young RD as *World-Mother* and feminine aspect of the divine itself, which should embody all positive qualities of the feminine, as well as the fact that it was the former women's rights activist AB who considered this role so important that a young Indian woman should be chosen as her embodiment and ambassador of the divine, played a role which should not be underestimated with regard to the positive perception of women in India which the theosophists aspire to.

AB announced the *World-Mother-Movement* on 25 May 1928, at a time when the signs of JK's crisis were already accumulating, in a festive service of the *Liberal Catholic Church* (LCC)[15] in Adyar, and declared this day, which is celebrated in the Christian churches as *annunciation of the Virgin Mary*, now at the same time as *World-Mother-Day*:

---

13 AB quotes and comments from: Anonym: *The Theosophical Movement*, 1951: 292f. (Original article in *The Theosophist*, June 1928).

14 In Hinduism, the goddesses mentioned are individual aspects of the *Devī* (goddess), which is considered the creative power of the absolute (*brahman*) and mother of the universe. The first written proof of this concept can be found in the so-called *devī māhātmyam* from the sixth century AD. While *Durgā* (skt., lit. "the hard-to-reach") represents the terrible aspect of the goddess and is not assigned to a male deity, *Lakshmī* (skt., lit. "joy") embodies happiness, beauty and wealth and is regarded as the female power (*shakti*) of *Vishnu*. *Sarasvatī* (skt., lit. "the flowing one") stands for erudition and wisdom and is the *shakti* of the god *Brahmā*.

15 The *Liberal Catholic Church* (LCC) was founded in 1916 by the theosophists James Ingall Wedgwood (JIW, 1883–1951) and the already mentioned CWL. In its theology, this Christian church was strongly influenced by theosophy. Formally, it was an affiliate organization of T.S. Adyar. JIW was formerly an ordained priest of the *Old Catholic Church of England*, the renaming of its reformed branch into *Liberal Catholic Church* took place in London in 1918.

> Mrs. Besant gives "the accepted Invocation to the World-Mother:"
> "We bow in homage and adoration
> To the mighty and glorious Hierarchy,
> The Inner Government of the world;
> And to Its exquisite Jewel,
> The Star of the Sea,
> The World-Mother."[16]

However, the *World-Mother* movement was also intended as female counterpart to the *Order of the Star in the East* (OSE)[17], in which JK was assigned as the embodiment of the male part of the divine, the ideal world ruler. The *World-Mother* should now represent the female side of the divine, as she was known in the West as *Mary, mother of Jesus Christ*, but also the *Egyptian Isis* and thus the ideal woman herself. The meaning of the mother, which RD should now give weight to, was however only one aspect of the *Jagadamba*[18] and also had a political side desired by Besant and other theosophists, which should underline the increasing importance of women in the public life of India and emphasize their importance:[19]

> When the World-Mother[20] spoke to me, and spoke of "our blessed Lord" now in the world, it was a glad surprise, and linked together, as with a gold-

16 Quoted from Tillett 1986: 763.

17 The OSE, a theosophical organization, was based at *Varanasi*, India, and existed from 1911 to 1927, in order to prepare the world for JK as spiritual teacher for the world, or the future *Buddha Maitreya*. Its precursor was the *Order of the Rising Sun* (1910–1911), and it was succeeded by the *Order of the Star* (1927–1929, based at Ommen, the Netherlands). The (Theosophical) origin of the idea of a messiah is a passage from HPB's outlook on the future of the T.S. in Blavatsky 1889: 307: "[…] besides a large and accessible literature ready to men's hands, the next impulse will find a numerous and united body of people ready to welcome the new torch-bearer of Truth. He will find the minds of men prepared for his message, a language ready for him in which to clothe the new truths he brings, an organization awaiting his arrival, which will remove the merely mechanical, material obstacles and difficulties from his path. Think how much one, to whom such an opportunity is given, could accomplish."

18 *Jagadamba* (also *jagadmata*, skt., lit. "world-mother") is mainly used for the goddesses *Durga* and *Lakshmi*. See footnote 14.

19 Cf. Dixon 2001: 206.

20 Bishop CWL named the *World-Mother* with her Indian name as *Lakshmi Devi*, who had long before designated RD as her representative on earth. Cf. Tillet

> en clasp, the Kingdom of Happiness proclaimed by our Krishnaji, and the all-embracing Compassion of the Divine Motherhood […].
>
> […] Shrimati Rukmini Devi has been chosen to lead the movement for the uplift of Motherhood to its rightful place in the Life of the Nation. It is fitting that for this movement, as for that which is the mission of Him whom the World-Mother calls "our blessed Lord," an Indian body should be chosen.[21]

However, the last paragraph shows that despite the emphasis on the importance of the feminine, a strict subordination to the world ruler is intended. The Bishop of the LCC, CWL, held this view above all, and so he was the one who in a letter to GSA made it clear that RD only had to *represent* the *World-Mother*[22] and was under no circumstances to *identify* with her, let alone to put her on an equal footing with the world ruler:

> There is undoubtedly a tendency among some enthusiasts to confuse Rukmini with the World-Mother, and both of them with Parvati. Now Parvati, Lakshmi and Sarasvati are certainly Shaktis of the Three Persons of the Blessed Trinity – really Feminine Aspects of Them; […] She does not stand at the level of the Bodhisattva, nor has she ever claimed to do so; […][23]

Since the foundation of the LCC, there had been repeated discourses within the T.S. on equal rights issues, such as the admission of women to the priesthood, and the question of their ability to become adepts. These were all judged negatively by the founders of the LCC, the bishops CWL and JIW with arguments which were borrowed from the occult physiology and the sacramental doctrine of the Anglican Church, and which saw the priesthood of women as sufficiently covered by their ability to become mothers, because only their lack leads the man to the compensation of occult forces,

1986: 763. This could be traced back to the corresponding statements in HPB's *Isis Unveiled* (Blavatsky 1877) which will be presented in the following.

21 AB quoted in: http://blavatsky.net/Wisdomworld/additional/AFTERMATH-10-PartSeries/ArticleNumber5of10.html (accessed 12th September 2019).

22 The *World-Mother*, of which we are talking here, stands for the superior principle of the goddess (*Devi*), which alone is at most identical with the independent *Durga* (see footnote 14), but by no means with *Parvati*. *Parvati, Lakshmi* and *Sarasvati* stand for the female energies (*shaktis*) of the Hindu "Trinity" *Brahma* (creator, to *Sarasvati*), *Vishnu* (sustainer, to *Lakshmi*), as well as *Shiva* (destroyer, to *Parvati*) wants to express the subordinate position of RD, which in his opinion is by no means to be understood as JK's equal counterpart.

23 Letter from CWL to GSA, dated August 28, 1928; ed. by Ross 2009: 124f.

over which he consequently has autocracy. Indeed, during the presidency of AB, CWL was at least temporarily the one who represented the occult currents in the T.S., while AB devoted herself to political and humanitarian goals.[24] This was criticized accordingly by the proponents of the ordination of women, because it did not correspond to the *three objects of the T.S.* formulated by the founders of T.S., HPB, HSO and WQJ. The first and most prominent of these was the formation of the core of a universal fraternity without distinction based on race, sex or creed.[25]

Unfortunately, the world teacher himself, JK, was apparently not informed of his future *shakti* and only learned of her existence from the American press, which wanted to question him about his opinion of the *World-Mother-Movement*, whereupon he had made public his complete ignorance about it.[26] In this respect, he expresses himself with blatant contempt for this new experiment in a letter to his *discoverer* CWL, in which he also expresses his criticism of the naming of so-called apostles or *Arhat*s:

> I hear Amma [AB] has proclaimed Mrs. Arundale as the representative of the World-Mother etc. I hear also that I am dragged into it all. It is the work of George, with his messages, the outcome of his fertile brain. His machinations are innumerable. I do not want to be mixed up with any of these things. I am going to be clear of such complications. Only I wish Amma hadn't mixed me up with it, as she did in the affair of the so-called Apostles. I suppose you have been informed about it all. The World-Mother etc., and I suppose [hope] you do not mind my being frank with you. Life is strange. It is full of complications, and as I am free of it all, I do not want to be caught up once again in it.[27]

So RD did function as an ideal occupation (Indian & female) for the embodiment of an image of women propagated by the theosophists and based

---

24 See Dixon 2001: 84ff.

25 For details Ross 2009: 1–9 and Dixon 2001: 84ff. This discussion has apparently not led to success, because in 2003 the ordination of women still led to considerable difficulties. It is now permitted in the International Association of LCL (LCLI [USA], founded after the first schism in 1941). The conflict had been addressed again in 2003. For further differences, see the official website of the LCC: http://web.archive.org/web/20070718123149/http://www.liberalcatholic.org/history/lcci/6-growingpains.asp (accessed 14th March 2019).

26 Ross 2009: 78f.

27 Letter from JK to CWL dated May 4, 1928, quoted from Ross 2009: 76f.

on India's own tradition. This was not only compatible with India's self-image, but did also intend to modify the Western image of women with a modern idea of it, which at the same time retroactively represented the ideal of a new, equal woman, whose greatest and most positive potential was, however, motherhood.

There might be some suspicion that the propagation of the *World-Mother-Movement* at this very time might have served as a replacement for JK and the *Order of the Star of the East*, which were increasingly no longer politically viable.

THE *WORLD-MOTHER* AND HER NUNS

This concept, now defined by the theosophists as *World-Mother*, was inspired by a tradition that experienced its highest form in India in *Shaktism*, but whose roots are most probably already to be found in prehistoric models. The *devi* or *shakti* represents the *divine mother* as the feminine aspect, as the dynamic, formative power of the *male absolute*, which is mostly embodied by *Shiva*.[28] Much later, in RD's new conception of *Bharatanatyam*, he is prominent as *Shiva Nataraja*, the king of dance.[29]

With the nomination of RD by the theosophists, the *World-Mother* has now been redesigned for a second time: This concept was by no means a new subject of HPB's theosophy since the founding of the LCC: Already in *Isis Unveiled* (1877), years before the resettlement to India of the T.S., founded in New York in 1875, HPB herself had dealt with the image of the *Virgin Mary* in a criticism of the *Roman Catholic Church*. Her manifestations, responsibilities and subordinates she equated with the goddesses of ancient Egypt and of Hinduism.[30] In doing so, she particularly deals with a special form of female existence, which would later play a key role in RD's most popular activity: The redefinition of the Indian temple dance *sadir* as *Bharatanatyam* and the rehabilitation of her disreputable actors, the *devadāsis*. These she then described as the "chaste nuns of the goddess in

28 Detailed information can be found, for example, in Hawley; Wulff 1996 and Kinsley 1988.

29 This is also interesting insofar as HPB himself had repeatedly described *Krishna as the counterpart to Jesus and Buddha.*

30 See Blavatsky 1877: 2009.

earlier days". Moreover, this new image is partly similar to the image that RD herself later drew of the reputation of Indian women at the beginning of the 20th century and whose original nature she sought to grasp and revive, far more than the designs of the next generation:

> If the Virgin Mary has her nuns, who are consecrated to her and bound to live in chastity, so had Isis her nuns in Egypt, as Vesta had hers at Rome, and the Hindu Nari, "mother of the world" hers. The virgins consecrated to her cultus – the Devadasi of the temples, who were the nuns of the days of old – lived in great chastity, and were objects of the most extraordinary veneration, as the holy women of the goddess. Would the missionaries and some travelers reproachfully point to the modern Devadasis, or Nautch-girls? […].[31]

The Mother of the World, of whom HPB speaks, is not only concretely identified as the goddess Lakshmi, the female counterpart of Vishnu, the preserver and rescuer of the world. She represents fertility and motherhood, but embodies explicitly beauty:

> Lakmy, or Lakshmi, the passive or feminine counterpart of Vishnu, the creator and the preserver, is also called Ada Maya. She is the "Mother of the World," Damatri, the Venus Aphrodite of the Greeks: also Isis and Eve. While Venus is born from the sea-foam, Lakmy springs out from the water at the churning of the sea; when born, she is so beautiful that all the gods fall in love with her.[32]

It is interesting too, that Krishna, the Avatar of Vishnu, who is regarded as the equivalent of Jesus Christ, as well as of Gautama Buddha, is always called Christna:

> The early Christian Church, all imbued with Asiatic philosophy, evidently shared the same belief […]. They had only to turn to the **Bagavedgitta** to

31 Blavatsky 1877: 2010. The *Nautch-Girls* (anglicized form of *nāc*, probably from skt. *Nritya*, via Prakrit *Nachcha* simply a term for dance), of which HPB speaks, were popular as dancers especially during the Moghul period (16th to 19th century) and also enjoyed great popularity among the officials of British Raj. However, the term was also misleading for the *devadāsis*, the temple dancers of southern India who were "married" to the deity of the temple. The popularity of the romanticized *Nautch girls* is illustrated by the fact that a comic opera *The Nautch Girl*, or, *The Rajah of Chutneypore* based on a model by George Dance and Frank Desprez with music by Edward Solomon was premiered and performed 200 times at the Savoy Theatre in London in 1891. See Rollins; Witts 1962.

32 Blavatsky 1877: 2060.

> find Christna or Bhagaved saying to Arjuna: "He who follows me is saved by wisdom and even by works. … As often as virtue declines in the world, I make myself manifest to save it." [Emphasis in original][33]

These considerations originate from HPB's first major work *Isis Unveiled* (1877) and were written before the relocation of the headquarters of the T.S. to India. The events that took place in Adyar in the 1920s, starting with JK's nomination as Messiah and later RD's designation as *World-Mother*, were based on ideas that HPB had written down almost 50 years earlier. AB, GSA and CWL used these ideas for – not necessarily identical – political purposes and manifested them in the persons RD and JK. Whether they referred to HPB at any point would require a more detailed investigation. However, Ross mentions a pamphlet by Leonard Bosman titled *The World-Mother*[34], which refers to a source of completely different content, whose origin he proves in HPB's journal *Lucifer* (Jan., 1889). Here he refers to the article *A Vision produced by Music* in which a singer describes a vision in which Mary in a church has redeeming power on the crucified. A heavenly voice explains that he remains crucified until Mary returns. However, this has a more far-reaching, symbolic meaning:

> […] The partition between the two worlds can never be removed until [she] descends again into the living human heart, annulling its division and bringing to each the divine counterpart of which Maria is the eternal symbol. When she comes again – and I say the time is not long – the Crucification of Man shall be ended […].[35]

This article was reprinted in 1928, this time in *The Theosophist* (June 1928). Here, however, AB additionally describes her own vision of Maria, who recently told her to announce the appearance of the *World-Mother* as "Coming of the Divine Compassion in its female aspect". She then refers the liberation of the crucified man and the reunification with the male part concretely to the actual situation:

> When the World-mother spoke to me of "our blessed Lord now in the world", it was a glad surprise, and linked together as with a golden clasp, the kingdom of happiness proclaimed by our Krishnaji, and the all-embracing Compassion of the Divine Motherhood. Slowly will come this

33 Blavatsky 1877: 535.

34 See Ross 2009: 123f. The mentioned pamphlet is Bosman 1928.

35 Ross 2009: 124.

> complementary work, calmly, serenely, the revelation of the true place of Woman in the coming civilization, not as the rival of men, but as his comrade, his friend.[36]

This statement clearly shows AB's ambitions to let the *World-Mother* speak for equal rights of the sexes just by stressing their difference. However, the tendency of an intentional transition from the autocracy of the world teacher to an equal partnership of male and female principle is noticeable too, however, without prior information and the agreement of her main actor, JK.

RUKMINI DEVI'S POSITION

At the *Star Congress* in Ommen, the Netherlands in 1925, RD herself had the floor and defined her role very precisely: After initially presenting herself as *Arhat*, i.e. accepting this role, she immediately relativizes it by emphasizing the indiscriminateness between herself and the audience. Whether she herself was the author of this speech remains, of course, questionable:

> If I stand before you as an Arhat, it is not, that you may feel any difference between us. [...] it is, that you may feel the nearness to me and to all, to the being of god himself [...].[37]

Immediately afterwards the focus is shifted and RD expresses her self-understanding as *representative of India and mediator between East and West:*

> It is not only, that we may feel near to each other, it is also, that I may represent India, that I may bring to you something of the spirituality of India. I have been in Europe for some time and I feel it as part of my mission, to bring East and West together.[38]

Only then does she come to talk about the aspect of the *World-Mother* who, by definition, describes the *original Indian woman* who unites the beauties of India within herself. These are hardly visible to the Western world:

> So I want you through my eyes be able to see the beautiful things of India, because anyone can see, what is not beautiful, what is ugly, what is untrue. We must see the beautiful things and you must realize, if you wish to under-

---

36 Ross 2009: 124.

37 RD's Address at the Star Camp of the OSE in Ommen/Netherlands 11th August, 1925. See Arundale 1925: 246ff.

38 Ibid.

> stand India, the woman as she was in ancient India, not as she is today; the woman, who was the warrior, the true mother, the priestess, the ideal for the world. She must live again and she **will** live again.[39] [Emphasis in original]

The last consequence is the identification of the mother with India itself. *Mother India* stands for the future *spiritual content*, which is to be united in a sense of symbiosis with the *form* represented by Europe:

> India, I feel, will be the mother of the world as regards spirituality. Europe and the world will build the forms, the beautiful forms, they will be the cup and the spirituality of India will be the wine.[40]

The short text concludes with a reference to the future Buddha Maitreya and the prophecy that, with the return of Krishna, all that is true, good and beautiful will come back to India, and all that is ugly will be wiped out and India as the sun of the world will bring the light to the earth. For JK, who, as mentioned above, initially had no idea of the *World-Mother-Movement* as his 'counterpart', the prophecy was only partially fulfilled: In 1929, the doubting young man dissolved the OSE and left the T.S. one year later. However, his teaching that the path to truth could not be followed through spiritual authorities and organizations, even without his own existence as a *T.S. controlled Messiah* – or perhaps *precisely because of that* – became a guide for many spiritual seekers and still is today.

Indeed RD admits in an interview in 1971 that she had never identified herself with her role, but had merely made her abilities available for this purpose:

> People were disappointed in me, because I did not claim to be the World-Mother or an Arhat, or anything in fact. I have revelations and could be more spiritual than I try to appear. I do not like to talk about these deep things within me. One has to be very careful not to personalize one's experiences. […].[41]

Dixon mentions another interview with Gregory Tillet from the same year, in which RD even modifies her position to that extent, that she has always understood her work in the service of art and humanity.[42]

39 Ibid.

40 Ibid.

41 Interview with RD on April 1, 1973. For complete citation, see foreword by Ross 2009: xiii.

42 Cf. Dixon 2001: 206.

On the other hand – probably at the time of her introduction into her future office – she herself writes an instruction for the organization of the movement, in which she deals with educational methods for young people, as well as their contents, but also with strategies for the worldwide spread of movement:

> Representatives should be chosen for each country who are approved by the World-Mother, and it is very important, that we should not proceed too quickly with the organization until we have reliable leaders who themselves fully appreciate the nature of their duties. Let the organization grow naturally, and the members of it grow with it.[43]

This suggests that RD approached her task with great seriousness and sought a way to organize the duties she associated with it. Whether the idea for this came from herself is however questionable. If one were to measure it by the fruits of its activities, which have arisen from this self-understanding, then at least a great self-identification with the role imposed on it can be assumed. Incidentally, the own experience of physical motherhood was not given to Rukmini DEVI.

END AND BEGINNING

The *World-Mother-Movement* never attained the same significance as JK's OSE. However, JK himself left this order only a short ti me later, on August 3, 1929, also in Ommen, with that speech containing the famous sentence "I maintain that truth is a pathless land", in which he speaks out against the supremacy of any spiritual authority.[44] The Messiah of the theosophists' occult hierarchy thus left behind a *world-mother-widow*, who nevertheless

43 Letter by RD s.a.e.l. from the archive of her employee and biographer Joseph Ross. Edited by Ross 2009: 128ff.

44 This so-called *Dissolution Speech*, held on August 3, 1929, the opening day of the annual *Star Camp* in Ommen, Netherlands. Original quote: "I maintain that Truth is a pathless land, and you cannot approach it by any path whatsoever, by any religion, by any sect. That is my point of view, and I adhere to that absolutely and unconditionally." For the complete quotation, see Krishnamurti 1929, at the website of the *Krishnamurti-Foundation*: URL: http://www.jkrishnamurti.org/about-krishnamurti/dissolution-speech.php (accessed 12th march 2019).

continued to interpret her tasks in an unorthodox way and pragmatically, whereby the inspirations for this came again from various sources.

HPB and HSO had already advocated a revival of the *devadasi* tradition and the *sadir* with a view to its conservation. This was part of the *second object* of the T.S. as it meant ultimately the preservation of a religious tradition of India. They had initially received support from the elites, with whom they shared a concern in the fight against the decreed Christian morality. Even the early theosophists – in contrast to numerous reform movements – were concerned about preserving the dance of the *devadāsis*. Last but not least, however, in the form propagated by the theosophists, they were portrayed as pure, holy virgins who were supposed to develop particular spiritual abilities through *Natya Yoga*, the yoga of dance. This certainly required a *purifying reform* of the old temple dance and RD and the *Kalakshetra Academy*, which she founded together with her husband in 1936 and which is *Institute of National Importance* since 1994, represents this *purified dance*. Since then it has been allowed for young Brahmin daughters to learn from old *devadāsis* …

In the years following until her death in 1986, RD developed endless activities in various fields and was one of the most prominent female members of the T.S. – if not of India – at all. Here are to be mentioned the schools she introduced in India after the visit of the reform pedagogue Maria Montessori, as well as her twofold appointment by President Rajendra Prasad to the Rajya Sabha (Upper House of the Indian Parliament, 1952 and 1956), in which she mainly commited herself to animal protection, vegetarianism and the establishment of the Indian National Park Programme. She finally obtained the nomination for state president in 1977, which she rejected. RD may have distanced herself from T.S. Adyar towards the end of her life, possibly for family reasons. But crucial for her creativity, remains an idea of femininity which, from a comparative perspective with Western women, is based on a clear *statement for an idealized Indian woman*. This she tried to realize as *Message of Beauty to Civilization*[45] as a bridge between the western and Indian world out of her own life story:

45 Arundale s. a.: 16–17. The following quote is an excerpt from this text.

> **WOMAN'S PLACE IN THE WORLD**
>
> The women of the West – I hope you do not mind my saying it – do not realize or understand what womanhood really is. They who think it is a matter of working in the world to earn one's own livelihood, to be independent, to go one's own way – to those all that is splendid. If only woman knew what her own way is! What is her independence for? What does she want her freedom for? What is her place? Is it merely to be a copy of a man? It is to be herself more than anything else, to be divine in her own being, to be a piece of art, not only an artist. For the true emotional spirit of art is one with the true emotional spirit of woman; and if these two can combine, whether in the home or in politics, whether, according to modern times, even at a typewriter, then woman can be her real self and can express herself through all the graces of life, the beauties and the refinements of life, and the influence she can bring upon her surroundings. And that influence must be entirely cultural, entirely refined.

RD's redefinition of ideal femininity in the ancient temple dance and of the identity of its actors, the *devadāsis* who were married to the gods, ultimately originated from their concept of HPB as pure servants of divine femininity itself. This – basically traditional – and eminently desirable definition of femininity, legitimized it for many young upper-class ladies of India to refine their self-expression by learning the old, new, divine dance by introducing it into dance academies in the following years. To this day, this ideal, not least as a dazzling element of Bollywood films and a popular *export article* is transported as symbol of feminine grace, playing strength and discipline, but always coupled with the *purity* of Indian women into the living rooms of the Indian and Western world.

ABBREVIATIONS OF THEOSOPHICAL NAMES AND TERMS

AB	Annie Besant
CWL	Charles Webster Leadbeater
GSA	George Sydney Arundale
HPB	Helena Petrovna Blavatsky
HSO	Henry Steel Olcott
JIW	James Ingall Wedgwood
JK	Jiddu Krishnamurti

OSE Order of the Star in the East
skt. Sanskrit
T.S. Theosophical Society
WQJ William Quan Judge

BIBLIOGRAPHY

Allen, Matthew Harp: "Rewriting the Script for South Indian Dance", in: *The Drama Review* (TDR) 41/3 (8/1997), 63–100.

Anonym: "Aftermath (1) V", in: *Theosophy* 23/7 (5/1935), 290–299.

Anonym: *The Theosophical Movement 1875–1950*, Los Angeles: The Cunningham Press 1951.

Arundale, Rukmini Devi: "Address" (Speech RD at the *Star-Camp* of the Order of the Star of the East in Ommen/Netherlands, August 1925), in: *The Theosophist* 11 (1925), 246f.

Arundale, Rukmini Devi: *The Message of Beauty to Civilization* (Adyar Pamphlet No. 212), Madras: Theosophical Publishing House s.a.[46]

Besant, Annie: "Star Congress at Ommen. Address by Dr. Besant. 11th August, 1925", in: *The Theosophist* 11 (1925), 255f.

Blavatsky, Helena Petrovna: *Isis Unveiled: A Master-Key to the Mysteries of Ancient and Modern Science and Theology. Vol. II (Theology)*, New York: J.W. Bouton 1877.

Blavatsky, Helena Petrovna: *The Key to Theosophy. Being clear exposition, in the form of question and answer, of the ethics, science, and philosophy for the study of which the Theosophical Society has been founded*, London: The Theosophical Publishing Company Ltd. 1889.

Bosman, Leonard: *The World Mother*, London: Dharma Press 1928.

Campbell, Bruce: *Ancient Wisdom revived. A History of the Theosophical Movement*, Berkeley – Los Angeles, London: University of California Press 1980.

46 The *Adyar Pamphlets* were published in the years 1911–1936 mostly as reprints of earlier articles. The quoted last number No. 212 may be published in 1936. At times 1904 is mentioned as the year of publication of this pamphlet, which is not possible since 1904 is the year of birth of RD, and the underlying speech was given on the occasion of the Star Congress 1929.

Dixon, Joy: *Divine Feminine: Theosophy and Feminism in England*, Baltimore: John Hopkins University Press 2001.

Hawley, John Stratton; Wulff, Donna Marie (ed.): *Devi: Goddesses of India.* Berkeley: University of California Press 1996.

Kinsley, David: *Hindu Goddesses: Visions of the Divine Feminine in the Hindu Religious Tradition*, Berkeley: University of California Press 1988.

Krishnamurti, Jiddu: "The dissolution of the Order of the Star: a statement by J. Krishnamurti", in: *International Star Bulletin* 3 (2 [issues renumbered starting August 1929]), Eerde, Ommen: Star Publishing Trust, 28–34.

Meduri, Avanthi: „Introduction: A Critical Overview", in: Avanthi Meduri (ed.): *Rukmini Devi Arundale (1904–1986). A Visionary Architect of Indian Culture and the Performing Arts.* Delhi: Motilal Banarsidass 2005, 3–29.

Rollins, Cyril; Witts, R. John: *The D'Oyly Carte Opera Company in Gilbert and Sullivan Operas: A Record of Productions, 1875–1961*, London: Michael Joseph 1962.

Ross, Joseph Eugene: *Spirit of Womanhood. A Journey with Rukmini Devi*, privately printed by the author in the United States of America 2009.

Stiehl, Pamyla A.: "*Bharata Natyam:*A Dialogical Interrogation of Feminist Voices in Search of the Divine Dance", in: *The Journal of Religion and Theatre* 3/2 (1/2004), 275–302.

Tillett, Gregory John: *Charles Webster Leadbeater 1854–1934. A Biographical Study*, Sydney: University of Sydney, Department of Religious Studies 1986.

Viswanathan Peterson, Indira; Soneji, Davesh (eds.): *Performing Pasts: Reinventing the Arts in Modern South India*, New Delhi: Oxford University Press 2008.

WEBSITES

http://blavatsky.net/Wisdomworld/additional/AFTERMATH-10-PartSeries/ArticleNumber5of10.html (accessed 12th September 2019).

http://kingsgarden.org/ (accessed 14th March 2019).

http://web.archive.org/web/20070718123149/http://www.liberalcatholic.org/history/lcci/6-growingpains.asp (accessed 14th March 2019).

http://www.jkrishnamurti.org/about-krishnamurti/dissolution-speech.php (accessed 14th March 2019).

https://cdn.website-editor.net/e4d6563c50794969b714ab70457d9761/files/uploaded/AdyarPamphlet_No212.pdf (accessed 13th March 2019).

http://www.phx-ult-lodge.org/theosophica%20lmovement.htm (accessed 13th March 2019).

http://www.phx-ult-lodge.org/aKEY.htm (accessed 13th March 2019).

Produktionslogiken ästhetischer Erfahrung

Die Kunstvermittlungspraxis der *Internationalen Konzertdirektion Ernst Krauss* in Amsterdam 1928–1957

Markus Schlaffke

In the 1920s and 1930s, the company of the German poet and impresario Ernst Krauss (1887–1958) played a key role in the production and promotion of contemporary international dance projects in Europe. Krauss worked on the basis of a romantic poetology as an critical perspective towards modernity and thus developed a specific concept of aesthetic experience. In this paper I trace a distinctive transfer of religious and aesthetic experiences between Asia and Europe in the performative arts at the beginning of the 20th century, based on the literary work and practice of Ernst Krauss's company.

HINTERGRUND: TANZ IN METROPOLE UND PERIPHERIE – VERFLECHTUNG LOKALER MODERNITÄT ZU BEGINN DES 20. JAHRHUNDERTS

Zur Geschichte der Ausdifferenzierung von Religion und Kunst als funktionaler Teilsysteme der modernen Gesellschaft gehört nicht nur eine Neubestimmung des Begriffs „Erfahrung“[1], sondern auch in besonderer Weise die Obsession der Avantgarde für die außereuropäische Kunst. Sie ist geradezu ein Gemeinplatz in den Erzählungen der Moderne. Die Auseinandersetzung mit dem ‚Primitiven‘ infolge der Dynamik des ersten großen Globalisierungsschubes Ende des 19. Jahrhunderts leitete nicht nur eine fruchtbare Phase für die europäische Kunst ein, sondern brachte auch überall an den

1 Vgl. Malinar 2004: 211–212.

Rändern der kolonialen Hegemonie lokale Modernitäten hervor, welche die Moderne nicht nur in ihren widersprüchlichen inhärenten Gewalten reproduzierten, sondern diese auch appropriativ zu nutzen wussten. Die Moderne, schreibt der Kunsthistoriker Partha Mitter, sei nicht lediglich ein eurozentrisches koloniales Projekt, sondern vor allem ein Diskurs, der die Tradition überall auf der Welt in jeder Hinsicht herausforderte und damit Medium eines aktiven Prozesses der wechselseitigen Aneignung, Transformation und Neudefinition von Kulturelementen sei.[2] Nicht wer dabei wen beeinflusste, sei von Belang, sondern vielmehr die Frage, wie sich in den verschiedenen lokalen Kontexten ästhetische und soziale Paradigmenwechsel vollzogen. Dennoch bleibt, wie Erhard Schüttpelz schreibt, die Auslegung der Moderne „ein abgekartetes Spiel“[3], solange die Frage, was die Kategorie des sogenannten Primitiven für die Moderne tatsächlich bedeutete, nicht in ihrer ganzen Konsequenz gestellt wird.

Die 1920er und 1930er Jahre konfrontierten Europa auf besondere Weise mit den Früchten einer verflochtenen Kulturgeschichte der Moderne, als Künstler*innen von der kolonialen Peripherie her die Bühnen der europäischen Hochkultur zu erobern begannen.

Schon Anfang der 1920er Jahre hatte der balinesische Prinz Raden Mas Jodjana (1870–1960) indonesische Tänze in Europa präsentiert,[4] 1931 feierte der junge bengalische Choreograf und Tänzer Uday Shankar (1900–1977) mit seiner Kompanie einen spektakulären Erfolg zunächst in Paris und dann auf der daran anschließenden Welttournee. In der Folge präsentierten eine Reihe von Künstler*innen, vor allem Tänzer*innen und Musiker*innen aus Asien, ihre Projekte in Europa. 1936 schließlich brachte die Choreografin Leila Roy alias Menaka (1899–1947) ihr *Indisches Ballett* nach Europa. Wie auch ihr Vorläufer Uday Shankar setzte Madame Menaka sich für eine Revitalisierung traditioneller Tanztechniken in Indien ein. Ihr Projekt war die Formulierung einer lebendigen indischen Tanzkunst, die in den überlieferten Tanztechniken wurzeln, aber zugleich dem erwachenden

2 Vgl. Mitter 2007: 7–9.

3 Schüttpelz 2005: 11.

4 Siehe dazu Cohen 2011: 106ff.

nationalen Selbstbewusstsein Indiens einen zeitgenössischen Ausdruck verleihen sollte.[5]

In den Augen des europäischen Publikums war der stilistische ‚Primitivismus' in den Shows Uday Shankars und Menakas aber nicht nur ein Widerhall der kolonialen Peripherie, wie etwa in der Malerei der klassischen Moderne, sondern die Aufführungen der indischen Performer waren populäre Sensationen, die ein breites Publikum ebenso wie die bürgerliche Elite ansprachen. Die Programme der indischen Künstler stellten „ethnografische Spektakel"[6] dar, die Qualitäten auf den unterschiedlichsten Ebenen aufwiesen und daher nicht nur als exotische Unterhaltung betrachtet wurden, sondern in der Weise, wie sie multi- und synästhetische Erfahrungen produzierten, neben ihrer ästhetischen auch eine epistemologische und spirituelle Dimension aufwiesen. Die Rezeption der Tanzkompanien aus Indien zeigt, wie indische Performer*innen das europäische Publikum nicht nur mit dem konstitutiven Außen Europas konfrontierten, sondern vor allem auch mit einer der ureigenen traumatischen Antriebskräfte der Moderne selbst, dem, wie Inge Baxmann schreibt, Gewahrwerden ihrer Geschichtsverlorenheit.[7] Genau in der Bewusstwerdung des Problems, dass Geschichte nicht mehr zwangsläufig zum Besseren fortschreitet, also „unter der Prämisse, dass ohnehin kein ‚Ziel' zu erwarten sei"[8], läge (vor allem mit Nietzsche begründet) die Geburtsstunde der modernen Zivilisationskritik und deren Weiterführung durch die künstlerische Avantgarde.

Die indischen Tänzer*innen, die in den 1930er Jahren unter anderem mit Menakas Kompanie in Deutschland zu sehen waren, zielten mit ihrer scheinbar kulturellen Ganzheit, ihrer offenbar intakten Spiritualität ins Herz des europäischen Geschichtsverlustes und dessen anschaulichster Auswir-

5 Menakas ebenso wie Uday Shankars Projekte hatten beide eine Vorgeschichte des intensiven Austauschs mit europäischen Künstler*innen. Uday Shankar, der in London zunächst Malerei studiert hatte, war durch seine Zusammenarbeit mit der russischen Ballerina Anna Pavlova als Tänzer bekannt geworden. Seine Tourneen waren daraufhin von der Schweizer Bildhauerin Alice Boner produziert worden. Auch Leila Roy stand im Austausch mit Anna Pavlova und war nach eigener Auskunft von ihr ermuntert worden, sich auf die indische Tanztradition zu berufen. Zur Genese der indischen künstlerischen Reformbewegung und ihrer transkulturellen und kolonialen Verflechtung siehe auch Walker 2016.

6 Stehrenberger 2013: 32–34.

7 Vgl. Baxmann 2005: 15–16.

8 Baxmann 2005: 16.

kung: dem Bedeutungsverlust der Religion. Die unterschiedlichsten Strömungen der Antimoderne, angefangen von den pädagogischen und künstlerischen Reformbewegungen bis zu ihren Wiedergängern in den politischen Utopien, waren ja alle in der einen oder anderen Weise damit befasst, die Diagnose von der Spaltung des modernen Subjekts aufzufangen. Ersatzreligiöse Praktiken hatten daher bekanntlich im Umfeld der Lebensreform Konjunktur, wie etwa in Form der Hinwendung zur Natur, zum Körper, zu fernöstlicher Spiritualität oder zu rituellen Praktiken von sogenannten ‚Naturvölkern'. Diese Obsession der Moderne für den kulturellen Ursprung wiederum hatte zwei Seiten: Man ging ihr mit den Methoden und Technologien der modernen Wissenschaft, sprich: der Ethnologie, nach, und man las die angeblich noch auf gesunde Weise im Kult verwurzelten fremden Kulturen als Vorbild für die geistige Erneuerung des westlichen Menschen.[9]

Folklore, auf der auch die indischen Künstler ihr Programm aufgebaut hatten, wurde so, wie Baxmann schreibt, in besonderer Weise „zum Umschlagplatz, auf dem Strukturen der Erfahrung, der Emotionen und des Wissens konvergieren, aber auch Kämpfe um die Konstruktion von Tradition und die Neudefinition des Populären ausgefochten wurden"[10].

Das Feld der bürgerlichen europäischen Kunst wiederum hatte sich zu einem solchen Umschlagplatz der Erfahrung und der Emotion schon seit dem 19. Jahrhundert entwickelt, und zwar auch, wie beispielsweise Bourdieu anhand der Genese des literarischen Feldes nachzeichnet, aus einer spezifischen Verquickung symbolischer und ökonomischer Kreisläufe.[11] Der Umstand, dass die moderne Kunst von der Avantgarde zu einem universellen Heilsversprechen stilisiert werden konnte, lag demnach auch in der Weise begründet, wie sich die Kunst in jenem paradoxen Feld einer „umgekehrten Ökonomie"[12] situiert hatte: in der Behauptung ihrer Autonomie unter gleichzeitiger Ausklammerung ihrer kommerziellen Motive.

---

9 Indien spielte bekanntermaßen für die deutsche Imagination eine Sonderrolle. Zur Spezifik des deutschen Orientalismus und seines Indienbildes siehe dazu Polaschegg 2005.

10 Baxmann 2005: 27.

11 Mit Blick auf die Spannung zwischen der reinen Kunstorientierung und dem gesellschaftlich dominanten Marktmechanismus spricht Bourdieu von einer umgekehrten Ökonomie, die „ihre spezifische Logik auf der besonderen Beschaffenheit der symbolischen Güter gründet", siehe Bourdieu 2001: 227.

12 Bourdieu 2001: 227.

Das *l'art pour l'art* der Avantgarde war das Credo dieses kunstreligiösen Paradigmas.[13] Mit dieser doppelbödigen, in der Dynamik der Moderne wurzelnden Autonomiebehauptung der Kunst war auch für die künstlerischen Projekte aus Asien ein geistiges Feld bestellt. Gleichzeitig bildeten sich im Umfeld des neuen Genres der ethnografischen Spektakel spezifische ökonomische und logistische Infrastrukturen heraus.

Mehrere hundert Aufführungen absolvierte von 1936 bis 1938 Menakas Ballettgruppe während ihres gut zweijährigen Aufenthalts in Europa. Diese fanden aber nicht, wie vielleicht zu erwarten gewesen wäre, im Habitat exotischer Sensationen im Varieté oder in den Vaudeville-Theatern statt, sondern in der Domäne der bürgerlichen Hochkultur, auf den großen Bühnen der Stadttheater und der staatlichen Opernhäuser. Wie schon im Fall Uday Shankars war diese inhaltliche und logistische Herausforderung nur auf der Basis eines professionellen Netzwerkes möglich geworden. Eine Schlüsselfigur für die Vermittlung internationaler Performance-Künstler war in den 1920er und 1930er Jahren der in Amsterdam operierende Impresario Ernst Krauss (1887–1958). Seine *Internationale Konzertdirektion* hatte sich seit ihrer Gründung 1927 zu einem Drehkreuz für den neuen deutschen Tanz ebenso wie für die neuartigen Tanzprojekte aus Asien entwickelt. Krauss hatte unmittelbar nach Uday Shankars Debüt dessen Kompanie unter Vertrag genommen, er organisierte Auftritte für die deutschen Ausdruckstänzer*innen Mary Wigmann (1886–1973), Gret Palucca (1902–1993) und Harald Kreutzberg (1902–1968) ebenso wie für die balinesische Tänzerin Devi Dja (1914–1989).

Die Figur des Impresarios Ernst Krauss ist für die Rekonstruktion der global verflochtenen künstlerischen Moderne in besonderer Weise instruktiv, weil Krauss neben seiner Tätigkeit als Vermittler auch ein eigenes künstlerisches Werk produziert hat: Er schrieb eine Reihe von Gedichtbänden, in denen er eine spezifische Spiritualität zum Ausdruck bringt. Krauss' Texte lassen sich als poetologisches Programm für jene zwischen Asien und Europa verwickelte künstlerische Moderne lesen, vor allem, indem sie eine spezifische Idee von ästhetischer Erfahrung verhandeln. In der Folge werde ich einige Umrisse des Zusammenhangs von Ernst Krauss' künstlerischer, spiritueller und ökonomischer Praxis rekonstruieren.

---

13 Zum „triangulären Verhältnis" von Glauben, Wissen und ästhetischer Erfahrung siehe Mattenklott 2004: v.

Abb. 1: Ernst Krauss, undatierte Fotografie
(unbekannter Fotograf)

RÜCKBLICK: SCHEITERN AM GESAMTKUNSTWERK

Am 10. November 1912 war die Stunde des aufstrebenden jungen Dichters Ernst Krauss gekommen: Die Mannheimer Liederhalle, ein Männergesangsverein mit 40-jähriger Tradition, hatte ihn beauftragt, anlässlich der Jubiläumsfeier der Chorgründung ein Bühnenstück für den Festakt im Mannheimer Nibelungensaal zu verfassen. Der damals 25-jährige Krauss hatte daraufhin seiner Phantasie freien Lauf gelassen und eine erhebende Inszenierung geplant, eine Art mythische Opferkultfeier zur Verherrlichung der Liedkunst als ureigenem Medium der himmlischen Sphären. Krauss' mehraktiges Stück drohte den Rahmen der Veranstaltung eindeutig zu sprengen. Als Bühnenbild der Eröffnungsszene schwebte dem Autor eine monumentale antike Kultstätte vor, für die er folgende detaillierte Regieanweisungen verfasst hatte:

Bühne: (verdunkelt) Hintergrund: terrassenförmige Erhebung, darauf ein griechischer Tempel tronend, breite Stufen, flankiert von Lorbeer-Pyramiden und buschigen Palmen führen zu diesem empor. Auf beiden Seiten bilden hohe Palmbäume die Kulissen. Der Tempel ist fahl umrieselt vom abgeschwächten Lichtschimmer des hoch stehenden, durch weißgraue Wolkenschleier dringenden Vollmondes. – Minutenlange Stille. – Geräuschlos bewegt sich langsam ein Zug junger Griechinnen, deren Haare gelöst über die Schultern kollern. Sie tragen brennende Fackeln und bilden am Fuße der Terrasse einen Halbkreis.
Aus diesem löst sich eine der Griechinnen, tritt vor gegen die Rampe, den Fackelbrand aufhebend zum Himmel, voller Begeisterung sprechend:

Flamme, lodere auf zum Himmel
Und entfache helle Feuer
Lohnender Begeisterung!
Locke tausend Widerscheine
Deines goldenen Glutenglanzes
weit im Reich der Harmonien.
Hol' hernieder und vereine
Millionen Melodien,
daß als Lieder sie zur Erde
freudebringend wieder
und durch Menschenherzen ziehen.[14]

Das als *Liedweihe* bezeichnete Rezitativ sollte den Auftakt zu einer Performance bilden, die sich Krauss als synästhetisches Gesamtkunstwerk ausgemalt hatte und in deren Verlauf in dramatischer Steigerung ein hinter der Bühne platziertes Orchester, eine Solosopranstimme, ein achtstimmiger Chor und aufwändige Lichteffekte zum Einsatz kommen sollten:

Während der letzten Worte setzt leise hinter der Bühne das Orchester ein mit dem Tongeflüster (das eigens für diesen Zweck komponiert), dieses steigernd zu einem volltönenden jauchzenden Melodien Zusammenklang. Unterdessen hat sich der Halbkreis der Griechinnen wieder in Bewegung gesetzt, der Zug verlässt in Schlangenwindungen die Bühne. Nur die Sprecherin bleibt zurück, setzt mit der noch brennenden Fackel zwei Opferpfannen, die auf hohen Sockeln den Stufenaufgang flankieren, in Brand. Sternenschein und Mondesleuchten verblassen. Leise graut der Morgen und sanftes gelb violett in Purpur bis morgen rot zu fließend flammt hinter den Höhen und um die Tempelsäulen auf. Die Zurückgebliebene lauscht noch sekundenlang in Verzückung dem Zauber der Töne und kniet beim Anblick der wundersamen Farben-Harmonieren langsam auf die unterste Treppenstufe der Terrasse, leise

14 Krauss 1913: 235.

> das Gesicht mit beiden Händen bedeckend, in dieser Bewegung wie in Anbetung den Kopf neigend, bis dieser eine der anderen Stufen berührt. So in Andacht reglos verharrend. Die Tongebilde hinter der Bühne werden immer farbenreicher und schwellen allmählich an zu flüsternden Akkorden, werden wieder schwächer und im erneuten Wachsen schält sich erst unverkennbar, dann in immer deutlicheren Konturen, der zarte, weiche Schmelz einer Sopranstimme aus dem Chaos der Melodien:
>
> Ich bin das Lied!
> Ich bin das Lied,
> Das Lied – das Lied!
> Ein Kind der Harmonien,
> Ein Hauch von tausend Seelen,
> Die sich in mir vermählen
> zur Seligkeit.[15]

Diese Hymne auf das Lied hätte nun von einem achtstimmigen Chor intoniert werden sollen. In dem antiken Setting aus Tempelkulisse, Fackeln, Opferpfannen, Sternenleuchten und Mondschein hatte Krauss schließlich das Finale des ersten Aktes als dramatische Steigerung konzipiert:

> Letzter Absatz merklich anschwellend, gesteigert in Wiederholung, am Schlusse begeistertes Fortissimo. Während die Klänge verrauschen, richtet sich, wie aus einem tiefen Offenbarungstraume erwachend, langsam die Gestalt auf, wendet sich leise und breitet, noch ganz in Verzückung, langsam die Arme aus. Das verklärte Antlitz widerspiegelt den Wunsch, all die Schönheit, die Macht der Töne und Farben zu umfassen. Ebenso langsam und leise ziehen sich die Falten des Vorhanges zur Mitte, greifen ineinander und schließen den Akt.[16]

Den zweiten Akt hätte in Krauss' Vorstellung die eigentliche Festrede bilden sollen, eine feierliche Laudatio an den Mannheimer Gesangsverein als Hort der schönen Künste – unter Würdigung seiner 40-jährigen Tradition –, in welcher Krauss auch an den Gründungsgeist des Chores aus der Welle national-patriotischer Begeisterung nach dem deutschen Sieg von 1870 über den ‚Erzfeind' Frankreich erinnerte. Die letzte Strophe seiner Festdichtung endete mit einem patriotischen Ausruf:

15 Krauss 1913: 236–237.

16 Krauss 1913: 239.

Vaterland unser Hort
hell das Lied, frei das Wort,
kühn die Tat,
gib Gott, uns die Gnad![17]

Zur großen Enttäuschung von Krauss jedoch war dieses von ihm als *Liederscheinung* konzipierte Kernstück seiner Dichtung nicht zur Aufführung gekommen. Der *Mannheimer Generalanzeiger* berichtet am 11. November 1912 von den Feierlichkeiten im Mannheimer Nibelungensaal:

> Ein besonders feierlicher Moment war es, als sich der Vorhang teilte und auf der verdunkelten Bühne sich Frl. Mathilde Lohrer von einer Gruppe anmutiger Festdamen löste, und, zwischen lodernde Opferpfannen tretend, in prächtiger Weise einen von dem Vereinsmitglied Ernst Krauss in meisterlicher Art gedichteten, ebenso formschönen wie geistig gehaltvollen Prolog sprach, der in sinniger Weise in dem Wahlspruch des Jubelvereins ausklang.[18]

Offenbar waren lediglich die auf den Anlass des Jubiläums gemünzten Verse mit der patriotischen Schlusspointe von Mathilde Lohrer vor den in Feierlaune versammelten honorigen Herren des Gesangsvereins vorgetragen worden. Auch von dem geplanten monumentalen antiken Bühnenbild waren lediglich die brennenden Opferschalen realisiert worden. Seiner Rezitatorin hatte Krauss aber vermutlich ihre Rolle in einem wesentlich erhebenderen Szenario ausgemalt. Beschämt ob der „ungeeigneten Bühnenverhältnisse und der Zeitknappheit für die Einstudierung" widmete Krauss dem „Fräulein M.L." in seinem ersten Gedichtband *Leben und Liebe*, wo er auch den vollen Text seines Festspiels abdruckte, ein mehrversiges *Erinnerungsbild*, das noch einmal Krauss' ursprüngliche Vision der Inszenierung beschwor:

Und mit hoch erhobnen Händen,
in der stolzen Ruhe gleichend
einer Göttin aus Olympos,
loderten aus Deiner Seel,
Feuer der Begeisterung zündend,
und entquollen weithin tönend
Deinem Munde meine Worte! […]

17 Krauss 1913: 241.
18 „Weitere Festlichkeiten": 11. November 1912.

Und mein Auge, wie im Banne
still an Deinen Lippen hängend,
netzte eine leise Träne,
als das letzte Wort verklungen! —
Durch dein tiefes Sinn-Erfassen,
dies in Deiner Seele spiegelnd,
durch den Wohllaut Deiner Töne,
hast durch meine eigenen Worte
Du mich tief ergriffen.[19]

Das Scheitern des ambitionierten performativen Gesamtkunstwerkes war nicht nur den ungeeigneten Bühnenverhältnissen des Mannheimer Nibelungensaals geschuldet. Auch die Erwartungen des Publikums an das Festprogramm gingen wohl in eine andere Richtung, denn die Liederhalle, deren Mitglieder sich aus „gutbürgerlichen Elementen zusammensetzen", war, wie der *Mannheimer Generalanzeiger* schreibt, „dafür bekannt, dass es bei ihr immer gemütlich zugeht. [...] Jeder konventionelle Zwang ist in ihrem Kreise verpönt. Herzlichkeit, Liebenswürdigkeit und Gemütlichkeit atmen alle geselligen Veranstaltungen."[20] Das Publikum weilte während Krauss' Weihespiel in Gedanken vermutlich schon bei dem anschließenden Festbankett, bei dem die „Grenadierkapelle unter der Leitung von Obermusikdirektor Vollmer mit gewohnter Akkuratesse" aufspielte und bei dem ein „reicher Damenflor in festlicher Toilette" dem Fest „die erhöhte Weihe" gab.[21]

Krauss' künstlerische Vision scheiterte aber nicht nur an den profanen Umständen des bürgerlichen Vereinswesens, sondern vor allem deswegen, weil er auf dem Gebiet des dramatischen Musiktheaters zu diesem Zeitpunkt noch völlig unerfahren war. Denn in den Nullerjahren des 20. Jahrhunderts war Krauss gerade erst dabei, sich als Künstler und Schriftsteller zu entdecken und biografisch neu zu erfinden. Sein familiärer Hintergrund hatte ihm eigentlich in der Klassenhierarchie des Kaiserreichs einen Platz an einer ganz anderen Stelle zugewiesen. Der Vater wirkte als Dorfschullehrer in Rieden, einem kleinen Dorf im fränkisch geprägten Nordosten Baden-Württembergs. Krauss hatte sich mit seinem Vater überworfen, weil er die vorbestimmte Lehrerlaufbahn nicht einschlagen wollte und stattdes-

19 Krauss 1913: 243.
20 „40jähriges Jubiläum": 7. November 1912.
21 „Weitere Festlichkeiten": 11. November 1912.

sen eine kaufmännische Ausbildung begonnen hatte. Während dieser Zeit, die er als „Kampf des Künstlers“[22] auch in mehreren Gedichten thematisierte, begann sich, wie er schrieb, seine „Bestimmung Bahn zu brechen“[23]. 1912 veröffentlichte er schließlich seinen ersten Gedichtband *Leben und Liebe* im Leipziger Xenien-Verlag.

GOTT – NATUR – MENSCH: DREIKLANG DER ALTERNATIVEN MODERNE

Im Vorwort zu *Leben und Liebe* legt Krauss die spirituelle Fundierung seiner Poetologie offen. Dazu vergleicht er den Lebensweg des Menschen mit einer Bergwanderung. Diesen allegorischen Spaziergang schildert er mit (spät-/neo-)romantischem Pathos als mystische Naturschau:

> Schon bei den ersten Schritten durch die grüngolden funkelnde Wälderpracht, durch die ich, vom zarten Morgenlicht umtost, die ersten Erhebungen aus dem Alltagsstaube, leichten Herzens und frohen Mutes zu überwinden suchte, erfüllt mich unbewußt eine große Begeisterung für die herrlichen Naturschöpfungen. Meine Augen erblicken in allem Schönes, Erhabenes und Edles. Im Weiterziehen überkommt mich ein wunderbares Gefühl der Gottnähe, das mich freudig aufjauchzen läßt und mich unsäglich glücklich stimmt.[24]

Krauss' poetische Wanderung beginnt buchstäblich mit der Metapher des irdischen Diesseits – im Staub – und endet beim Erreichen des Gipfels im Bild der *unio mystica* schlechthin, der Vision des göttlichen Lichts: „Wir wissen – : Bald, bald umflutet uns ein neues Licht: reines, schönes, strahlendes Morgenlicht!“[25] Der Autor knüpft mit seiner Bergwanderung an eine klassische mystische Allegorie und damit auch an eine literarische Konvention an. Gemessen an der Diagnose einer geschichts- und gottverlassenen Moderne bringt Krauss außerdem in seiner Naturmystik eine geradezu naiv ungebrochene Religiosität zum Ausdruck. In dem Dreiklang *Gott – Natur – Mensch* formulierte er diese in einer Art pantheistischem Glaubensbekenntnis:

22 Krauss 1912: 213.
23 Krauss 1912: 211.
24 Krauss 1912: 9.
25 Krauss 1912: 8.

Gott – Natur – Mensch

Wenn ich im Glanz des Morgensonnenstrahls
Durch taubeträufelt-frische Wiesen schreite,
Wo blumenduft-durchtränkte Lüfte leise,
Wie kosend, lieblich mich umwehen, und Tal
Und Berg, und Flur und Wald grüngolden funkeln,
Wird mir die Wahrheit voll zur Klarheit,
Daß diese Frische, dieses Sprießen,
Die glanzumflossne milde Schönheit,
Die Gottnatur im Allumschließen
Mit zarten Banden mich mit ihr verbindet.
Und Erd' zu Himmel, Mensch zu Gott
Sich hier zusammenfindet! –[26]

Gott – Natur – Mensch beschreibt die Idee einer göttlichen Allgegenwart in der Natur und endet in der Vorstellung einer menschlichen Ganzheitserfahrung. Wieder bildet die Durchwanderung der Natur die Stufendramaturgie der mystischen Erfahrung.

Im Prinzip hatte schon Krauss' dramatischer Entwurf für den Festakt der Mannheimer Liederhalle versucht, mit den Mitteln bühnentechnischer Überwältigung eine mystische Ganzheitserfahrung in Szene zu setzen. Sein literarisches Vorgehen bestand darin, wie Dieter Mersch den performativ-poetologischen Grundzug der Romantik beschreibt, die Distanz zum Betrachter schwinden zu lassen, „um den Augenblick, die Gegenwart des Ereignisses selber darzubieten"[27]. In den folgenden Jahren seiner Karriere als Literat und Kunstvermittler bildete dieses Modell der Übersetzung religiöser Gefühle in ästhetische Erfahrungen die Blaupause für Krauss' Geschäftsmodell. Seine Laufbahn nahm zudem eine unerwartete Wendung, die es ihm ermöglichte, seiner Vision des erhebenden synästhetischen Gesamtkunstwerks auf ganz andere Weise näherzukommen.

26 Krauss 1912: 77.
27 Mersch 2008: 36.

Abb. 2: Ernst Krauss mit Anna Pavlova und Mitgliedern ihrer Kompanie (unbekannter Fotograf, 1927)

TANZ ALS ÄSTHETISCHE TRANSZENDENZ-ERFAHRUNG

Mit der Veröffentlichung von *Leben und Liebe* hatte Krauss zunächst seine biografische Neuerfindung vollzogen. Seinen Entschluss zu einer künftigen Existenz als Dichter unterstrich er außerdem, indem er in Künstlerkreise einheiratete. Er hatte die Niederländerin Ecoline Adema kennengelernt, die unter dem Künstlernamen Hovid Hoyd in Amsterdam an einer Gesangskarriere arbeitete. Am 1. August 1914 heiratete Krauss Ecoline Adema in ihrer Heimatstadt Amsterdam. Zwei Tage später brach der Erste Weltkrieg aus. Krauss wurde zum Wehrdienst eingezogen, entging aber, wie er angab, wegen einer schwerwiegenden Erkrankung dem Fronteinsatz.[28] Den Krieg verbrachte er jedenfalls in einem Sanatorium an der niederländischen Nordseeküste, wo er zu publizieren und für seine Frau Konzerte zu organisieren be-

28 Die genauen Umstände lassen sich nicht mehr rekonstruieren. Die Krankenstandsakte des deutschen Heeres für Krauss existiert nicht mehr. Die einzige Information zu dieser Zeit entstammt einer kurzen Biografie, die Heinrich Schäff, ein mit Krauss befreundeter schwäbischer Dichter, zur Einführung einer von Krauss geplanten neuen Veröffentlichung verfasst hatte. Schäff 1930: 2ff.

gann. Offenbar entdeckte er dabei sein besonderes Organisationstalent. 1928 gründete er in Amsterdam die *Internationale Konzertdirektion Ernst Krauss* und begann in größerem Stil internationale Künstler*innen zu vermitteln.

Der wirtschaftliche Durchbruch gelang ihm mit seiner Künstleragentur schließlich, weil es ihm glückte, die russische Tänzerin Anna Pavlova unter Vertrag zu nehmen. Anna Pavlova hatte gerade eine Reihe mehrjähriger sehr erfolgreicher Auslandstourneen abgeschlossen und war, auch wenn das Interesse für klassisches Ballett in Europa abzuflauen begann, immer noch ein Weltstar des Kunsttanzes. Mit ihrer Verpflichtung spielte Krauss nun in der obersten Liga des europäischen Bühnengeschäfts. Nachdem Anna Pavlova am 23. Januar 1931 überraschend während ihrer letzten, von Krauss betreuten Tournee in Den Haag verstorben war, schrieb und veröffentlichte Krauss noch im selben Jahr seine Erinnerungen an die Tänzerin. Darin schildert er eindrücklich seine erste Begegnung mit der Pavlova, die am 10. November 1926[29] bei einer Aufführung in Bremen stattgefunden hatte:

> Zum ersten Mal nach dem Krieg würde die große Tänzerin nach ihrer Rückkehr aus dem Fernen Osten: Indien, Japan und Australien erneut mit einer großen Kompanie durch Europa reisen. Das Ensemble kam mit seinem Star in Bremerhaven an und wenige Tage später sollte die Uraufführung auf dem europäischen Kontinent in Bremen stattfinden. Ich muss zugeben, dass ich nach vielen düsteren Vorhersagen und Warnungen mit unruhigem Herzen in den Zug nach Bremen stieg. Aber kurz nach meiner Ankunft in der alten Hansestadt, als ich vor der edlen Figur der großen Künstlerin stand, ihre dunklen, funkelnden Augen auf mich gerichtet sah und die eleganten Bewegungen dieser königlichen Frau beobachtete, war ich plötzlich von aller Angst befreit. Größere Gefühle hatte noch keine Kunst in meinem Herzen hervorgerufen, als ich am Abend im Theater die Seele dieser göttlichen Frau spürte, überkam es mich: „Als ob diese Sonne funkelnd ihren Glanz in tiefster Zärtlichkeit um mich gewoben". Ich schämte mich nicht dafür, dass ich meine Tränen nicht mehr zurückhalten konnte, dass sie brennend und zugleich erlösend meine Augen füllten, dass mein Herz wie ein junges Mädchen in Ohnmacht fiel, das seine erste Liebe in der betörenden Süße eines duftenden Frühlingsabends erwachen fühlt. Jeder neue Tanz wurde zu einer neuen Offenbarung für mich – und so ging es mir auch noch nach den hunderten Malen, die ich sie bis zum Letzten, bis zu ihrem Tod sehen sollte.[30]

29 „Erstes Gastspiel": 10. November 1926.

30 Krauss 1931: 111–112. Übersetzung aus dem niederländischen Original hier und im Folgenden durch den Autor.

Die Weise, in der Krauss jenen Pavlova-Abend auf der Bremer Bühne beschreibt, legt nahe, dass er eine ästhetische Erfahrung ganz im Sinn von Martin Seels Definition des „Ereignisses" erlebte. Seel bestimmt den Charakter des ästhetischen Ereignisses darin, dass es „in einem bestimmten biografischen oder historischen Augenblick auf eine bestimmte Weise bedeutsam wird"[31]. Ästhetische Ereignisse im Sinne Seels nehmen demnach ihren Ausgang in einem nicht wahrscheinlichen und bis dahin nicht für möglich gehaltenen Erscheinen. Für diese Lesart spricht, dass Krauss seine ästhetische Erfahrung mit Anna Pavlovas Tanzkunst zu einem Zeitpunkt machte, als das Interesse für klassisches Ballett in Europa am Abflauen war. Wie Josephine Fenger schreibt, fand Anna Pavlova 1928

> nicht nur einen ästhetischen Generationswechsel vor, sondern auch eine eigenständige Tanzkultur: Das Ballett und der Publikumsgeschmack waren dabei, sich zu reformieren. Das ‚Gran Ballet' kam aus der Mode und es war schwieriger, „the children of the Jazz, the cinema, the Charleston – and Josephine Baker" (The B.A. Herald, 10.08.1928) zu beeindrucken.[32]

Krauss war dieser ästhetische Generationswechsel bewusst. In seinen Pavlova-Memoiren erinnert er an die gängige Meinung der Tanzkritik Anfang der 1930er Jahre:

> Wir waren so überzeugt, dass das Ballett sich überlebt hatte. Max Osborn, einer der vielen, die den Stab darüber gebrochen hatten, sagte: „Ein totes Schema, von kalter Routine zum Scheinleben aufgepeitscht" und da waren wir ganz einer Meinung. Und hat Oscar Bie nicht gesagt: „Ballette sind Feste der Sinne, wir aber sind auf einer anderen Seite unserer Seele festlich geworden"?[33]

Es war also nicht die Innovativität von Anna Pavlovas choreografischem Konzept, sondern ihre schiere Bühnenpräsenz, die bei Krauss offenbar jene „Festlichkeit der Seele" entfacht hatte.[34] Krauss' bewegende Tanzerfahrung aus dem Jahr 1926 ließe sich heute vielleicht am ehesten mit Martin Seels bereits erwähntem Begriff des ästhetischen Ereignisses veranschaulichen: Demnach muss ein künstlerisches Objekt mit Ereignischarakter für den

31 Seel 2004: 75.

32 Fenger 2007: 45.

33 Krauss 1931: 114.

34 Zur Dialektik von Tradition und Avantgarde in der Arbeit von Anna Pavlova siehe auch Fenger 2007.

Betrachter nicht zwingend neu sein, sondern vor allem „durch seine Präsenz einen Bruch im Kontinuum seines Selbstverständnisses“ bewirken.[35] Krauss' emotionaler Ausbruch, die Tränen, die er nicht mehr zurückhalten konnte, lassen sich derart als ästhetische Präsenzerfahrung auffassen. Tanz als Medium ästhetischer Präsenzerfahrungen wird auch im gegenwärtigen religiösen Feld auf ähnliche Weise adressiert. Tatjana K. Schnütgen beispielsweise beschreibt Praktiken des zeitgenössischen Kirchentanzes und veranschaulicht deren Wirkung über den Begriff der ästhetischen Erfahrung: „Der Moment der Präsenz überwindet die Subjekt-Objekt-Spaltung, er verschafft ein intensives Erlebnis und verortet den Menschen körperlich ganz auf der Erde. Ästhetisches Erleben ist das Medium der Produktion von Präsenz.“[36] Schnütgen hat die Konturen einer Ästhetik der Erfahrung im Tanz unter semiotischen und performativen Gesichtspunkten zusammengefasst. Im Anschluss an Gumbrechts Begriff der Präsenz verweist sie auf den „unhintergehbaren, existentiellen Kern“ des ästhetischen Erlebens, der sich in der „Struktur des Wunsches bzw. Verlangens zu sein manifestiert“. Im „Oszillieren zwischen Präsenzeffekten und Sinneffekten“ komme es zur ästhetischen Erfahrung, die überdies nicht denkbar sei „ohne jenes Verschwimmen beider Dimensionen“[37]. Daher sei auch, wie Schnütgen im Anschluss an Fischer-Lichte schreibt, die ästhetische Erfahrung als moderne Variante liminaler Erfahrung „an die Stelle von funktionslos gewordenen Ritualen der Gegenwart getreten“[38].

Wenn auch nicht in dieser Weise über die Begriffe der Performance-Theorie explizit gemacht, so war doch Ernst Krauss' Vermittlungspraxis intuitiv von den liminalen Qualitäten der zeitgenössischen Tanzkunst geleitet. Was Krauss 1912 in seinem weihevollen Bühnenstück für den Mannheimer Gesangsverein vorgeschwebt hatte, nämlich eine erhebende Beschwörung der Kunst als Ort ästhetisch vermittelter mystischer Erfahrungen, löste sich für ihn vierzehn Jahre später in der virtuosen Perfektion von Anna Pavlovas Performances ein, und zwar mit Blick auf ein Publikum, das auch bereit war, für diese Erfahrung entsprechend zu bezahlen. Krauss selbst schildert

35 Seel 2004: 78.

36 Schnütgen 2018: 48.

37 Schnütgen 2018: 50.

38 Schnütgen 2018: 57, im Anschluss an Fischer-Lichte 2001: 22.

die Übertragung seiner ästhetischen Erfahrung in die Geschäftspraxis anschaulich:

> Nun, da der Glaube an die unbeschreibliche Schönheit von Anna Pavlovas künstlerischem Ausdruck in mir begründet war, konnte kein Pessimismus mich länger daran hindern, meine Pläne in noch größerem Umfang umzusetzen, als es ursprünglich meine Absicht gewesen war. Dies brachte einige Schwierigkeiten mit sich, vor allem im Hinblick auf den verfügbaren Theaterraum – weil nämlich unsere niederländischen Theater für dieses große Unternehmen eigentlich zu klein waren, vor allem die Stadsschouwburg in Amsterdam. Das habe ich dann auch der Leitung dieses Theaters mitgeteilt. „Wenn Sie die Preise nicht zu hoch machen, können Sie eine Vorstellung wagen", teilte mir der Direktor der Stadsschouwburg von Amsterdam seine Meinung mit. „Aber ich habe sie gesehen! Sie müssen mir eine ganze Woche geben", antwortete ich. Und ich meinte das nicht als Scherz! Obwohl das nicht einfach war, mietete ich die Stadsschouwburg für fast eine Woche und hielt die Preise alles andere als moderat. Das ließ sich nicht vermeiden, da die Kosten enorm waren und ich außerdem noch für die Entschädigung des damals fest verpflichteten Ensembles ein paar Tausend zahlen musste, so dass allein die Fixkosten für das Theater etwa tausend Gulden pro Aufführung betrugen.
> Dennoch ist es weder ein künstlerischer noch ein finanzieller Fehlschlag geworden. Im Gegenteil![39]

Die Aufführungen der russischen Ballerina in der Stadsschouwburg waren dank Krauss' Vermittlungsbemühungen ein Erfolg geworden. In gewisser Weise hatte also seine Sensibilität für ästhetische Transzendenzerfahrungen Anna Pavlova in der letzten Phase ihrer Karriere zu einer erneuten Präsenz in Europa und Krauss selbst zur Konsolidierung seiner Geschäftspraxis als Kunstvermittler verholfen.

TANZ ALS MUTTERKUNST: DIE NEUORDNUNG ANTHROPOLOGISCHER WISSENSBESTÄNDE

An der Begegnung mit Anna Pavlova wird anschaulich, inwiefern Ernst Krauss seinen Erfahrungsbegriff des transzendenten Kunstwerks gerade im Tanz umgesetzt sah. Seine Sensibilisierung für Tanz ging aber auch einher mit einer neuen evolutions- und kulturgeschichtlichen Perspektive auf die

39 Krauss 1931: 113.

Theorie des Tanzes. Der Ethnologe Curt Sachs, der gemeinsam mit Moritz von Hornbostel um die Jahrhundertwende begann, die Musikethnologie zu systematisieren, hatte den Tanz bezeichnenderweise „unsere Mutterkunst“[40] genannt, in dem „Schöpfer und Geschöpf, Werk und Künstler“[41] eins seien. Die höchste Steigerung des Tanzes sei Sachs zufolge die menschliche Gottsuche. Sachs leitete seine Weltgeschichte des Tanzes aus der Beobachtung von Kulturen her, „in denen der Tanz nicht geächtet wird, sondern heiliger Akt und priesterliches Amt ist, in denen er Sache einer Gemeinschaft ist und mit den wichtigen Momenten individueller und gesellschaftlicher Relevanz verbunden wird“.[42] Dort habe der Tanz die Chance, „gesteigertes Leben“ zu sein.[43]

Jene zweite, ethnologisch begründete Perspektive auf Tanz als Spiritualitätspraxis erschloss sich auch für Krauss, als er 1936 die Europa-Tournee der indischen Choreografin Leila Roy alias *Menaka* organisierte. Menakas Gruppe trat mit drei Tänzerinnen und zwei Tänzern sowie einem Begleitensemble von sechs Musikern auf. Ihr zweiteiliges Programm bestand aus einer Reihe von Arrangements nordindischer Volkstänze und im Hauptteil aus einem sogenannten *Tanzdrama* auf der Grundlage verschiedener hinduistischer Mythen. Menaka hatte sich dazu ausführlich mit dem nordindischen Kathak-Stil befasst. Ihre beiden männlichen Tanzpartner Ramnarayan und Gauri Shankar waren professionelle Kathak-Tänzer; die drei Tänzerinnen waren junge Mädchen aus der gehobenen Mittelschicht Bombays, die Menaka selbst ausgebildet hatte. Das Begleitensemble bestand aus professionellen Musikern, die von Sakhawat Hussein Khan, einem einflussreichen Instrumental-Solisten aus Lucknow angeleitet wurden. Die Tournee begann im Januar 1936 in der Schweiz, Luxemburg, Belgien und den Niederlanden und verlief dann für den größten Teil der beiden folgenden Jahre durch Deutschland.

40 Sachs 2007: 1.

41 Sachs 2007: 1.

42 Sachs 2007: 2.

43 Sachs 2007: 2.

Indiens größte Tänzerin am Tegernsee

In den Tagen ihrer Anwesenheit in Bad Wiessee anläßlich ihres Gastspieles, das durch Vermittlung des im Tegernseer Tale bekannten Dichters Ernst Krauß zustande kam, besuchte Menaka mit ihren Kollegen und Kolleginnen auch das Kurkonzert an der Seepromenade. Die Tänzerin, die große Künstlerin des indischen Tanzes und Vermittlerin altindischen Sagengutes durch die Sprache ihrer Gebärde wurde auch am Strand zu Bad Wiessee, wo sich sehr viele Kurgäste befanden, viel beachtet und bestaunt, zumal sie in der Kleidung ihrer Heimat ging.

Zum ersten Male ist es gewesen, daß seit den Olympischen Spielen in Berlin eine Künstlerin des Auslandes von solch großem Format und von Weltruf mit ihrer Truppe mehrmals in Bad Wiessee und damit im Tegernseer Tale, gastierte und mit einem jeden ihrer drei Gastspielabende einen großen Erfolg hatte. Daß der Brahmanin die Vorträge des Kurorchesters sehr gut gefielen, zeigte ihr lebhaftes Bedauern, als die letzten Klänge des Orchesters verhallt waren. Erstaunt und betrübt zugleich fragte sie „schon finish?" (schon aus?).

*

Es dürfte unsere Leser auch interessieren, daß Menaka mit ihrem Ballett auch in dem zur Zeit noch in Arbeit befindlichen Film „Der Tiger von Singapur" mitwirkt, der zum Teil in Berlin, zum Teil in Indien gedreht wurde. G. M., B.

Abb. 3: Ernst Krauss mit Leila Roys Indischem Ballett Menaka
(deutscher Zeitungsartikel 1936)

Krauss hatte ein Presseportfolio für Menakas Ensemble zusammengestellt und beschickte aus Amsterdam die Spielorte in Deutschland mit Werbematerial. Das Narrativ für die Präsentation der indischen Tänzerinnen wiederum übernahm er von der Schweizer Bildhauerin Alice Boner (1889–1981), die mehrere Jahre in Indien gearbeitet hatte, zur Ästhetik indischer Tempelarchitektur publizierte und die schon die Tourneen Uday Shankars organisiert und betreut hatte. Alice Boner hatte darüber hinaus einen Artikel zur Theorie des indischen Tanzes geschrieben, den Krauss in seinen Menaka-Programmheften abdruckte. Boner kennzeichnet in diesem Text den *Indischen Tanz* einerseits als ganzheitliche spirituelle Körpertechnik:

> Der Inder betrachtet den Tanz als die Sprache, den Gesang des Körpers und hält ihn daher ebenso wert, den Göttern dargebracht zu werden, wie wir die

> Musik in unseren Kirchen. Er kennt keinen unmittelbareren Ausdruck für seine religiöse Ergriffenheit als den Tanz.[44]

Zugleich beschreibt Boner den Tanz aber auch als eine im Verschwinden begriffene authentische kulturelle Praxis des indischen Subkontinents:

> Es sind leider nur noch wenige Zentren in Indien, in welchen diese vollkommene Kunst, die Tanz und Drama von ganz Ostasien befruchtet hat, noch lebendig ist. In Tempeln werden dort die heiligen Epen des Ramayana und Mahabharata noch aufgeführt, auf einfachem Podium, hinter einer flackernden Flamme, zum verwirrenden frenetischen Rhythmus der Trommeln, Gongs und Zymbeln und dem leidenschaftlichen Gesang des Chors. Und das Volk sitzt nächtelang hypnotisiert davor und fühlt die leibhaftige Anwesenheit des Sri Krishna und Rama Chandra.[45]

Das Narrativ vom indischen Tanz als sakraler Praxis, die es wert ist, „den Göttern dargebracht zu werden“[46], bestimmte in der Folge auch die Rezeption der indischen Tänzer*innen in Deutschland. Menakas Performances wurden ausführlich von Tanzkritikern in den Feuilletons der deutschen Zeitungen entlang der Spielorte der Tournee besprochen. Viele Kritiker schildern die Aufführungen als intensive Erfahrungen, die ihre performative Kraft vor allem daraus gewonnen hätten, dass die Zuschauer mit einer gewissen Ehrfurcht vor der mythischen Verwurzelung der Choreografien ihre üblichen Wertmaßstäbe suspendierten und auf diese Weise eine unerwartete ästhetische Erfahrung machen konnten. In Oberammergau beispielsweise beschrieb der Kritiker seine Beobachtung des indischen Balletts als transzendente Differenzerfahrung:

> Die ernste Mystik, das träumerisch Göttliche, das die ganze Linie beherrscht und von ebensolchen Impulsen aufgepeitschte Musikthemen verlangt, ist trotz aller Fremdheit und vielleicht gerade deshalb dazu angetan, eine Rückschau in unser Inneres zu verlangen.[47]

Der Begriff der Fremdheit zielt in dieser Beschreibung nicht nur auf eine Festschreibung der kulturellen Fremdheit der indischen Tänzerinnen, sondern wirkt zurück: Die Fremdheit produziert einen liminalen Erfahrungs-

44 Boner 1936.
45 Boner 1936.
46 Boner 1936.
47 „Menaka mit ihrer Tanzgruppe“: 25. August 1936.

raum für den Zuschauer als ‚Rückschau im Inneren'. Viele der Menaka-Rezensenten stellen ihre Betrachtungen außerdem explizit in den Zusammenhang einer Verlusterfahrung der Moderne:

> Wunderland Indien! Uns Kindern der Moderne, der Flugmaschine und des Radios nicht mehr so zauberisch verklärt, wie unseren Ahnen, aber doch immer noch von einem geheimnisvollen Schleier bedeckt, den zu lüften, oder wenigstens ein wenig drunter zu schauen, wohl jeden von uns schon einmal gelüstete.[48]

Aus der zivilisationskritischen Perspektive werden denn auch die Aufführungen des indischen Balletts als Vorbild für ein Projekt der geistigen Erneuerung des deutschen Menschen gelesen:

> Denn hier trat uns an einem deutlich sichtbaren Beispiel die enge Verbundenheit zwischen Mensch und Kosmos entgegen, die unsere Kultur seit Jahrhunderten als Kraftquelle verloren zu haben schien. Diese Verbundenheit wiederzufinden, ist auch eine Aufgabe der Gegenwart, und in ihr wird der Tanz des Glaubens eine wichtige Mission zu erfüllen haben.[49]

In diesem postreligiösen Projekt der Gegenwart, das der Magdeburger Tanzkritiker auf diese Weise formuliert, fallen die ästhetische und spirituelle Erfahrung direkt ineinander.[50] Diese Hinwendung zum kulturellen tänzerischen Körper hat Inge Baxmann treffend als Ausdruck einer generellen „Neusichtung anthropologischer Wissensbestände"[51] beschrieben. Für Ernst Krauss löste sich in den Aufführungen des Menaka-Balletts in Europa einmal mehr die transzendente Qualität des Tanzes ein, nun auch untermauert mit einer gewissen wissenschaftlichen Autorität anthropologischer Erkenntnisse.

48 „Menaka tanzt": 24. April 1936.

49 „Menaka und Ramnarayan": 13. Januar 1937.

50 Im Übrigen dienten die Beschreibungen von Menakas indischem Ballett vordergründig natürlich auch einer kulturellen Selbstvergewisserung der Deutschen unter den Vorzeichen des Nationalsozialismus.

51 Baxmann 2005: 17.

FAZIT

Die Praxis der Kunstvermittlung durch die *Internationale Konzertdirektion Ernst Krauss* ist exemplarisch für eine spezifische Verschränkung von Glauben, Wissen und ästhetischer Erfahrung in den performativen Künsten der 1920er und 1930er Jahre.

Anhand von Krauss' Biografie wird zunächst anschaulich, wie die Ideen einer geistigen Erneuerung des Menschen um die Jahrhundertwende in allen Bereichen der kulturellen Produktion ihre Wirkkraft entfalteten und wie infolgedessen insbesondere die performativen Künste als Schnittstelle ästhetischer Erfahrung ausgebaut wurden. An der Karriere des Künstlers und Kunstvermittlers Ernst Krauss lässt sich auch beobachten, inwiefern diese geistige Strömung sich als Reflex auf den Einbruch der Moderne in alle individuellen Lebensbereiche vollzog. Dass Krauss seinen Lebensmittelpunkt vom ländlich geprägten Alltag der schwäbischen Provinz in die wachsende Großstadt Amsterdam verlagerte, ist exemplarisch für eine vielfach geteilte Erfahrung seiner Generation.

Krauss verarbeitete diese Erfahrungen zunächst in seinem dichterischen Frühwerk. Seine Selbsterfindung als Künstler und Kunstvermittler vollzog sich dabei in einer Rhetorik, die sich seit der Romantik als ein spezifischer Modus kritischer Reflexion der Moderne herausgebildet hatte. In der Stilisierung der Natur als Gegenort der modernen Großstadt entdeckte Krauss eine schlüssige literarische Formel und konstruierte damit eine Projektionsfläche für vielfältige lebensweltliche Erfahrungen seiner Leserschaft um die Jahrhundertwende. Krauss' Kunstbegriff ist explizit transzendent. Er übertrug Äußerungen von Alltagsreligiosität unmittelbar in naturmystische Sprachbilder und entwickelte so schließlich eine bemerkenswerte Intuition für die Dynamik der Transferprozesse von religiösen Praktiken in den Bereich des Ästhetischen. Seine eigene künstlerische Praxis als Schriftsteller diente ihm dabei als ‚Scharnier' in einer „umgekehrten Ökonomie"[52] künstlerischer Produktion. Auf diese Weise konnte Krauss nicht nur als kommerzieller Vermarkter künstlerischer Arbeit auftreten, sondern zugleich auch als uneigennütziger Makler, dem an der Sache mindestens ebenso viel gelegen war wie am Profit. Die Positionierung seiner Künstleragentur in Amsterdam ermöglichte Krauss darüber hinaus eine privilegierte Teilhabe

52 Bourdieu 2001: 227.

an der Produktion performativer Gegenwartskunst. Er arbeitete mit einer ganzen Reihe von international bekannten Musiker*innen und Schauspieler*innen und prägte so das europäische Theaterleben über die Niederlande hinaus. Er vermittelte Künstler*innen aus den verschiedensten Genres, zeigte aber ein besonderes Interesse für den zeitgenössischen Tanz. So hatte er insbesondere Anteil an der Spätphase der Karriere Anna Pavlovas – einer Tänzerin, die nicht nur an der Schnittstelle von klassischem Ballett und modernem Ausdruckstanz arbeitete, sondern auch Verbindungen zu den lokalen Tanzkulturen außerhalb Europas herstellte. Beispielhaft dafür ist Leila Roys indisches Ballett, eines der ersten Projekte indischer Künstler*innen, die mit der Ideen- und Formenwelt des europäischen Bühnentanzes ebenso wie mit traditionellen indischen Tanztechniken experimentierten und diese Ergebnisse lokaler Modernität schließlich vor einem europäischen Publikum präsentierten. Der ethnografische Aspekt dieser Vorführungen erweiterte das Feld der Tanzrezeption in Europa in besonderer Weise um eine anthropologische und kulturelle Komponente. Die Inszenierungen der indischen Tänzer*innen bedienten einerseits das Phantasma kultureller Ganzheit und spiritueller Verwurzelung, produzierten aber zugleich auch Alteritätseffekte, die zumindest von Teilen des Publikums nicht nur als eskapistische, exotische Attraktion aufgefasst, sondern in einen neuen Modus ästhetischer Anschauung eingebunden wurden. Die Vermittlungsarbeit der *Internationalen Konzertdirektion Ernst Krauss* beförderte auf diese Weise Diskurse kultureller Alterität nicht nur, wie Baxmann schreibt, als „Agenten einer bewußten Dynamisierung überkommener Wissensordnungen und ihrer Aufteilungen“[53], sondern auch als Mittler eines anhaltenden Transferprozesses vom Feld der Religion in die Kunst.

LITERATUR

Baxmann, Inge: „Der Körper als Gedächtnisort. Bewegungswissen und die Dynamisierung der Wissenskulturen im frühen 20. Jahrhundert“, in: Inge Baxmann; Franz A. Cramer (Hg.): *Deutungsräume: Bewegungswissen als kulturelles Archiv der Moderne*, München: K. Kieser 2005 (Wissenskulturen im Umbruch 1), 15–35.

53 Baxmann 2005: 21.

Bourdieu, Pierre: *Die Regeln der Kunst. Genese und Struktur des literarischen Feldes*, Frankfurt/M.: Suhrkamp 2001.

Cohen, Matthew I.: *Performing Otherness: Java and Bali on International Stages, 1905–1952*, Basingstoke u.a.: Palgrave Macmillan 2011.

Fenger, Josephine: „Pavlova Enterprise. Reisen in Metropolen und Provinzen Lateinamerikas", in: *Tanzforschung* 17 (2007), 35–48.

Fischer-Lichte, Erika: *Ästhetische Erfahrung. Das Semiotische und das Performative*, Tübingen – Basel: Francke 2001.

Krauss, Ernst: *Leben und Liebe. Gedichte*, Leipzig: Xenien-Verl. 1912.

Krauss, Ernst: *Leben und Liebe. Gedichte*, 3., veränd. und verm. Aufl., Leipzig: Xenien-Verl. 1913.

Krauss, Ernst: *Anna Pavlova*, Amsterdam: J.M. Meulenhoff 1931.

Malinar, Angelika: „Körper-Theater und Selbst-Erkenntnis. Konzepte von Erfahrung in der indischen Philosophie", in: Gert Mattenklott (Hg.), *Ästhetische Erfahrung im Zeichen der Entgrenzung der Künste. Epistemische, ästhetische und religiöse Formen von Erfahrung im Vergleich*, Hamburg: Meiner 2004, 211–232.

Mattenklott, Gert: „Vorwort", in: Gerd Mattenklott (Hg.): *Ästhetische Erfahrung im Zeichen der Entgrenzung der Künste. Epistemische, ästhetische und religiöse Formen von Erfahrung im Vergleich*, Hamburg: Meiner 2004, v–viii.

Mersch, Dieter: „Ästhetik des Rausches und der Differenz. Produktionsästhetik nach Nietzsche", in: *Amsterdamer Beiträge zur neueren Germanistik* 65 (2008), 35–50.

Mitter, Partha: *The Triumph of Modernism: India's Artists and the Avante-Garde, 1922–1947*, London: Reaktion Books 2007.

Polaschegg, Andrea: *Der andere Orientalismus. Regeln deutsch-morgenländischer Imagination im 19. Jahrhundert*, Berlin: de Gruyter 2005.

Sachs, Curt: *Eine Weltgeschichte des Tanzes*, 4. Nachdr. der Ausg. Berlin 1933, Hildesheim u.a.: Olms 2007.

Schäff, Heinrich: *Ernst Krauss. Aus seinem Leben*, Amsterdam – Leipzig: Johannes M. Meulenhoff Verlag 1930.

Schnütgen, Tatjana K.: *Tanz zwischen Ästhetik und Spiritualität: Theoretische und empirische Annäherungen*, Göttingen: Vandenhoeck & Ruprecht 2018.

Schüttpelz, Erhard: *Die Moderne im Spiegel des Primitiven. Weltliteratur und Ethnologie (1870–1960)*, München: Fink 2005.

Seel, Martin: „Über die Reichweite ästhetischer Erfahrung. Fünf Thesen", in: Gerd Mattenklott (Hg.): *Ästhetische Erfahrung im Zeichen der Entgrenzung der Künste. Epistemische, ästhetische und religiöse Formen von Erfahrung im Vergleich*, Hamburg: Meiner 2004: 73–81.

Stehrenberger, Cécile Stephanie: *Francos Tänzerinnen auf Auslandstournee. Folklore, Nation und Geschlecht im „Colonial Encounter"*, Bielefeld: transcript 2013.

Walker, Margaret E.: *India's Kathak Dance in Historical Perspective*, London: Routledge 2016.

ZEITUNGSARTIKEL UND ARCHIVMATERIAL

Ack-Pa.: „Oberammergau. Menaka mit ihrer Tanzgruppe und indischem Orchester", in: *Ammergauer Zeitung*, 25. August 1936: Stadtarchiv Oberammergau.

Boner, Alice: „Aus dem Gelsenkirchener Kulturleben. Der indische Tanz", in: *Gelsenkirchener Allgemeine Zeitung*, 8. März 1936, Gelsenkirchen: Institut für Stadtgeschichte.

„Erstes Gastspiel der weltberühmten Tänzerin Anna Pawlowa", in: *Theaterzettel Bremen, Jahrgang 28.08.1926 – 01.07.1927*: Seite 66 vom 10. November 1926, URL: http://brema.suub.uni-bremen.de/suubtheater/periodical/pageview/2037897 (letzter Zugriff am 09. Juli 2019).

O. A.: „Weitere Festlichkeiten der Liederhalle Mannheim", in: *Mannheimer General-Anzeiger*, 11. November 1912.

O. A.: „40jähriges Jubiläum der Liederhalle Mannheim", in: *Mannheimer General-Anzeiger*, 7. November 1912.

Ps.: „Stadttheater Landshut, Hindugastspiel: Menaka tanzt", in: *Bayerische Ostmark*, 24. April 1936: Stadtarchiv Landshut.

Weinert, Joachim: „Menaka und Ramnarayan. Indische Tänze im Wilhelm Theater", in: *Magdeburgische Zeitung*, 13. Januar 1937.

ABBILDUNGEN

Abb. 1: Ernst Krauss, undatierte Fotografie, unbekannter Fotograf, Archiv impressariaat Ernst Krauss, Allard Pierson, Universiteit van Amsterdam, Theatercollecties

Abb. 2: Ernst Krauss mit Anna Pavlova und Mitgliedern ihrer Kompanie, unbekannter Fotograf, 1927, Archiv impressariaat Ernst Krauss, Allard Pierson, Universiteit van Amsterdam, Theatercollecties

Abb. 3: Ernst Krauss mit Leila Roys Indischem Ballett Menaka, deutscher Zeitungsartikel 1936, Archiv impressariaat Ernst Krauss, Allard Pierson, Universiteit van Amsterdam, Theatercollecties

Klänge, Düfte und Geschmäcke: Türöffner in die Welt des Verborgenen

Grenzerfahrungen im Sufi-Islam Pakistans

Jürgen Wasim Frembgen

Following the approach of „sensorial anthropology" the author investigates the meaning and role of sensual perceptions within the context of Sufi Islam in Pakistan. He focuses in particular on exceptional emotional states of mystical rapture and trance at saints' shrines by discussing excerpts from ethnographic narratives. The latter exemplify the role of mystical sounds, sacred fragrances and paradisiacal tastes as „door openers" into the spiritual world of divine secrets, the realm of the unseen and unspeakable. In addition, they show how auditory, olfactory and gustatory experiences actually shape the experiences of devotees and how these dimensions interact with each other.

Sufis, die an den Schreinen ihrer verehrten Meister den Eintritt in die jenseitige Realität des Göttlichen suchen, die dort – mit ihren eigenen Worten – „aus der Weinschale der Gottesliebe trinken", machen ebenso wie Gläubige, die ihren Heiligen aus eher pragmatischen Gründen huldigen und sie als Mittler und Fürsprecher bei Allah anrufen, emotionale und körperliche Erfahrungen von unmittelbarer Sinnlichkeit. Vor allem in den pakistanischen Tieflandprovinzen Punjab und Sindh ist das Grabmal, von dem die Mächtigkeit eines *Gottesfreundes* (*walī Allāh*) ausstrahlt, ein ästhetisch aufgeladener, der Alltagsebene enthobener sakraler Raum, in dem sich – oftmals in visueller Opulenz – ein Wahrnehmungspanorama entfaltet (Abb. 1)[1]:

1 In einem früheren Text (Frembgen 2005) habe ich mich in erster Linie mit visuellen und haptischen Ausdruckselementen beschäftigt, die über Artefakte an

Abb. 1: Schrein des Sufi-Heiligen Majnun Sain, einem Schlösschen gleichend; November 2009; Lahore, Punjab
(© J.W. Frembgen)

Neben visuellen und haptischen Ausdruckselementen spielen auditive, olfaktorische und gustatorische Dimensionen eine wichtige Rolle. Außerdem ist der Gebrauch von *Seelendrogen* (vor allem Cannabis) hervorzuheben, der Pforten gesteigerter Wahrnehmung öffnet und Zugang zu inneren Bildwelten ermöglicht. Im Kontext devotionaler Riten evozieren und strukturieren diese Wahrnehmungen religiöse Grenzerfahrungen in Form außergewöhnlicher Zustände wie mystische Ergriffenheit, Verzückung und Trance.

Ausgehend von einem sensuellen ethnologischen Ansatz diskutiere ich in diesem Beitrag die Rolle mystischer Klänge, heiliger Düfte und paradiesischer Geschmäcke als Türöffner in die *ʿalam al-ghaib* – eine unsichtbare, spirituelle Welt der Geheimnisse, die dem gewöhnlichen Auge verborgen bleibt, aber in die unmittelbare Nähe Gottes führt, eine Sphäre des Ungewöhnlichen, in der – wie die islamischen Mystiker sagen – „Worte an der Küste bleiben". Sufis streben auf ihrem inneren Weg nach der Vereinigung

Heiligenschreinen vermittelt werden (Gegenstände auf dem Grab, sakrale Assemblagen und weitere Objektivationen der Frömmigkeit). Die vorliegende kleine Untersuchung schließt explizit daran an.

ihrer Seele mit dem göttlichen Geliebten – nach der Aufhebung aller Gegensätze in Zuständen mystischer Einheit und Verzückung, einer erotischen *unio mystica*, deren Erfahrung „unaussprechlich" bleibt oder sich höchstens in Paradoxen äußert wie in den theopathischen Aussprüchen mancher iranischer Meister, zum Beispiel Bayezid Bistami (gest. 874), Hallaj (gest. 922) oder Ruzbihan Baqli (gest. 1209), einer ekstatischen Seelensprache, die sich der menschlichen Vernunft entzieht.[2] Die Einsicht, dass Worte inadäquat bleiben, um mystische Erfahrungen auszudrücken, kommentierte eine junge Iranerin wie folgt: „Wenn man Liebe in Worte fassen könnte, dann wäre es keine Liebe mehr, sondern Sprache."[3] Daher sind es insbesondere nicht-sprachliche, sinnliche Ausdruckselemente, die an *aromatisierten* Schreinen mystische Grenzerfahrungen erlauben, ein *Schmecken* der spirituellen Wirklichkeit und Wahrheit (*haqīqat*).

ETHNOLOGIE DER SINNE

In seinem Buch *The Taste of Ethnographic Things. The Senses in Anthropology* (1989), das auf zahlreichen Feldaufenthalten im westafrikanischen Niger zwischen 1976 und 1988 basiert, diskutiert Paul Stoller nicht nur den Gebrauch der Sinne bei den dort lebenden Songhay, sondern reflektiert auch seine eigenen Formen der Wahrnehmung. Welche Auswirkungen diese Perspektive für einen radikal empirisch arbeitenden Feldethnologen und sein Schreiben hat, deutet er mit folgenden Worten an:

> If anthropologists take a sensual turn they will position themselves to let the other's world penetrate their being. This repositioning [...] would transform the fundamental relationship among our writers, texts and readers. In most ethnographic texts, anthropologists are the authors. [...] In more sensualized ethnographies the scenes described (people, interviews, ritual) become authors, the anthropologist becoming the intermediary between the author and an audience. These texts are then the products of socialization in two worlds.[4]

Stoller propagiert im letzten Kapitel seines Buches eine narrative Ethnographie, die besser als dies etwa dem Medium Film gelingen könnte, die

2 Vgl. Ernst 1985; Hajjar 2018: 198.

3 Schriftliche Mitteilung des Iranisten Marian Brehmer (April 2018).

4 Stoller 1989: 56.

sinnlich wahrnehmbaren Dimensionen einer Kultur in ihrer Unmittelbarkeit in den Fokus nimmt.[5] In den folgenden Kapiteln versuche ich diesen Ansatz durch ausgewählte dichte Beschreibungen aus eigenen Erzählberichten zum Sufi-Islam in Pakistan zu verdeutlichen. Eine Haltung zweifelnder akademischer Distanz erscheint mir dabei gegenüber mystischen Erfahrungswelten generell fragwürdig.[6]

Im Jahre 1991 entwirft David Howes in einem von ihm herausgegebenen Quellenwerk dezidiert eine *Ethnologie der Sinne* (*anthropology of the senses* bzw. *sensorial anthropology*), die andere Kulturen durch deren kollektiven Gebrauch der Sinne zu verstehen sucht, wobei individuelle Differenzen je nach Alter, Geschlecht, Tätigkeit und Temperament vor dem Hintergrund der betreffenden Gesellschaft zu betrachten sind.[7] Daraus ergibt sich die Frage, in welcher Weise die verschiedenen Sinne geübt, gewöhnt und gelernt werden und in der jeweiligen Kultur und Gesellschaft in der Regel ein hierarchisiertes Profil ergeben, sowohl mit einzelnen Präferenzen als auch mit gegenseitigen Durchdringungen und symbolischen Korrespondenzen (etwa zwischen Farbe, Klang, Geruch und Temperatur). Auf diese Weise lassen sich spezifische *cultural maps of the senses* erstellen. Howes identifiziert verschiedene Bereiche einer Kultur, in denen die Sinne praktisch genutzt werden, v.a. nennt er das rituelle Leben, in dem Techniken der Körperwahrnehmung (z.B. das Hören von Musik und Tanz) seit der Kindheit eingeübt und kontrolliert werden.

In seinen Überlegungen zur teilnehmenden Beobachtung im Rahmen ethnologischer Feldforschung bezieht sich Gerd Spittler sowohl auf die Arbeiten von Stoller als auch auf den Begriff der Resonanz bei Unni Wikan, der Empathie, Mitgefühl, Verstehen und geteilte Erfahrung impliziert.[8] Spittler betont, dass zur „Dichten Teilnahme“ unbedingt das Erleben mit der Einbeziehung aller Sinne gehört, das gesamte körperliche und seelische Fühlen also.[9]

Im vorliegenden Fall beschränken wir uns auf den Bedeutungshorizont der Sinne im spezifischen raum-zeitlichen Kontext des indigenen, lokal ge-

5 Vgl. Stoller 1989: 154–156; Stoller 1997.

6 Vgl. Paper 2004: 9; Frembgen 2017: 166–171.

7 Vgl. Howes 1991; Classen u.a. 1994: 119–122.

8 Vgl. Wikan 1992; vgl. Spittler 2001: 20.

9 Vgl. Spittler 2001: 19–20.

bundenen und gefühlsbetonten Sufi-Islams in Pakistan, der von Pluralität und Hybridität bestimmt wird. Uns interessiert mit anderen Worten das Sensorium der Sufis und Gläubigen an Heiligenschreinen und die Art und Weise, wie dadurch Erfahrungen geformt werden. Dabei werden sowohl regionale kulturelle Prägungen aus dem Punjab und Sindh wirksam als auch tradierte Erscheinungsformen der Religion und Ästhetik des Islam. Im Zusammenhang der Riten eines devotionalen Islam, wie er für Südasien charakteristisch ist, stellen sich Fragen, ob einzelne Sinne stärker angesprochen werden als andere, ob eine Sequenz in der Stimulation von Sinneseindrücken festzustellen ist, inwieweit einzelne Sinne miteinander interagieren und welche Rolle religiöse Spezialisten in deren Gebrauch spielen.[10]

AUDITIVE ERFAHRUNGEN

Für Muslime im Allgemeinen und Sufis im Besonderen spielt das emotional berührende Hören rezitierter Koran-Verse eine herausragende Rolle. Das Hören erscheint wichtiger als das Lesen und Sehen; „das Organ, die Verse aufzunehmen, ist das Gehör".[11] Gläubige reagieren verzückt, ergriffen und beglückt auf die Wahrheiten der göttlichen Offenbarungsrede und ihres ästhetischen Wohlklangs.[12] Ein Mystiker aus Lahore erzählte mir, dass für ihn die Sure *rahmān* (55) und die Sure *yā-sīn* (36) ebenso wie der Gebetsruf die Qualität einer Klang-Therapie hätten, wenn sie mit schöner Stimme vorgetragen würden. An den Schreinen der Sufi-Heiligen wird jedoch nicht nur das heilige Wort zu Gehör gebracht – bspw. durch einen blinden Koranrezitator, den Vorbeter der angegliederten Moschee oder den regelmäßigen Ruf zum gemeinsamen Gebet –, sondern einzelne Ergriffene und Berufssänger tragen auch mystische Dichtungen laut vor. Solche performativen Rezitationen sollen die Hörer zu mystischem Erleben inspirieren.[13]

Eine wohlklingende poetische Sprache voller geistiger Tiefe vermag – ob sie gesungen, rezitiert oder gelesen wird – profunde ästhetische Erfahrungen hervorzurufen. Seyyed Hossein Nasr bemerkt dazu: „Persian Sufi literature contains what one could call the depiction of paradise, that is, it

10 Vgl. Howes; Classen 1991: 278–280.

11 Kermani 1999: 173.

12 Vgl. Kermani 1999: 365–425.

13 Vgl. Avery 2004.

creates a kind of celestial atmosphere for the soul to breathe in“[14]. Hauptthemen der Sufi-Dichtung in Persisch, Urdu, Punjabi, Sindhi und anderen Islam-Sprachen sind *tauhīd*, die Vergegenwärtigung der absoluten Einheit und Einzigkeit Gottes mit dem Ziel, schließlich in Ihm zu *entwerden*, und *ʿishq*, die glühende Gottesliebe, die in all ihrer Schönheit besungen wird. Während im Mittelpunkt der persischen Poesie die Trennung von dem Geliebten steht, wird in Urdu, Punjabi und Sindhi die Vereinigung besungen. Der Liebende erscheint dabei immer in Gestalt einer Frau, der Geliebte als Mann. Die Metaphern und Symbole, die Dichter oft in verschwenderischer Fülle verwenden, erlauben eine Annäherung an das göttliche Mysterium.

Abb. 2: Ein junger Qawwal singt bei einem Heiligenfest für den Gottsucher Bablo Sain; Februar 2013; Makli Hill bei Thatta, Sindh
(© J.W. Frembgen)

Unmittelbar neben den Grabmälern mystischer Lehrmeister finden neben dem Lesen und Rezitieren des Korans und poetischer Werke zu bestimmten Anlässen kollektive Riten des ekstatischen Gottgedenkens (*zikr*) statt; bei diesen Andachtsübungen gruppieren sich Mitglieder von Sufi-Orden um ihren Führer, um spezifische heilige Formeln rhythmisch zu wiederholen und oftmals laut zu intonieren.[15] Zum Klangraum vieler Heiligenschreine in

14 Nasr 1999: 5.

15 Vgl. Frembgen 2008b: 156–164.

Pakistan gehört neben solchen Rezitationen und Anrufungen das mystische Hören (*samā'*) gesungener Sufi-Verse in den Genres *qawwalī* (s.o. Abb. 2), *kāfī, sufiyānā kalām* und *qalandrī dhamālain.* Musik und der daraus oftmals entstehende Tanz schaffen eine intensive, rauschhafte Atmosphäre, in dem die Gläubigen – von trunkener Liebe zu Gott und den Heiligen überwältigt – den *Augenblick der Gegenwart* (*waqt-e hāl*) verwirklichen – Momente mystischer Ergriffenheit angesichts des Unsagbaren. Bei solchen Konzerten kommt es nicht selten zu veränderten Bewusstseinszuständen.

Am 6. Muharram des Jahres 1427, dem 5. Februar 2006 nach dem gregorianischen Kalender, wurde ich im Rahmen des jährlichen Festes am Todestag des Sufi-Heiligen Baba Farid ud-Din Ganj-i Shakar (gest. 664 Hijri, 1265 n.Chr.) in Pakpattan im Süden des Punjab Zeuge eines *qawwalī*-Konzertes (Abb. 3), das unweit des großen Schreins im Hinterhof eines Privathauses stattfand.[16] Bei den Teilnehmern handelte es sich in der Mehrzahl um Sufis des Chishti-Sabiri-Ordens; den Vorsitz dieser rituellen musikalischen Darbietung zu Ehren ihres verehrten Meisters führte der amtierende Shaikh, der an einem Ende des schmalen, überdachten, mit Rosenblättern bestreuten Hofes auf einem Kissen Platz nahm. Am anderen Ende gruppierten sich zehn Musiker, zuvorderst die beiden Hauptsänger. In ihrem kraftvollen und dichten Gesang rühmten sie den prominentesten Schüler von Baba Farid, nach dem ihr Ordenszweig benannt wurde. Nachdem der erste Sänger ein mystisches Gedicht intoniert hatte, folgte der zweite mit einer stakkatoartig vorgetragenen hymnischen Aufzählung der Eigenschaften des Heiligen, danach setzte der Chor mit Versen ein, die durch ihre Wiederholungen einen dichten Stimmenteppich webten, dann wieder Akklamationen des Leadsängers, immerzu vorangetrieben durch peitschendes Händeklatschen und die Schläge der Tabla. Die folgende Beschreibung versucht einen Eindruck von der Intensität dieser Musikerfahrung zu vermitteln, bei der mir die Struktur des *qawwalī*-Konzerts deutlich wurde:

> Nach einigen Läufen auf dem Harmonium setzen die Sänger ohne rhythmische Begleitung ein und singen abwechselnd poetische Verse – mitunter wie in einem Frage-Antwort-Spiel –, mit denen der spezifische Charakter des Liedes festgelegt und die Atmosphäre bestimmt werden. In der alaap-Phase herrscht relative Stille, und der Leadsänger oder Mohri, Safdar Ali Chan, schaut aufmerksam in die Gesichter der Hörer, um Reaktionen abzulesen. Er geht auf den emotionalen Ausdruck der Sufis, auf ihre Gesten und

16 Zum Folgenden siehe Frembgen 2010: 124–132.

verzückten Rufe ein, indem er einzelne Verse wiederholt, bestimmte Worte betont, das rhythmische Tempo des Vortrags steigert oder Zäsuren setzt. Ziel dieser ekstatischen Musik ist die Öffnung für die innere Wahrheit der mystischen Verse und schließlich das Erreichen eines anderen Bewusstheitszustandes, der zur Erfahrung des Göttlichen hinführt.[17]

Abb. 3: Die Qawwali-Sänger Safdar Ali Khan und Mubarak Ali Khan bei einem Heiligenfest; Februar 2006; Pakpattan, Punjab
(©: J.W. Frembgen)

Es folgten weitere vokale Meditationen mit Versen in Punjabi, in denen Baba Farid gepriesen wurde, während der Rhythmus unter Trommelschlägen und Händeklatschen stetig wuchs und – den Variationen der Solostimmen folgend – Fahrt aufnahm:

> Der Mohri lenkt und steigert den Fluss des ekstatischen Liedes durch die Verse, die er, von ausdrucksvollen Gesten begleitet, hymnisch vorträgt und die

17 Frembgen 2010: 127–128.

> vom Chor hypnotisierend wiederholt werden. Er beginnt jeweils langsam und erhöht dann sein Tempo. Während des Refrains, den er vorgibt und den anderen Sängern dann übergibt, schrauben sich die Stimmen hoch in die Sphäre der Engel zu einem jubelnden Lobpreis des Tschischti-Heiligen und gewinnen unter dem treibenden Rhythmus der pulsierenden Tabla-Schläge und des frenetischen Händeklatschens ungeheure Kraft und Intensität.
> Nach der Intonation wird der Rhythmus zur hauptsächlichen Matrix meiner Erfahrung. Mein Körper erschauert, an Waden, Schenkeln und Oberarmen fühle ich ein Kribbeln, als sei ich Stromschlägen ausgesetzt. Die Klänge tragen meine Seele hinweg, lassen mich in Landschaften jenseits der Rationalität reisen. Ich gerate in einen Zustand der Trance, einer totalen Erfahrung von Emotionen! Meine Augen füllen sich mit Tränen.
> Erst nach einer Weile finde ich zurück und schaue mich um – eine Stimmung der Verzückung und völligen Selbstvergessenheit hat uns alle erfasst, ergriffen haben einige ihre Augen geschlossen, wiegen ihre Köpfe und Oberkörper, werfen ihre Arme emphatisch nach vorne, seufzen und stöhnen. Einzelne Sufis reichen Geldscheine – immer ehrfurchtsvoll mit beiden Händen – durch die Reihen hin zum Scheich, über dessen Kopf das Geld mit einer kreisenden Bewegung gesegnet wird und dann nach vorne zurückwandert, um schließlich auf ein Harmonium gelegt oder vor die Musiker auf den Boden gestreut zu werden.[18]

Diese Beschreibung spiegelt nur eine Zwischensequenz des Musikrituals, das einem Höhepunkt entgegenstrebte, bei dem sich der Shaikh erhob – und mit ihm alle Anwesenden, einschließlich der Sänger – und langsam mit würdevollen Schritten auf die Musiker zuging und ihren, so möchte ich sagen, *spirituellen Dienst* mit der feierlichen Übergabe von Geldscheinen entlohnte. Das Zeitgefühl kam mir völlig abhanden, das Konzert dauerte weit über zwei Stunden. Anschließend fragte mich ein älterer Sufi, ob ich „Geschmack an diesem *samā*" gefunden hätte, und fügte hinzu, dass *qawwalī* „das Herz weich mache", es sei eine Musik, „die uns von der sichtbaren in die unsichtbare Welt fliegen lässt".[19] Ein Ausnahmezustand, eine Zeit des Rausches, hervorgerufen durch *deep listening*, die jeder von uns individuell erlebte, eine spirituelle Erfahrung, in der sich jeder selbst in einem Spiegel sah. Doch zugleich waren wir alle eingebunden in eine kollektive Stimmung der Verzückung, die eine *höhere Gnade* erfahren lässt.[20] Während solcher und ähnlicher Musikereignisse, denn man hört auch

18 Frembgen 2010: 129.

19 Frembgen 2010: 131.

20 Vgl. Hajjar 2018: 438.

Konzerte klassischer nordindisch-pakistanischer Musik mit dem *Ohr des Herzens*, werden viele Anwesenden *ergriffen*, was sie körperlich durch ein Kribbeln spüren, wenn sich die Körperhaare aufstellen, und mehr noch empfinden sie Schmerz und Wehmut, der zu Tränen rührt. Manche – sowohl Männer und Angehörige des „Dritten Geschlechts" (*khwājā sara, hijra*) als auch an einigen wenigen Heiligenschreinen Frauen – fallen in Trance (*hāl*) und tanzen mit ekstatischen Bewegungen. Es sind Zustände einer Übermächtigung durch die religiöse Wirklichkeit, die als Geschenke und Gnadenerweise Gottes gelten.[21] Sie verwandeln den Menschen und ergreifen ihn körperlich, führen zu einer Entgrenzung und Aufgabe des Egos, vermitteln ihm gar das Gefühl, leicht zu sein wie eine Feder. Tänzer, die ich in Sehwan Sharif, dem größten Wallfahrtsort Pakistans in der südlichen Provinz Sindh, dazu befragte, beschrieben *hāl* als ein „Sinken" oder „Eintauchen in den Ozean der Liebe", währenddessen sie die energetische Gegenwart des Sufi-Heiligen als Wärme oder Duft spürten.[22]

OLFAKTORISCHE ERFAHRUNGEN

Der Zauber des Duftes ist in der muslimischen Welt wohlbekannt; vor allem in der persischen Poesie dient er als beliebte Metapher. Der Duft ist, wie Annemarie Schimmel schreibt, „die Wunderkraft, die den fernen oder unsichtbaren Geliebten ins Gedächtnis ruft"[23]. Der große Dichter und Sufi-Meister Maulana Rumi (gest. 1273) besingt häufig die Düfte, so rühmt er im fünften Buch seines berühmten mystischen Lehrgedichts, dem *mathnavī*, Moschus und Ambra und dichtet: „Gewöhne deinen Bauch an duftende Pflanzen und Rosen, damit du die Weisheit und Nahrung der Propheten erhältst", ferner heißt es: „[d]amit du für die Liebenden wie der Geruch der Rose und ihr Führer zum Rosengarten wirst".[24] Anders als die angenehmen Düfte gehört jedoch Geruch an sich in der Poesie Rumis ebenso wie die Farbe zur Begierde und bleibt daher dem Diesseits verhaftet; Heuchler und Verbrecher verströmen einen solchen.[25] So ähneln abstoßende Eigenschaf-

21 Vgl. Frembgen 2016: 158.
22 Vgl. Frembgen 2016: 168.
23 Schimmel 1984: 58.
24 Rumi, Das Maṯnavī 2012: 30, 68, 174, 233.
25 Vgl. Rumi, Das Maṯnavī 2012: 246, 283; Schimmel 1995: 8.

ten dem Geruch von Knoblauch und Zwiebeln, den der Prophet Muhammad verabscheute.[26] Am schlechten Geruch erkennt man Übeltaten, der geistige Duft ist dagegen mit guten Gedanken verbunden.[27]

Aufgrund dieser moralischen Assoziationen wird in der islamischen Mystik der Duft zu einer Metapher für die Liebe zu Gott, ein Sufi atmet den Gnadenhauch Gottes, den *Duft des Einsseins*. Viele mystische Dichter loben den Dufthauch der göttlichen Liebe, so wie der hochverehrte Sultan Bahu (gest. 1691) in Punjabi: *Allāh chambe dī būti, mere man wich murshid lā'e hū.* – „Mein Meister pflanzte den göttlichen Jasmin in mich ein", und in der übernächsten Zeile: *Andar būti mushk machāyā, jān phullān te ā'e hū.* – „Als die Blüten sich entfalteten, strömte ihr Duft ganz durch mich hindurch."[28] Der ägyptische Shadhili-Shaikh Sharaf ad-Din al-Busiri (gest. 1296) rühmte den Duft des Propheten: „Kein Duft gleicht dem Staub, der seine Gebeine umschließt – selig, wer von ihnen einatmet oder sie küsst".[29] Eine verbreitete fromme Segensformel lautet: „Möge der Staub seines Grabes angenehm duften!" Den Heiligen – ob verstorben oder lebend – eignet im Islam wie im Christentum ein außergewöhnlicher Wohlgeruch, ein Aroma der Süße.[30] Dem Mund eines Heiligen entströmt ein süßer Duft. Damit wird vor allem Rosenduft assoziiert, von dem in der Poesie so oft die Rede ist, schließlich gilt die Rose als Sinnbild der immerwährenden göttlichen Schönheit. Ihre Destillate Rosenwasser und Rosenöl verkörpern Reinheit, Segen und Wohlgeruch.[31] Eine besondere Bewandtnis hat es mit *khushbu-ē 'Ali*, dem Duft des heiligen Ali, Cousin und Schwiegersohn des Propheten und erster Imam der Schiiten. Der indische Qalandar-Mystiker Shaikh Bu 'Ali (gest. 1324) unterzog sich der Überlieferung nach zwanzig Jahre der asketischen Übung, in einem Fluss zu stehen.[32] Danach fragte ihn Gott: „Hast du einen Wunsch?", und der Sufi antwortete: „Lass mich Ali werden!". Doch Gott entgegnete, dass dies unmöglich sei. Untröstlich stellte sich der Asket weitere zwanzig Jahre in den Fluss. Gott fragte ihn dann ein

26 Vgl. Schimmel 1995: 8.
27 Vgl. Schimmel 1995: 8–9; Classen u.a. 1994: 55, 130.
28 Elias 1998: 37.
29 Hajjar 2018: 181.
30 Vgl. Classen u.a. 1994: 52–54.
31 Vgl. Frembgen 2007.
32 Diese mündliche Überlieferung erzählte mir ein Derwisch am 9. Oktober 2008 im Konvent von Bodla Bahar in Sehwan Sharif/Sindh.

zweites Mal, aber dieser wiederholte seinen unerfüllbaren Wunsch. Gott teilte ihm daraufhin mit, dass er ihn nur zum „Duft Alis“ machen könne. Auf diese Weise erhielt der Heilige seinen Namen. Im Sindh umschreiben Sufis das Verlöschen des Egos und die Verschmelzung mit dem Göttlichen, indem sie rühmen, dass sich ein Suchender oder Wissender „im Duft der Heiligkeit auflöste“. Mystiker und Dichter haben ihre literarischen Werke nicht von ungefähr *Dufthauche der Schönheit*, *Hauche der Vertrautheit*, *Duftbrise der Seelen* oder *Jasmin der Liebenden* genannt.

In den Riten, die an den Schreinen der Sufi-Heiligen durchgeführt werden, sprechen Blumengaben eine sakrale Sprache (s.u. Abb. 4). Folglich spielen liebliche Gerüche eine wichtige Rolle: neben Rosenwasser (das bei Festen unter den Pilgern verspritzt wird), Weihrauch und dem indischen Aloe-Holz (*ʿud*) bspw. auch eine aromatische Paste aus lang duftendem Sandelholz. Am jährlichen Todestag eines Heiligen, der als *heilige Hochzeit* mit Gott gefeiert wird, reibt man das Kenotaph mit Sandelholz ein, anschließend wird dieser mit Rosenwasser gewaschen. Auf das Grab streut man Rosenblüten und andere Blütenblätter. Auch andere Sakralobjekte werden bei dieser Gelegenheit rituell mit Rosenwasser, Parfüm und anderen aromatischen Substanzen, z.B. Bündeln mit Basilikumblättern, gereinigt und mit Weihrauch beräuchert. Allenthalben glimmen Räucherstäbchen und erfüllen mit ihren feinen, grauen, rasch hochschwirrenden Rauchfahnen den Schreinbezirk. Hier Notizen einer Begegnung mit meinem jüngst verstorbenen Sufi-Lehrer Ashfaq Ahmad Khan (gest. 2018) aus Lahore, mit dem ich mehr als zwei Jahrzehnte regelmäßig Heiligenfeste und Konzerte klassischer nordindisch-pakistanischer Musik hörte:

> Während wir in seinem Musikzimmer Raga-Klängen lauschen, pflegte er Räucherstäbchen anzuzünden, deren Duft uns half, von der äußeren in eine innere Welt hinüberzugleiten. Die Bambusstäbchen waren mit ockerfarbenen und dunkelbraunen Pasten aus natürlichen Inhaltsstoffen überzogen, deren wohltuende Eigenschaften bereits in altindischen Ayurveda-Texten beschrieben werden: Rose, Jasmin, Lavendel, Safran und Naag Tschampa.
> Mein Freund bevorzugt handgerolltes Räucherwerk der Marke *Cycle Brand* aus Madras, das die Familie von N. Nanga Rao dort seit Generationen herstellt. […] [E]ine langsam glimmende Mischung, die ein reiches, süß-würziges Aroma entfaltet. Zu ihren Ingredienzen gehören Sandelholz, Kräuter, Harze und das Öl der Tschampak-Blüte.

Der Duft von *Cycle Brand* wurde über die Jahre für mich zu einem Erinnerungsträger, der Assoziationen zu den Räumen der traditionellen Musik Pakistans weckt.[33]

Abb. 4: Das mit duftenden Blumen geschmückte Bildnis des Sufi-Heiligen Mahlan Shah; November 2017; Lahore, Punjab
(© J.W. Frembgen)

Um Kontakt mit Geistern aufzunehmen, wird an Heiligenschreinen vor allem Weihrauch (*lubān*) verwendet. Mein Freund Baba Wali Mohammad Baloch, der in einem Slumviertel der Megametropole Karachi lebt und sich selbst scherzhaft *khushbū kā diwānā* – einen „nach Wohlgeruch Verrückten" nennt, praktiziert dort als magischer Heiler. Zu Beginn einer Séance lockt er durch Weihrauch seine Shidi-Heiligen sowie Geister und Dämonen herbei. Indem er den Rauch selbst inhaliert, gerät er in einen Trancezustand, um Aufschluss über die Notlagen und Krankheiten seiner Patienten zu gewinnen. Zunächst legt er einige Bröckchen *lubān* auf eine Räucherpfanne und stellt diese, um sie zu erhitzen, über die brennenden Öllämpchen in der Nische seines Hausschreins, der mehreren Heiligen seiner afro-pakistanischen Gemeinde, den

33 Frembgen 2010: 79.

Shidi, geweiht ist. Dann bindet er sich ein Tuch um den Kopf, stellt die Pfanne vor sich auf den Boden, inhaliert mehrfach und gerät sodann aufgrund seiner langjährigen Übung in wenigen Sekunden in eine kurze, heftige Ekstase, während der er die Worte *haqq, haqq Allāh* hervorstößt. Nun erscheinen ihm – wie er mir nachher erzählte – seine beiden, durch den Wohlgeruch magisch angezogenen *mokil*, unsichtbare Jinn-Fürsten, die ihm zur Seite stehen. In diesem außergewöhnlichen Bewusstseinszustand widmet er sich seinen Klienten. Mit Weihrauch – dem wichtigsten Medium der Kommunikation mit der Sphäre der Geister – räuchern die religiösen Spezialisten der Shidi bei ihren Ritualen auch die heiligen Trommeln (Abb. 5).

Abb. 5: Inhalieren von Weihrauch bei einem Heilritual der Shidis; Februar 2012; Karachi, Sindh (© J.W. Frembgen)

Im Kontext von Besessenheitstherapien atmen alle Anwesenden nicht nur Weihrauch ein und beräuchern teils ihren ganzen Körper und ihre Kleidung damit, sondern stecken sich auch einen zuvor in Parfüm getauchten Baumwollwulst an ihre Ohrläppchen. Nach ihrer Identifizierung werden die unreinen Geister durch den Wohlgeruch aus dem Körper herausgelockt und können durch magische Praktiken in Schach gehalten werden.

GUSTATORISCHE ERFAHRUNGEN

Derwische feuchten den Zeigefinger ihrer rechten Hand an, stecken ihn in die Asche des heiligen Feuers, das an vielen Grabmälern von Sufi-Heiligen glimmt, und essen ein wenig davon; fromme Besucher kauen Rosenblütenblätter, die auf das Kenotaph gestreut wurden, nehmen eine Prise heiligen Salzes, dem *Sitz der Wahrheit*, das sich in einem Behälter beim Grab befindet, essen Nüsse, Trockenfrüchte und Zuckerbällchen, die mit Segenskraft (*baraka*) aufgeladen sind, trinken heilbringendes Wasser, das dem Durstigen an jedem Schrein zur Verfügung steht. Manche essen gar ein wenig Graberde, am berühmtesten ist wohl die *khāk-e Karbala*, die heilige Erde vom Grab des schiitischen Märtyrers Imam Husain. Am Schrein von Shah Nurani in den Bergen Baluchistans essen Pilger Brotfladen, die in der heißen Asche des heiligen Feuers gebacken werden. An jedem größeren Heiligenschrein in Pakistan gibt es eine Freiküche (*langar*) für die Armen und Bedürftigen; dort werden in schweren, bauchigen Kochkesseln Linsengerichte, *biryāni* und Fleisch zubereitet, andernorts auch Brot mit Butter, süßer Reis und Fruchtsaft. Es gilt als religiös verdienstvoll, Essen zu spenden und dies bei einer Speisung selbst mit eigenen Händen zu verteilen (s.u. Abb. 6).

Bei bestimmten *Gottesfreunden* wissen die Besucher genau, welche Speisen der Heilige liebt und ihm als Opfergabe darzubringen sind. So etwa im Falle der Shidi-Heiligen in Karachi: Bava Ghor bringt man eine *malīda* genannte Speise dar, die aus Schmelzbutter, Brot und Zucker zubereitet und mit Kardamom aromatisiert wird, während seine Schwester Mai Nuri als Gabe Reis und Rohrzucker erhält. Alle Nahrungsmittel, die an der Ruhestätte eines hier lebendig anwesend gedachten Heiligen konsumiert werden, enthalten seinen Segen. So auch im Falle des in Makli im Sindh begrabenen, ursprünglich aus Kerala stammenden Hajji Baba (gest. 2011):

> Morgens gab es Tee mit einer Art Zwieback, mittags und abends Linsen mit Gemüse und Brot. Zuerst aßen die Männer, danach die Frauen und Kinder. Am Schrein wird diese einfache Mahlzeit bis heute nach Hajji Babas eigener Rezeptur aus Linsen und Gemüse gekocht, täglich zwei Kilogramm davon, die Leute nennen sie daal, obwohl sie nicht nur aus Linsen besteht. Nur wenige kennen den eigentlichen Namen dieses südindischen Gerichts, sambhar, das aus gelben Mung-Bohnen, Spinat, Kürbis und Tomaten zubereitet und mit grünem Chili, Tamarindenmark und Ingwer gewürzt wird. [...] Fast täglich klopften Besucher an das Tor seiner Einsiedelei. Babaji forderte sie dann zunächst auf zu essen, danach könnte man reden. Er beher-

zigte die Überlieferung des Propheten: ‚Gib den Menschen zu essen, dann sind sie glücklich.' Und er zitierte Rumi: „Frag nicht nach dem Glauben, gib Brot zu essen." Gastfreundschaft war daher Hajji Babas oberstes Gebot.[34]

Abb. 6: Verteilung segensreicher Speisen bei einem Heiligenfest; Februar 2013; Makli Hill bei Thatta, Sindh
(© J.W. Frembgen)

Eine besondere Rolle spielen Süßigkeiten (*mithai*), die fromme Besucher, deren Anliegen der Heilige erfüllt hat, an die Anwesenden verteilen. Sie geben einen Vorgeschmack auf die Freuden des Paradieses. Auch Derwische, die bei Heiligenfesten den sakralen Rauschtrank *bhang* genießen, nehmen, wenn sich die Wirkung der Droge nach ein bis zwei Stunden voll entfaltet hat, große Stücke braunen Rohrzuckers in den Mund, der zu einem enormen *Kick* verhilft. *Sabzi* zu konsumieren, so das indigene Codewort für den grünen Trunk aus zerstoßenen Cannabispflanzen, dient dazu, den *waqt-e hāl* zu verwirklichen, den Zustand der Entrückung und des Übergangs in die andere, verborgene Welt – eine Zeit der Entäußerung, in der die Trunkenen den Duft der Vereinigung einatmen.[35] Hier einige Gedanken und Beobachtungen während des Heiligenfestes am Schrein von Lal Shahbaz Qalandar (gest. 1274) in Sehwan Sharif im Sindh:

34 Frembgen 2017: 38–39.
35 Vgl. Frembgen 2008a: 119.

> [H]at nicht Rumi selbst den Rausch einen der „Bausteine des Jenseits" genannt? Und rühmen in seiner Heimat Afghanistan die Derwische nicht bis heute Haschisch als madschuun-e falakseer, als ein „Promenieren am Himmel entlang"? Der Qalandar jedenfalls scheint [...] das Erbe Shivas angetreten zu haben, der indischen Gottheit des Rausches, der Musik und des Ekstasetanzes, die früher in Sehwan in einem großen Tempel verehrt wurde. Shivas heilige Gabe ist die Wirkung des bhang, des Cannabis-Getränks. Sowohl für hinduistische Sadhus als auch für islamische Mystiker hat der Genuss von Haschisch sakralen Charakter. Er gilt als Schlüssel, der die Tür öffnet zum Raum der Einheit, dem erfüllten Sein in Gott. [...]
> Die morgendliche Prozedur des Haschisch-Zubereitens im Zelt ist ein kultischer Akt: sorgsam, geduldig, begleitet von Anrufungen an den Qalandar. [...] Dabei werden zunächst Mandeln mit Wasser versetzt und mit einem großen, mit Rasselringen besetzten Holzstößel in einem Mörser zerstoßen, danach gibt man Kardamom, Fenchel und schwarzen Pfeffer hinzu [...] [A]nschließend eisgekühltes bhang und viel Zucker sowie Pistazien, Melonen- und Kürbiskerne und Kümmel. Die Mischung wird zum Ende in ein Filtertuch gegossen und hindurchgepresst.[36]

Wenngleich die Verhaltensregeln der Sufi-Orden ihren initiierten Mitgliedern, dem Vorbild des Propheten Muhammad folgend, Genügsamkeit und regelmäßige Perioden des Fastens auferlegen,[37] also den Nahrungstrieb und besonders den Genuss von Fleisch bewusst bekämpfen, so wird ihre Lebensführung jedenfalls nicht nur durch Leibfeindlichkeit bestimmt. Von Qalandar-Derwischen weiß man, dass sie nach dem Fasten wahre Festmähler veranstalteten und dabei mitunter bis zum Erbrechen schlemmten.[38] Aber auch der große Sufi-Meister Rumi soll Süßigkeiten unter seinen Schülern verteilt haben, wie auf einer persischen Miniatur im *Museum of Fine Arts* in Boston zu sehen ist.[39] Abschließend sei erwähnt, dass es altindischer ästhetischer Theorie folgend auf dem Subkontinent auch bei einer Aufführung von Musik und Tanz für Künstler und Publikum darum geht, den ‚Saft' eines Raga zu extrahieren und ihn im Sinne einer Verkörperung von Gefühlszuständen zu erleben.

36 Frembgen 2008a: 79–80.
37 Vgl. Frembgen 2008b: 149–156; Reynolds 2000.
38 Vgl. Frembgen 2008b: 152–153.
39 Vgl. Sabri 2018: 104.

CONCLUSIO

In den eros-orientierten Riten der Devotion an den Gräbern der verehrten Gottesfreunde wird das Numinose konkret mit allen fünf Sinnen erfahren – in der religiösen Alltagspraxis, um sich dessen Heil- und Segenskraft (*baraka*) anzueignen, bei besonderen Festtagen jedoch sowohl im Kollektiv als auch individuell, um Schleier der Geheimnisse (persisch *pardehā-ye asrār*) wegzureißen, um in Zuständen mystischer Verzückung, Ergriffenheit und Trance einen Zugang, wenngleich meist nur in Ahnungen, zur anderen, jenseitigen Welt des Verborgenen zu finden. Diese inneren Erfahrungen werden also unmittelbar über die Sinne vermittelt und geschehen nur mit göttlicher Ermächtigung. Neben Sehen und Berühren dienen vornehmlich Klänge, Düfte und Geschmäcke als Brücken in diese Welt des *Unaussprechlichen.* Sie öffnen Türen zu sakralen Räumen, in denen sensiblen Gottsuchern Visionen, Lichterfahrungen und Traumbilder zuteilwerden, in denen Liebe und *tauhīd*, die Einheit und Einzigkeit Gottes, d.h. die beiden Wesenskerne des Sufi-Islam, auf ästhetisch-sinnliche Weise wahrgenommen werden können. Beim Besuch eines Heiligenschreins spielen Bilder, Farben, Ornamente und Formen der Architektur zwar eine wichtige Rolle, doch ist während der Riten das Hören der Sinn, dem – wie im Islam generell – höchste Bedeutung beigemessen wird. Die innige Berührung des Grabes und sakraler Gegenstände und das Umkreisen des Grabes prägen die alltägliche Huldigung des Heiligen. Dies gilt in besonderem Maße, wenn ein lebender Heiliger zum Fokus der Devotion wird, man küsst ihm ehrfürchtig die Füße, massiert seinen Körper, hängt an seinen Lippen. Obwohl ein Schrein durchwegs von einem Duft der Heiligkeit erfüllt ist, gehören Wohlgerüche vor allem zur rituellen Rezitation von Koran und Poesie sowie zur Musik. Sie erweitern das Panorama der Wahrnehmung. Ferner setzen religiöse Spezialisten vor allem bei kollektiven Riten den Geruchssinn gezielt als *Türöffner* ein. Der Geschmackssinn wird dagegen eher am Ende eines Ritus bzw. zum Ausklang eines Grabbesuches angesprochen. Schließlich gibt es außergewöhnliche Riten der Devotion, bei denen mehrere Sinne miteinander interagieren und eindeutige Zuordnungen schwerfallen, so etwa bei der jährlichen religiösen Waschung des Mausoleums von Sayyid Mughul Pir in dem Ort Jati unweit des Indus-Deltas mit Milch.

LITERATUR

Anmerkung: Wenn in diesem Text nicht ausdrücklich auf Belegstellen in der Literatur verwiesen wird, so handelt es sich um Ergebnisse eigener Feldforschungen in Pakistan.

Avery, Kenneth S.: *A Psychology of early Sufi samā'. Listening and altered states*. London – New York: RoutledgeCurzon 2004.

Classen, Constance; Howes, David; Synnott, Anthony: *Aroma. The Cultural History of Smell.* London – New York: Routledge 1994.

Elias, Jamal J.: *Death before Dying. The Sufi Poems of Sultan Bahu.* Berkeley u.a.: University of California Press 1998.

Ernst, Carl W.: *Words of Ecstasy in Sufism*. Albany: State University of New York Press 1985.

Frembgen, Jürgen Wasim: „Assemblage und Devotion: Macht und Aura von Objekten in muslimischen Heiligenschreinen im Punjab", in: Tobias L. Kienlin (Hg.), *Die Dinge als Zeichen: Kulturelles Wissen und materielle Kultur*, Bonn: Verlag Dr. Rudolf Habelt 2005, 171–177.

Frembgen, Jürgen Wasim: „Reinheit, Segen und Wohlgeruch. Beiträge zur Ethnographie von Rosenwasser und Rosenöl im muslimischen Orient", in: *Münchner Beiträge zur Völkerkunde* 11 (2007), 81–110.

Frembgen, Jürgen Wasim: *Am Schrein des roten Sufi. Fünf Tage und Nächte auf Pilgerfahrt in Pakistan*. Frauenfeld: Waldgut 2008a.

Frembgen, Jürgen Wasim: *Journey to God. Sufis and Dervishes in Islam.* Karachi: Oxford University Press 2008b.

Frembgen, Jürgen Wasim: *Nachtmusik im Land der Sufis. Unerhörtes Pakistan.* Frauenfeld: Waldgut 2010.

Frembgen, Jürgen Wasim: „‚Manchmal tanze ich auf Dornen!' Ekstase und Trance im Sufi-Islam", in: Michael Schetsche; Renate-Berenike Schmidt (Hg.), *Rausch – Trance – Ekstase. Zur Kultur psychischer Ausnahmezustände*, Bielefeld: transcript 2016, 157–175.

Frembgen, Jürgen Wasim: *Das Rätsel des Pfeils. Begegnungen mit Sufi-Meistern*. Frauenfeld: Waldgut 2017.

Hajjar, Ralf Osman: *Besuch der Gräber. Der sufische Kult um die Würde des Menschen in der Shādhiliyya-Tradition*. Hage: catware.net Verlag 2018.

Howes, David: „Sensorial Anthropology“, in: David Howes (Hg.), *The Varieties of Sensory Experience. A Sourcebook in the Anthropology of the Senses*, Toronto u.a.: University of Toronto Press 1991, 167–191.

Howes, David; Classen, Constance: „Sounding Sensory Profiles“, in: David Howes (Hg.), *The Varieties of Sensory Experience. A Sourcebook in the Anthropology of the Senses*, Toronto u.a.: University of Toronto Press 1991, 257–288.

Kermani, Navid: *Gott ist schön. Das ästhetische Erleben des Koran*. München: C.H. Beck 1999.

Nasr, Seyyed Hossein: „Persian Sufi Literature. Its Spiritual and Cultural Significance“, in: Leonard Lewisohn (Hg.), *The Heritage of Sufism: The Legacy of Medieval Persian Sufism (1150–1500)*, Vol. II, Oxford: Oneworld 1999, 1–10.

Paper, Jordan: *The Mystical Experience: A Descriptive and Comparative Analysis*. Albany: State University of New York Press 2004.

Reynolds, Gabriel Said: „The Sufi Approach to Food: A Case Study of Ādāb“, in: *The Muslim World* 90 (2000), 198–217.

Rumi, Maulana Jalal ud-Din: *Das Maṯnavī. Fünftes Buch. Moūlānā Ǧalāl ad-Dīn Rūmī. Der Prophet der Liebe*. Zürich: Edition Shershir 2012.

Sabri, Zahra: „Mystic Power. Why Sufism is not what it is made out to be“, in: *Herald* (Karachi) 51/4 (2018), 100–105.

Schimmel, Annemarie: *Stern und Blume. Die Bilderwelt der persischen Poesie*. Wiesbaden: Harrassowitz 1984.

Schimmel, Annemarie: *Vom Duft der Heiligkeit*. Steinfurth: Rosenmuseum 1995.

Spittler, Gerd: „Teilnehmende Beobachtung als Dichte Teilnahme“, in: *Zeitschrift für Ethnologie* 126/1 (2001), 1–25.

Stoller, Paul: *The Taste of Ethnographic Things. The Senses in Anthropology*. Philadelphia: University of Pennsylvania Press 1989.

Stoller, Paul: *Sensuous Scholarship*. Philadelphia: University of Pennsylvania Press 1997.

Wikan, Unni: „Beyond the Words. The Power of Resonance“, in: *American Ethnologist* 19/3 (1992), 460–482.

ABBILDUNGEN

Abb. 1: Schrein des Sufi-Heiligen Majnun Sain, einem Schlösschen gleichend; November 2009; Lahore, Punjab; © J.W. Frembgen.

Abb. 2: Ein junger Qawwal singt bei einem Heiligenfest für den Gottsucher Bablo Sain; Februar 2013; Makli Hill bei Thatta, Sindh; © J.W. Frembgen.

Abb. 3: Die Qawwali-Sänger Safdar Ali Khan und Mubarak Ali Khan bei einem Heiligenfest; Februar 2006; Pakpattan, Punjab; © J.W. Frembgen.

Abb. 4: Das mit duftenden Blumen geschmückte Bildnis des Sufi-Heiligen Mahlan Shah; November 2017; Lahore, Punjab; © J.W. Frembgen.

Abb. 5: Inhalieren von Weihrauch bei einem Heilritual der Shidis; Februar 2012; Karachi, Sindh; © J.W. Frembgen.

Abb. 6: Verteilung segensreicher Speisen bei einem Heiligenfest; Februar 2013; Makli Hill bei Thatta, Sindh; © J.W. Frembgen.

Valorous Hindus, villainous Muslims, victimised women: Politics of identity and gender in *Bajirao Mastani* and *Padmaavat*

Baijayanti Roy

This article analyses the different tropes through which two recent Hindi (Bollywood) historical films, *Bajirao Mastani* (2015) and *Padmaavat* (2018), both directed by Sanjay Leela Bhansali, create idealized pasts that speak to contemporary Indian politics.

The analyses presented in this paper will follow a cultural historical approach. It will consider memory, in this case social memories relating to particular legends, as a category of cultural history. The aim of this paper is to examine how shared memories related to two specific legends have formed communal identities, including particular socio-religious groups and excluding others and how "images of the past commonly legitimate a present social order."[1] Another cultural historical aspect that the article addresses is the process through which local group identities constructed around certain myths transcended their geographical boundaries, as they were adapted from oral and print mediums to so called "historical" films meant for a national audience. In case of the two films under discussion, this resulted in producing on screen "a symbolic narrative of the Hindu nation, one which rendered other identities subordinated to this privileged one."[2]

1 Connerton 1989: 3.
2 Vasudevan 1995: 2809.

INTRODUCTION

Bajirao Mastani is set in late medieval Maharashtra, while *Padmavaat* tries to bring alive a legend relating to early medieval Rajasthan. It is significant that both films are set in medieval India, which in popular perception is remembered as an era of „Islamic despotism". This representation is partially a legacy bequeathed by British colonial historians, who were often administrators posted in India who acted as on-the-spot hobby scholars. They presented this era as a dark one, characterised by the purported tyranny of Islamic emperors based in Delhi. Underlying this representation was the anti-Islamic bias of Victorian England which increased as British colonial interests clashed with Islamic regimes in parts of Asia in course of the 19th century.[3]

Muslim imperial dynasties ruling most of the Indian subcontinent were also characterised by these colonial historians as "foreign" since their origins could be traced outside India.[4] These historians omitted to mention that not only were these Islamic dynasties settled in India for hundreds of years, but also that unlike the British, they considered India to be their home. Therefore, the Muslim dynasties did not siphon wealth off Indian shores. The colonial historians tended to present Hindus as benevolent and passive, who could be persecuted for centuries by "Muslim despots". The underlying message was that the British colonizers "saved" the Hindus from Muslim tyranny.[5]

These colonial scholars also tended to represent the struggles of certain regional groups like the Rajputs and the Marathas against the centralised authority of the Islamic (Mughal) emperors based in Delhi during the medieval times as instances of Hindu nationalist resistance to Islamic rule, though such oppositions were motivated by political and territorial ambitions rather than religious nationalism.

These views of the pre-colonial past were disseminated among English educated Indian elite in course of the 19th century. By the end of 19th century, these elite groups, comprising mostly Hindu upper caste/class men, became imbued with nationalist ideals. Regional resistance to Mughal rule, already portrayed with heroic overtones by colonial historians, began to

3 Beckerlegge 1997: 245.
4 Mukhopadhyay 2013: 3.
5 Trautmann 2004: 66–67.

be represented by trans-regional Indian nationalists as proto-nationalist struggles.[6]

This nationalist interpretation of India's medieval, "Islamic" past was invoked for a non-elite, popular audience through novels and theatre. As the colonial state clamped down on freedom of expression through the *Vernacular Press Act* of 1876, novels and dramas meant to instil popular nationalism often presented acts of regional Hindu resistance against centralised Muslim rule as stand-ins for anti-colonial sentiments. The historical film in India was in some ways a continuation of these literary, theatrical and visual perspectives of the past.[7]

In post-independence Indian cinema, particularly the commercial Hindi films produced in Bombay or the so-called Bollywood cinema became a primary mediator of the national consciousness of the newly formed nation.[8] Films made in the Nehruvian era (1947–1964) – called so after the first prime minister of independent India, Jawaharlal Nehru's tenure – projected India's past as a pluralist one, in which Hindus and Muslims were both equally integrated in the Indian nation. However, though films in this era tried to champion the concept of Hindu-Muslim unity, popular stereotypes about the "Islamic medieval age" did not disappear. Probably due to the post-colonial nation's need to focus exclusively on the present, historical films as a genre almost disappeared from the national cinematic oeuvre for a few decades from the 1970s.[9]

During the 1980s, the rise of *Hindutva* (literally: "the essence of being Hindu") or Hindu nationalist politics that aims to transform India from a pluralist to a religiously homogenous state, brought history back into national discussion. Ethnic insurgencies demanding secession from the Indian union through violent agitations began to take place in different parts of the country like Kashmir and North East during this decade. The cycles of violence resulted in political uncertainties that made many Indians long for a strong authoritarian state with a dominant Hindu ethos as the unifying basis of the nation.[10] *Hindutva* politics seemed to offer exactly such a unifying

6 Mukhopadhyay 2013: 3.
7 Mukhopadhyay 2013: 61–62
8 Chakravarty 1993.
9 Chakravarty 1993: 61–62.
10 Mubarki 2014: 255–267.

majoritarian ethos. This brand of politics reached a high point after a Hindu nationalist mob destroyed a 16th century mosque at the north Indian town of Ayodhya in December 1992. The destruction of the mosque unleashed a wave of Hindu Muslim riots in different parts of India, leading to a consolidation of communal identities. The tolerance and secularist ethos promoted during the Nehruvian era was seen by many as completely inadequate in dealing with the politically volatile situation.

At the same time, Nehruvian socialist economy gave way to unbridled consumerism following the liberalisation of India's economy in 1991, leading to the growth of an affluent Indian middle class, among whom the messages of Hindu nationalism found a certain resonance.

Bombay film industry answered the market demands created by the changes in political-economic situation by projecting a kind of ethnic nationalism on screen through visually spectacular films that equated Indianness with Hinduness. The film *Jodha Akbar* (2008) directed by Ashutosh Gowarikar, was the first significant film of the new millennium which brought these contemporary concerns to the screen through the prism of medieval history. The two films under discussion continue this trend.

BAJIRAO MASTANI IN HISTORICAL MEMORY

Bajirao Mastani is adapted from the Marathi novel *Rau*, written by N.S. Imandar (1972). It is about a popular tale of love between two historical figures, Bajirao I (1700–1740), general and Peshwa (prime minister) to king Shahu of Maharashtra, and Mastani, believed to be a daughter of the Hindu king Chhatrasal and his Iranian mistress.

The film portrays the Peshwa's relationship with Mastani in the face of opposition from his orthodox Brahmin family and the local Brahmin community. Mastani is considered to be unworthy of the Brahmin Peshwa due to her mixed parentage. She is eventually kept under guard by the family of Peshwa while he is away on a military campaign. The film ends with the illness and death of Bajirao during this campaign and the simultaneous, inexplicable death of Mastani in captivity.

Bajirao I is considered by many to be the greatest Maratha leader after the iconic king Shivaji (1627–1680), who was promoted by Indian nationalists as a Hindu nationalist icon from 19th century onwards. The extolling of Bajirao as avenger of Hindu pride started from mid-19th century onwards when Marathi speakers began searching for a nationalist past.[11] This was the backdrop to the publication of the first play about the doomed romance of Bajirao and Mastani, written by N.B. Kantikar in 1892. The popularity of this drama led to the publication of plays and novels on this theme, well into the 20th century.[12]

The inadequacy of historical information on Mastani was supplemented by imagination in such representations which portrayed her with many attributes – beauty, mixed parentage, adherence to the syncretistic *parnaami* sect which did not distinguish between castes or religions. In popular imagination, she became an exotic Iranian beauty, a temptress who was equally accomplished at horse riding and dancing, at the same time being a loyal wife and a heroic mother.[13] Bajirao's military achievements also came to be magnified.[14]

Imandar's novel *Rau* belongs to this literary tradition. But it can also be situated in the political context in which it was written. The novel appeared not long after the violent Bhiwandi riots between Hindus and Muslims in 1970, in which the Hindu/Maratha chauvinist outfit, *Shiv Sena*, was accused of committing acts of brutalities against Muslims.

By the time Bhansali's film appeared in 2015, *Shiv Sena* had become entrenched as a Hindu far right party, which consistently formed electoral coalitions in Maharashtra with the more moderate Hindu nationalist *Bharatiya Janata Party (BJP)*. This alliance was temporarily broken in the Maharashtra state elections in 2014. *Shiv Sena* initially refused to join the *BJP* government but eventually did so as a junior partner. This political situation seems to cast its shadow on Bhansali's film.

BAJIRAO THE HINDU NATIONALIST LEADER

Bajirao Mastani opens with the disclaimer that the film does not claim to be historically accurate and that it does not intend to hurt the sentiments of any community. The first scene makes the need for a disclaimer clear. Bajirao (Ranveer Singh) is shown on horseback commanding his army, while

11 Deshpande 2007: 82; 93.
12 Chari 2015.
13 Chari 2015.
14 Deshpande 2007: 30–31.

the voiceover claims that the Peshwa's sword was like lightening, his determination was like the Himalayas, his appearance reflected the vigour of Chitpavan Brahmins and his dream was to hoist the Maratha flag in Delhi.

Bhansali's *Bajirao* seems to emerge from the pages of the book, *Hindu pad-padshahi*, written by Vinayak Damodar Savarkar, one of the pioneers of Hindu nationalist politics. Savarkar wrote: "Bajirao after the conquest and settlement of Gujarat, Malva and Bundelkhand [...] was not likely to cry halt there forever. His aim was a consolidated Hindu Empire that should embrace all Hindustan in its sweep."[15]

This Hindu nationalist interpretation becomes evident as Bajirao expresses his ambition of fulfilling king Shivaji's dream of *Hindu Swaraj* (Hindu sovereign rule) and breaking the yoke of "foreign" (which can only be interpreted as Muslim) rule.

Shivaji's iconic status remains undisputed in popular memory, though scholars point out that his use of Hindu symbols and religious idioms to legitimise his rule was aimed more at Maratha chieftains and less at the Muslim rulers, with whom his enmity was political rather than religious.[16] The *Swarajya* (literally sovereign kingdom) espoused by Shivaji did not represent an absolute sovereignty over specific territories but referred to Maratha claims to revenue that frequently overlapped with Mughal claims. The Marathas in course of the 18th century established their sovereignty over large parts of India, but they did so without denying the legitimacy of Mughal domination.[17]

IDEALIZED REPRESENTATION OF MARATHA POWER

Bhansali uses a range of visual tools to project the notion of a united, powerful and centralized Hindu Maratha "empire", though such a "normative centralised authority was hardly a reality in the 17th and 18th century".[18] The court of Shahu looks staggeringly opulent, comparable to the Mughal court at its prime. Historians claim that Shahu was indeed influenced by the

15 Savarkar 1981: 124.

16 Shirgaonkar 2010: 12; 14.

17 Shirgaonkar 2010: 12; 14.

18 Deshpande 2007: 42.

Mughal royal lifestyle and tried to emulate it, but his display of wealth and power always moderate. However, Shahu's court appears insignificant compared to the optical extravaganza that is Shaniwarwada, the residence of the Peshwas built by Bajirao at Pune. This representation seems to be Bhansali's own, since Shaniwarwada was described by European observers as "meagre specimen of architecture"[19] compared to the North Indian palaces which the Peshwas tried to emulate.[20]

One wonders if such ostentation mise-en-scene glorifying the Maratha polity can be ascribed only to Bhansali's well known penchant for grandiose visuals or to an urge to bring alive a Hindu aesthetics of power on celluloid. The repletion of Hindu religious iconography in the Shaniwarwada, like an oversized, awe inspiring image of the elephant headed god Ganesh hovering behind the Peshwa's throne certainly hints at the latter possibility.

The film shows an expanding Maratha kingdom completely independent of the Mughal emperor in Delhi and advancing the cause of Hindu nationalism, through images of the saffron flag (saffron being the colour associated with political Hinduism) spreading over large tracts on a map of India. This is indeed a Hindu nationalist fantasy: Shahu willingly remained a tributary of the Mughals. Bajirao, despite profiting at the cost of the Mughals, professed his allegiance to the Mughal emperor as late as in 1739.[21]

Hindu valour and religious pride are manifested through scenes of Bajirao leading his cavalry headlong into battle. This is a cinematic innovation, since Maratha tactics did not entail direct confrontation but severing the supply lines of their opponents, mostly by raiding the surrounding cities and lands. The Marathas were seen more as ruthless plunderers than as Hindu liberators by the people of the raided territories.[22]

19 Shirgaonkar 2010: 23.
20 Shirgaonkar 2010: 23.
21 Gordon 1993: 127–129.
22 Gordon 1993: 127–129.

BRANDING THE "OTHER"

The evocation of a Hindu nationalist past on screen necessitates "othering" the Muslims through exoticization, marginalization and demonization, as scholars Kalyani Chadha and Anandam P. Kavoori have pointed out.

Muslims have been traditionally represented as the "Other" in Indian mainstream commercial films. Even in the secular Nehruvian era, Muslims were mostly depicted in terms of their exoticism, particularly in historical films where Muslim elites were portrayed in lavish sets and captivating court dances as representatives of a lost aristocratic world. In the films of 1970s and 1980s Muslim characters were increasingly marginalized. They were cast in limited roles to depict certain Muslim stereotypes like the Imam or the courtesan. With the rise of Hindu nationalism, a series of ultra-nationalistic films dating from the early 2000s brought the Muslim characters back on screen, typically as "anti-nationals," by conflating Islam with terrorism and Muslims with Pakistan".[23]

In this film, Mastani (Deepika Padukone), from the time she forcefully enters Bajirao's camp dressed as a sword-wielding soldier, entreating military help, is signified as the "Other" – not just in terms of ethnicity/religion, but also through gender codes.

During the nationalist movement, women's roles as chaste wives and devoted mothers came to be idealized by many of the upper caste men who were leading this movement. Women as wives and mothers represented home, which was construed as a spiritually pure inner domain of India that was untouched by British colonialism since family lives continued to be based on indigenous traditions.[24]

Mastani is introduced in the film as an antithesis/Other to this feminine ideal. She fights side by side with Bajirao; the battle is won. As Bajirao spends the next few days at king Chhatrasal's place, the couple falls in love. The exoticization of Mastani entails her possessing fighting as well as dancing skills. She performs before Bajirao at her father's court a resplendent song and dance sequence that recalls Bollywood films from the so-called "courtesan genre".[25] Like the female protagonists of such films, Mastani is beautiful and alluring, exudes sexuality and independence of

23 Chadha; Kavoori 2008: 131–145.

24 Sarkar 2001: 43.

25 Chakravarty 1993: 269–270.

spirit but is "pure" at heart, offering her love to only one man to whom she stays true despite great personal sufferings.[26] Bhansali uses aspects of courtesan films, in which most of the leading ladies were Muslims, to shape Mastani's identity.

While Mastani wears a "Hindu" dress at her father's court to celebrate the Hindu festival Holi, the dance, which she performs after travelling to Pune to offer herself to Bajirao, is more pronouncedly Islamicate. This sequence is set in an opulent hall with mirrors, reminiscent of the Mughal *sheesh-mahal*. Mastani's reflections in the mirrors all around "reinforces the notion of slave woman as spectacle".[27]

In this dance, Mastani wears manifestly Islamic costume and jewellery and dances to vaguely Arabic music, playing a string instrument that is popularly associated with "Islamic" rather than "Hindu" musical traditions.

Though Mastani's mixed parentage is referred to early on – she once calls herself a Rajput and her father claims that she prays to Krishna as well as to Allah – the film progressively renders her inflexibly Muslim. She is thus doubly marginalised: as courtesan "she represents a socially unacceptable sexual but non-reproductive femininity".[28] As Muslim she is positioned outside the great Hindu nation that the Peshwa intends to defend.

THE NATION AS GODDESS

This "Otherness" of Mastani comes to the fore as a contrast to Kashibai, Bajirao's wife (Priyanka Chopra). Indian anti-colonial movement imagined the emergent nation as a mother goddess, *Bharat Mata* (literally: Mother India), a distinctly gendered and Hindu imagery. Though early nationalists imagined *Bharat Mata* as serene and peaceful, the image was gradually co-opted by the Hindu nationalists who envisaged her as carrying a saffron flag and riding a lion, reminiscent of the goddess Durga.

Unlike Durga, however, Bharat Mata does not actually fight. It is implied that she needs to be protected by her sons. Kashibai seems to personify Bharat Mata as she dances with the saffron flag and wears a military headgear. This iconic representation had no bearing to her constrained posi-

26 Dwyer 2006: 116–122.
27 Chakravarty 1993: 172.
28 Dwyer 2006: 118.

tion in the Brahmin patriarchy that was Peshwa rule, just as the imagery of the lion riding mother goddess as nation did not empower ordinary Indian women. Presumably because she represents *Bharat Mata*, Kashibai is not sexualised in the film. Also, presumably due to the same reason, Kashibai is depicted as the noblest among the three protagonists.

Mastani in comparison suffers a steady stream of humiliation. In course of the film, her overt sexuality and agency – so-called courtesan like traits – disappear, being replaced by docile submission to Hindu patriarchy. The gendered and communal codes of this film conflate in a scene where Bajirao comes to meet Mastani on a stormy night. Mastani, covered in black from head to foot, appears stereotypically Islamic. Bajirao warns her that by entering a relationship with him, she would get neither status nor respect, only social ostracism. Mastani assents to the demeaning conditions and the Peshwa proclaims her to be his second wife. Henceforth, Mastani lives in precarious subservience to the Peshwa who fails to provide her with either dignity or physical safety as his family attempts to eliminate her.

Mastani seems to be emblematic of the model Indian minority, living in self-effacing isolation, which is interrupted temporarily when Kashibai invites her to take part in a Hindu ceremony and presents her a sari and other hallmarks of Hindu married women. As she accepts the Hindu tokens and her implied social inferiority to Kashibai, Mastani is allowed to be a guest at Shaniwarwada. She thus becomes a peripheral citizen of the Hindu nation. The two women form a bond by dancing together at the Peshwa's palace, signifying their joint obedience to the leader of the Hindu nation. Such a bond also appears to legitimize polygamy.

Kashibai is not shown to reciprocally participate in the festival of Id with Mastani. It is the Peshwa who defies Brahmin orthodoxy by celebrating Id with Mastani and proclaiming that he has no enmity towards Islam. He plays mid-wife, delivering Mastani's son whom he names Shamsher Bahadur (a historical character) after the Brahmins refuse to accept the newborn as a Hindu. The film uses these elements from both scholarly history writing and popular memory to produce a complex narrative, which resists straightforward communalization. However, communal tropes persist, for example, with colour codes. The colours green and black, associated with Islam, repeatedly symbolize the enemy. The film ends with Bajirao hallucinating in his death bed about invading enemy forces carrying green flags and wearing black costumes.

Bajirao signifies the ideal Hindu leader of contemporary India, who is ready to protect the "good" among the religious minorities from the excesses of Hindu fundamentalists, while ruthlessly vanquishing the "bad" elements, or the insubordinate Muslims like the Nizam, who has been demonized as a treacherous villain in the film. History notes that Bajirao and Nizam enjoyed a cautious friendship till their political ambitions came in the way.[29]

The rift between Bajirao's iconoclastic majoritarianism and the bigotry of the Brahmins can be interpreted in *Bajirao Mastani* as the differences between the hard-line *Hindutva* of the *Shiv Sena* and the more moderate politics of the *BJP* which won not only the state elections in Maharashtra but also the national elections in 2014.

PADMAAVAT: MYTH AS HISTORY

While *Bajirao Mastani* presents a somewhat nuanced and complex narrative mirroring the beginning of Hindu nationalist political ascendancy in India, Bhansali's latest film, *Padmaavat* seems to uncritically project a Hindu nationalist discourse that dominates most of the political and cultural space in today's India.

Padmaavat claims to be inspired by the eponymous ballad written by the Sufi poet, Malik Muhammed Jayasi, in around 1540. One of the central characters of the narrative is queen Padmavati of Mewar, Rajasthan, whose legendary beauty led the Muslim emperor Alauddin Khilji to lay siege on Chittor, the capital of Mewar. Alauddin Khilji is a historical character, who conquered Chittor in 1303. Padmavati is not mentioned in any historical sources but she is assumed to be a historical character in Indian, particularly Rajput cultural memory.[30]

In Jayasi's *Padmaavat*, Ratansen, the prince of Chittor, learns of the incredible beauty of Padmavati, the princess of Sinhala (presumably Sri Lanka) from his parrot, Hiraman. Intending to win her, he travels to the distant island. After a series of adventures, he marries her and brings her to Chittor. When Ratansen banishes a wily Brahmin, Raghav Chetan, from his

29 Wink 1986: 73.

30 Sreenivasan 2007: 222–224.The historiography of the *Padmaavat* legend provided here follows Sreenivasan`s outline.

court, the vengeful pundit approaches Sultan Alauddin and urges him to capture the queen. After a long siege of Chittor, Alauddin offers a truce. Ratansen invites Alauddin to his palace, where the Sultan manages to steal a glimpse of the beautiful queen. Intending to possess her, Alauddin imprisons Ratansen through treachery. The king is subsequently rescued by Gora and Badal, two noblemen of Chittor. In the meantime, Devpal, the Rajput ruler of a neighbouring kingdom sends a marriage proposal to Padmavati, which she refuses. After his freedom from captivity, Ratansen learns of Devpal's marriage proposal and declares war on him. Both kings die in the ensuing battle. Padmavati and Nagamati, Ratansen's first wife, commit *sati*, i.e. they immolate themselves on the funeral pyre of Ratansen. Alauddin resumes his siege and conquers Chittor. The men of Chittor perish fighting him and the women commit mass immolation or *jauhar*.

Jayasi claimed that his *Padmavat* was an allegorical Sufi tale, in which the parrot, Hiraman, symbolised a spiritual guru, Padmavati the eternal wisdom which can be obtained through love (as Ratansen did) and not by force, which Alauddin unsuccessfully tried. The poem, dedicated to the reigning emperor Sher Shah, probably also reflected Rajput anxieties about Sher Shah's expansionist policies. Between late 16th to early 18th centuries, several renditions of the *Padmavat* legend were written and circulated in various parts of India. The legend had a particular resonance in medieval Rajasthan, where Rajput rulers felt threatened by the territorial annexations of the Mughal emperors of Delhi.

Unlike Jayasi's *Padmavat* which focussed more on the adventures of Ratansen before marrying Padmavati, the Rajput narratives revolved around the conflict of the Rajput king and the Muslim emperor. In such chronicles, Alauddin Khilji was demonised as an uncivilized, immoral Muslim invader, a contrast to the brave and virtuous Hindu Rajput royalty. King Devpal disappeared altogether, since the focus shifted to a Muslim versus Hindu binary. Among the Rajput narratives, the version written under the auspices of the Sisodia clan, which ruled Mewar, assumed particular importance. This was probably because the Sisodias, in their search for a heroic past to legitimise their political ambitions, claimed Padmavati as their ancestor.

The Sisodia version was given colonial legitimacy by James Tod, Resident of the East India Company at Udaipur from 1818–1823, through his book, *The Annals and Antiquities of Rajasthan* (1829). Tod's version was taken up as history by English educated nationalists in early 20th century, particularly in Bengal, where this tale was adapted to suit a patriotic quest for a glorious past in order to forge a national community. Bengal was at the time in throes of the nationalist *swadeshi* (literally: indigenous) movement that developed as a response to the threat of partition of Bengal in 1905 by the colonial ruler. Several fictional versions of this legend were published in Bengali, where the queen was presented as an icon of Hindu feminine virtues and a symbol of national honour.

As already mentioned, the nationalist movement recast the middle and upper class/caste Hindu women as the spiritual and pure inner essence of the Indian nation.[31] Padmavati/Padmini came to symbolise the Mother Goddess/Nation who combined both victimhood and feminine power in her act of self-immolation. This glorification of her suicide reflected the emergent nationalist gender code, in which women's bodies came to symbolise the nation's virtue.

Following Tod's version as well as their imbibed anti-Islamic prejudices, the Bengali nationalist writers also demonized Alauddin Khilji as a villainous and lustful Muslim invader, a contrast to the courageous and honourable Rajputs who seemed to represent the entire Indian/Hindu nation. These qualities of the Rajputs, attributed to them by British colonizers and propagated by the Rajputs themselves, eventually became integrated in nationalist political discourse.

Though Bhansali's film claims to be inspired by Jayasi's poem, it follows the lines of Tod and the nationalists. This film also opens with a disclaimer about historical authenticity and communal sentiments. An additional disclaimer announces that the film does not want to glorify *sati* and such practices. As with *Bajirao Mastani*, the disclaimers are preventive measures.

A STUDY OF CONTRASTS

The film introduces Alauddin Khilji (Ranveer Singh) as a ruthless, rapacious savage, who looks unkempt and wild and is a screen stereotype of the "barbaric Muslim invader". Bhansali stresses on the Afghan origins of Alauddin Khilji by locating him in a hillside fortress with ominously dark and bleak interiors, conjuring up a sinister atmosphere. The Khilji royal

31 Chatterjee 1990: 233–253.

palace in Delhi is similarly gloomy, suggesting malevolence. By contrast, the lush tropical jungle in Sinhala where the king of Mewar, Rana Ratan Singh (Shahid Kapoor) meets princess Padmavati (Deepika Padukone) presents the island as an abode of Buddhist nirvana, though medieval Sri Lanka was neither purely Buddhist nor completely pacific.[32]

This is a story of the subterranean chemistry of Alauddin and Padmavati, who never directly meet but who are locked into a relationship of desire and its negation. The two parallel lives on screen mirror the way the ideal Hindu nation is constructed through exclusion and inclusion. Alauddin is shown to be a Muslim invader who remains an outsider to the nation, while Padmavati, the princess from a distant island, quickly wins over the hearts and minds of the Rajputs. The film allows her to assimilate while denying him the opportunity, though historians claim that Khilji created the first real Indian empire after the Mauryas of ancient India, where he ensured political unity.[33]

As a contrast to Muslim evilness, Rajput glory is brought out through opulent, well-lit interiors of the fort of Chittor. Alauddin is depicted as bestial and uncouth, gnawing into mounds of meat. Notably, meat eating has a negative connotation in the cultural politics of *Hindutva* which erroneously claims vegetarianism to be a pure Hindu practice. The Rajput king is presented as a sophisticated and presumably vegetarian diner. A homo-erotic relationship between Alauddin and his slave Malik Kafur (a historical character) is portrayed as another proof of the sultan's depravity. Malik Kafur was a historical character, whose relationship with Alauddin supposedly had a sexual dimension. Such relationships were neither uncommon nor prohibited in pre-colonial India.[34]

Repetitive, dramatic monologues on Rajput honour and chivalry are spouted regularly, mostly by Ratan Singh, who apparently epitomises these virtues. Though he completely ignores his first wife, Ratan Singh is portrayed to be respectful to women whereas Alauddin is shown to treat women merely as objects of lust. Ratan Singh lets Padmavati take the audacious decision to show herself, albeit as mirror reflection, to Alauddin, in violation of the prevalent norms of female seclusion. This agency given to

32 Gier 2014: 45–66.

33 Salam 2017.

34 Kugle 2002: 30–46.

Padmavati is the legacy of the Bengali nationalists. In the early Rajput renditions of the legend, the queen had no autonomous voice.[35] The mirror scene appeared first in Tod's account and has become iconic ever since.[36] During the film's shooting, the Rajput fundamentalist group *Karni Sena* protested against this scene, claiming that depiction of the Muslim emperor gazing at Padmavati's mirror reflection tarnishes her honour. Bhansali has placated this group by obscuring Padmavati's reflection with the vapours arising from a cup of concoction which she holds in her hand.

Rajput's integrity as foils to Muslim dishonesty is advertised through several narrative devices: Gora and Badal, who occupy significant places in the Rajput memorial culture, die heroic deaths fighting Alauddin's army. Ratan Singh is also made into a tragic hero: he is hit by arrows from behind as he almost wins a sword fight against Alauddin. Thus, Rajput defeat in battle thus turns into a moral victory.

In *Padmaavat* as in *Bajirao Mastani*, colours make political statements. Alauddin and his soldiers always wear black. His soldiers appear to be all Muslim, though imperial armies in medieval India were multi-religious and multi-ethnic. The Rajput army, apparently comprising only Hindus, turn out as a sea of saffron. The Khilji banner, deep green with a crescent moon, is reminiscent of Pakistan's flag. Bhansali seems to follow not only the early nationalist portrayals but also the recent Bollywood trend, where Indian Muslims are portrayed as outsiders whose loyalties seem to belong to a *jihadi* network whose centre is Pakistan.[37]

GENDER CODES FOR GLOBAL BOLLYWOOD

Padmavati, like Mastani, is introduced to the film as a warrior princess on a hunt. Unlike Mastani and like Bharat Mata, Padmavati never fights. Contemporary Bollywood films, meant for an audience with global consumerist tastes, even in cases of cultural icons like film stars, currently face a dilemma. The "new Indian woman" is expected to follow the standards prescribed by the global beauty industry. However, it is not desirable that she by extension follows the "western" sexual and behavioural mores, since

35 Cherian 2017.

36 Sreenivasan 2007: 142–143.

37 Chadha; Kavoori 2008: 141–142.

such a way of life would threaten the patriarchal order of the Hindu family, which is an important site of the *Hindutva* ideology. New age Bollywood films have addressed this dilemma by presenting heroines who are beautiful according to international norms, but who remain committed to the Hindu patriarchal familiar norms.[38] Thus, while Padmavati looks like an international super model, she wears resplendent traditional Rajasthani dresses and jewellery that gives her an 'ethnic designer' look which is however not sexualised.

Mehrunnissa, Alauddin's wife, represents the Hindu nationalist stereotyping of Muslim women as victimised, oppressed and ill-treated by men of their community and handled with distant respect by Hindu men.[39] Representations of traditional festivals in Bollywood films signify a community's cultural identity and the role of women as preservers of this identity.[40] In this film, Padmavati takes part in a traditional dance in the women's quarter, where the only man present is her husband. The Rajput queen is thus presented as a virtuous Hindu wife, unsullied by (other) male gazes. The scene of Padmavati playing Holi with her husband reinforces her role as a devoted Hindu wife, touching her husband's feet in obeisance.

Padmavati's identification with *Bharat Mata* is reflected in her comment, justifying her travelling to Delhi to free her husband that the goddess Durga had to come down to earth to fight the demon. This transgression of the prevalent gender code, found only in Tod's version, is temporary.[41] After returning to Chittor with her husband, Padmavati reverts to her place in the patriarchal cosmos. She asks for her husband's permission to perform *jauhar* as a worst case scenario. The agency provided to Padmavati in the film is thus used to uphold the honour of the Hindu nation and its patriarchal codes.

38 Banerjee 2017: 8–11.

39 Agarwal 2002: 92.

40 Vishwanath 2002: 42

41 Sreenivasan 2007: 222–224.

GLORIFYING DEATH

The act of *sati* from Jayasi's narrative was replaced by *jauhar* in Tod's version. *Sati* or self-immolation by a widow on her husband's funeral pyre was an act associated with wifely chastity and devotion. The word refers both to the practice and the practitioner.[42] *Jauhar* or mass immolation was usually performed by Rajput queens and noblewomen in exceptional circumstances, in order to avoid becoming booties to the enemy.[43] By late 19th century, the scorched earth policy of *jauhar* was conflated with the act of *sati* and presented by nationalists as Hindu feminine resistance to sexual aggression, usually from Muslims. This issue has a loaded connotation in contemporary India, where "love-jihad", a supposed campaign by Muslim men to seduce Hindu women, has become a rallying cry of the Hindu right wing to rouse anti-Muslim sentiments.

The elaborate and spectacular *jauhar* scene in *Padmaavat*, where scores of women, dressed in bridal red, move determinedly towards a raging fire, is a commemoration of a misogynistic code of honour in which women's bodies symbolise a community or nation's prestige and self-immolation is validated as preservation of purity. In order to render this morbid spectacle an aura of feminine empowerment through an invocation of *shakti* or feminine power associated with Hindu goddesses, the film shows women defiantly chanting *Jai Bhavani* ("Hail to goddess *Bhavani* or Durga"). The invocation of *Shakti* has a special purpose in contemporary *Hindutva* politics. It has been used to mobilise women in electoral constituencies as well as in violent campaigns against Muslims, where women have been very active in recent years.[44]

The film ends with Padmavati's silhouette symbolically entering the fire. The earlier disclaimer is belied as the voiceover claims that because of her heroic act, Padmavati is venerated in India as a goddess. Indeed, there is a *jauhar mela* or celebration of *jauhar* in Chittor every year to commemorate the act of *sati* performed by Rajput women through the ages, among whom Padmavati/Padmini enjoys a special distinction[45] The legend of Padmavati, so deeply entrenched in India's cultural memory, has been used

42 Major 2010: xix.

43 Sreenivasan 2007: 185.

44 Sarkar 2001: 281.

45 Harlan 1992: 186.

for political mobilization through the ages by different groups. Bhansali's *Padmaavat* recreates a narrative that brazenly propagates the Hindu nationalist politics of the past. The very brazenness with which this is done points to the political ambience of today's India.

CONCLUSION

The two films under discussion have created imaginary pasts on screen, which conform to the Hindu nationalist discourse dominating contemporary Indian politics. This article has analysed the different historical contexts and gendered representations that have shaped these versions of the past. The dangers of such portrayals, which do not provide space for adequate nuance or for complexities, cannot be overstated in a country like India where popular films often act as authenticators of existing prejudices among the audience, which can in turn contribute to violent acts targeting socially vulnerable groups. By unravelling the problematic politics of these films, the article hopes to disseminate awareness of these possible dangers.

BIBLIOGRAPHY

Agarwal, Supriya: "Muslim Women's identity: On the margins of the nation", in: Jasbir Jain; Sudha Rai (Eds.), *Films and feminism*, Jaipur: Rawat Publication 2002, 86–93.

Banerjee, Sikata: *Gender, Nation and Popular Film in India. Globalizing Muscular Nationalism*, New York: Routledge 2017.

Beckerlegge, Gwilym: "Followers of Mohammed, Kalee and Dada Nanuk: The Presence of Islam and South Asian Religions", in: John Wolffe (Ed.), *Religion in Victorian Britain*, Manchester – New York: Manchester University Press 1997, 221–267.

Chadha, Kalyani; Kavoori, Anandam P.: "Exoticized, Marginalized, Demonized: The Muslim 'Other' in Indian Cinema", in: Anandam P. Kavoori; Aswin Punathambekar (Eds.), *Global bollywood*, New York – London: New York University Press 2008, 131–145.

Chakravarty, Sumita S.: *National identity in Indian popular cinema 1947–1987*, Austin: University of Texas Press 1993.

Chari, Mridula: "Historians know very little about Mastani – or her relationship with Bajirao", in: *Quartz India*, December 16, 2015, URL: https://qz.com/india/575194/historians-know-very-little-about-mastani-or-her-relationship-with-bajirao/ (accessed 10th July 2019).

Chatterjee, Partha: "The nationalist resolution of the women's question", in: Kumkum Sangari; Suresh Vaid (Eds.), *Recasting women*, New Brunswick – New Jersey: Rutgars University Press 1990, 233–253.

Cherian, Divya: "The many Padmavatis. The Hindu", 17.11.2017: URL: http://www.thehindu.com/opinion/lead/the-many-padmavatis/article20492672.ece (accessed 10th September 2019).

Connerton, Paul: *How societies remember*, Cambridge: Cambridge University Press 1989.

Deshpande, Prachi: *Creative Pasts. Historical memory and Identity in Western India 1700–1960*, Ranikhet: Permanent Black 2007.

Dwyer, Rachel: *Filming the gods. Religion and Indian cinema*, London – New York: Routledge 2006.

Gier, Nicholas F.: *The Origins of Religious Violence. An Asian Perspective*, Lanham a.o.: Lexington Books 2014.

Gordon, Stewart: *The Marathas 1600–1818*, Cambridge: Cambridge University Press 1993.

Harlan, Lindsey: *Religion and Rajput women. The ethic of protection in contemporary narratives*, Berkley a.o.: University of California Press 1992.

Kugle, Scott: "Sultan Mahmud's makeover: Colonial homophobia and the Persian-Urdu literary tradition", in: *Queering India: Same-sex love and eroticism in Indian culture and society*, New York: Routledge 2002, 30–46.

Major, Andrea: *Sati*, Oxford – New Delhi: Oxford University Press 2010.

Mubarki, Meraj A.: "Exploring the 'Other': inter-faith marriages in *Jodhaa Akbar* and beyond", in: *Journal of contemporary South Asia* 3 (2014), 255–267.

Mukhopadhyay, Urvi: *The "Medieval" in Film. Representing a contested time on Indian screen (1920s–1960s)*, Hyderabad: Orient Blackswan 2013.

Salam, Ziya Us: "Khilji as villain. Frontline", 22.12.2017: URL: https://frontline.thehindu.com/the-nation/khilji-as-villain/article9982669.ece (accessed 10th September 2019).

Sarkar, Tanika: *Hindu wife, Hindu nation. Community, religion and cultural nationalism*, Bloomington – Indianapolis: Indiana University Press 2001.

Savarkar, Vinayak D.: *Hindu Pad-Padshahi*, New Dehli: Rajdhani Granthagar 1981.

Shirgaonkar, Varsha S.: *Eighteenth century Deccan. Cultural history of the Peshwas*, New Delhi: Aryan Book International 2010.

Sreenivasan, Ramya: *The many lives of a Rajput queen. Heroic pasts in India 1500–1900*, Seattle: University of Washington Press 2007.

Trautmann, Thomas: *Aryans and British India*, New Dehli: Yoda Press 2004.

Vasudevan, Ravi S.: "Film studies, new cultural history and experience of modernity", in: *Economic and Political Weekly* 44 (1995), 2809–2814.

Vishwanath, Gita: "Saffronising the silver screen. The Right Winged Nineties Film", in: Jasbir Jain; Sudha Rai (Eds.), *Films and feminism*, Jaipur: Rawat Publication 2002, 39–51.

Wink, Andre: *Land and sovereignty in India. Agrarian Society and Politics under the Eighteenth Century Maratha Swarajya*, Cambridge: Cambridge University Press 1986.

Autorinnen und Autoren

Baumann, Notker, Studium der Theologie in Freiburg, Innsbruck und Rom; Dr. theol. (2007) am Patristischen Institut ‚Augustinianum', Rom; Habilitation (2016) an der Katholisch-Theologischen Fakultät der Universität Würzburg; 2016–2018 Vertretungsprofessur für Alte Kirchengeschichte, Patrologie und Ostkirchenkunde an der Katholisch-Theologischen Fakultät der Universität Erfurt; seit Oktober 2018 Professor für Kirchengeschichte und Patrologie in Fulda/Marburg.

Frembgen, Jürgen Wasim, Ethnologe, Islamwissenschaftler und Schriftsteller; Apl. Professor für Religions- und Kulturgeschichte des Islam, Ludwig-Maximilians-Universität München; ehemaliger Hauptkonservator und Leiter der Orient-Abteilung am ‚Museum Fünf Kontinente' in München; Gastprofessuren in Islamabad, Lahore und Columbus, Ohio; Forschungsreisen nach Iran, Pakistan und Indien; Ausstellungen, wissenschaftliche Veröffentlichungen über Kulturen der muslimischen Welt und ethnographische Erfahrungsberichte; Lesungen bei internationalen Literaturfestivals.

Gugler, Thomas K., studierte Indologie, Religionswissenschaft und Psychologie an der LMU München und wurde an der Universität Erfurt summa cum laude promoviert. 2012–2016 war er Mitglied des Exzellenzclusters „Religion & Politik" der WWU Münster. Seit 2017 ist er Mitarbeiter des Frankfurter Forschungszentrums Globaler Islam an der Goethe Universität. Monographisch erschienen von ihm *Ozeanisches Gefühl der Unsterblichkeit* (Berlin 2009) und *Mission Medina* (Würzburg 2011).

Haas, Cornelia, Studium in Würzburg und Tübingen, Promotion 2003 an der Universität Würzburg in klassischer Indologie. Research fellow am Central Institute for Higher Tibetan Studies (CIHTS), Sarnath, UP, Indien (1999/2000), (2003/2009) Lektorin für Sanskrit in Würzburg. Wissenschaftliche Mitarbeiterin am Max-Weber-Kolleg für Kultur- und Sozialwissenschaften (MWK) der Universität Erfurt mit einem Projekt zur *United Lodge of Theosophists India* (2010/13). Seit 2014 unterrichtet sie indische Religionen, Theosophie und Astrologie im Studiengang Philosophie & Religion in Würzburg.

Neudorfer, Anita, studierte Religionswissenschaft, Indologie (Universität Wien) und Musiktherapie (Fachhochschule Krems a.D.). Seit 2017 ist sie wissenschaftliche Mitarbeiterin an der internationalen Graduiertenschule „Resonant Self-World Relations in Ancient and Modern Socio-Religious Practices“ an der Universität Graz sowie am Max-Weber-Kolleg für Kultur- und Sozialwissenschaftliche Studien an der Universität Erfurt. In ihrer Dissertation beschäftigt sie sich mit Subjektivierungsweisen am rezenten Therapie- und Heilungsmarkt.

Pentcheva, Bissera V., ist Full Professor für Kunstgeschichte an der Stanford University. Sie hat drei Bücher bei der Pennsylvania State University Press veröffentlicht: *Icons and Power* (2006) (Preisträgerin des Nicholas Brown-Preises der Mittelalterlichen Akademie der Vereinigten Staaten, 2010), *The Sensual Icon* (2010) und *Hagia Sophia* (2017) (Preisträgerin des *American Academy of Religion Preis der historischen Studien* für 2018) und hat den Band *Aural Architecture* (Ashgate 2017) herausgegeben. Ihre Forschungsarbeiten wurden mit dem *John Simon Guggenheim Fellowship*, vom *Wissenschaftskolleg zu Berlin*, der *Amerikanischen Akademie* in Rom und dem *Mellon New Directions Alexander von Humboldt-Fellowship* ausgezeichnet.

Roy, Baijayanti, Studium der indischen und deutschen Geschichte. Promotion an der Goethe-Universität, Frankfurt/M. Ihre Dissertation wurde 2016 unter dem Titel *The making of a Gentleman Nazi: Albert Speer's Politics of History in the Federal Republic of Germany* publiziert. Derzeit arbeitet sie als Wissenschaftliche Mitarbeiterin im DFG-Projekt *Indologie im national-*

sozialistischen Deutschland in Frankfurt. Sie hat Beiträge zu deutscher und indischer Geschichte veröffentlicht.

Schlaffke, Markus, Studium der visuellen Kommunikation an der Bauhaus-Universität Weimar, seit 2001 Produktion von Dokumentarfilmen. Filme: *Lieder ohne Ort – Musik aus Afghanistan* (Dokumentarfilm, Afghanistan/Deutschland 2015), *The Albatros around my Neck* (Dokumentarfilm, Indien/Deutschland 2019). Seit 2016 PHD-Projekt zur Produktionsästhetik von Archiven an der Bauhaus-Universität Weimar.

Schwaderer, Isabella, Studium der Klassischen Philologie und Philosophie in Würzburg, Thessaloniki und Padua. 2002–2004 wissenschaftliche Mitarbeiterin an der Universität Jena. Promotion 2014 in Erfurt mit einer Arbeit über den griechischen Kulturphilosophem Stelios Ramfos in der Religionswissenschaft, Orthodoxes Christentum. Seit 2018 Habilitationsprojekt über das Verhältnis von Religion und Tanz und wissenschaftliche Mitarbeiterin am Lehrstuhl für Allgemeine Religionswissenschaft in Erfurt.

Waldner, Katharina, ist seit 2009 Professorin für Allgemeine Religionswissenschaft an der Universität Erfurt. Sie studierte Klassische Philologie und Archäologie in Zürich und Berlin, promovierte mit einer Dissertation über Geschlechterdifferenz in antiken Initationsritualen (im Graduiertenkolleg „Geschlechterdifferenz und Literatur" an der LMU München) und habilitierte sich mit einer Arbeit zum Martyrium im frühen Christentum. Sie ist Mitglied der internationalen Graduiertenschule „Resonant Self-World Relations in Ancient and Modern Socio-Religious Practices" am Max-Weber-Kolleg für Kultur- und Sozialwissenschaftliche Studien an der Universität Erfurt.

Religionswissenschaft

Frederik Elwert, Martin Radermacher, Jens Schlamelcher (Hg.)
Handbuch Evangelikalismus

2017, 452 S., Hardcover, 3 Farbabbildungen
39,99 € (DE), 978-3-8376-3201-9
E-Book: 39,99 € (DE), ISBN 978-3-8394-3201-3

Bernhard Grümme
Aufbruch in die Öffentlichkeit?
Reflexionen zum ›public turn‹ in der Religionspädagogik

2018, 254 S., kart.,
29,99 € (DE), 978-3-8376-4227-8
E-Book: kostenlos erhältlich als Open-Access-Publikation
E-Book: ISBN 978-3-8394-4227-2

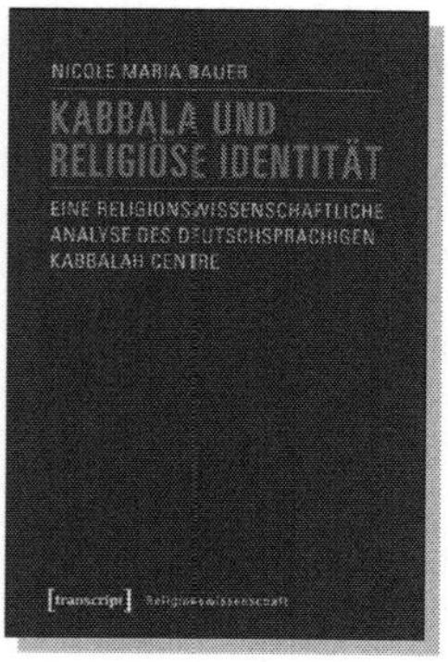

Nicole Maria Bauer
Kabbala und religiöse Identität
Eine religionswissenschaftliche Analyse des deutschsprachigen Kabbalah Centre

2017, 290 S., kart., 4 SW-Abbildungen, 3 Farbabbildungen
39,99 € (DE), 978-3-8376-3699-4
E-Book: 39,99 € (DE), ISBN 978-3-8394-3699-8

Leseproben, weitere Informationen und Bestellmöglichkeiten finden Sie unter www.transcript-verlag.de

Religionswissenschaft

Serina Heinen
»Odin rules«
Religion, Medien und Musik im Pagan Metal

2017, 244 S., kart., 7 Farbabbildungen
29,99 € (DE), 978-3-8376-3431-0
E-Book: 26,99 € (DE), ISBN 978-3-8394-3431-4

Antje Mickan, Thomas Klie, Peter A. Berger (Hg.)
Räume zwischen Kunst und Religion
Sprechende Formen und religionshybride Praxis

Januar 2019, 240 S., kart.,
56 SW-Abbildungen, 6 Farbabbildungen
39,99 € (DE), 978-3-8376-4672-6
E-Book: 39,99 € (DE), ISBN 978-3-8394-4672-0

Judith Stander-Dulisch
Glaubenskrisen, Neue Religionen und der Papst
Religion in »Stern« und »Spiegel« von 1960 bis 2014

Januar 2019, 482 S., kart.,
155 SW-Abbildungen, 10 Farbabbildungen
49,99 € (DE), 978-3-8376-4102-8
E-Book: 49,99 € (DE), ISBN 978-3-8394-4102-2

Leseproben, weitere Informationen und Bestellmöglichkeiten finden Sie unter www.transcript-verlag.de